COMMENTAIRE

DE LA LOI

SUR LES

SOCIÉTÉS A RESPONSABILITÉ LIMITÉE

Paris. — Imprimerie de Cosse et J. Dumaine, rue Christine, 2.

COMMENTAIRE

DE LA LOI

SUR LES

SOCIÉTÉS A RESPONSABILITÉ LIMITÉE

Promulguée le 23 mai 1863;

SUIVI D'UN APPENDICE

CONTENANT

1° DES FORMULES-TYPES;
2° L'EXPOSÉ DES MOTIFS, LE RAPPORT DE LA COMMISSION
ET SON CONTRE-PROJET,
ET LA TRADUCTION OFFICIELLE DES ACTES ANGLAIS RELATIFS
AUX SOCIÉTÉS.

PAR M. ROMIGUIÈRE,

Avocat à la Cour impériale de Paris,
Auteur du *Commentaire de la loi sur les commandites par actions.*

PARIS

IMPRIMERIE ET LIBRAIRIE GÉNÉRALE DE JURISPRUDENCE.
COSSE ET MARCHAL, IMPRIMEURS-ÉDITEURS,
LIBRAIRES DE LA COUR DE CASSATION,
Place Dauphine, 27.

1863

INTRODUCTION.

Lors de la présentation au Corps législatif du projet de loi *sur les sociétés à responsabilité limitée*, nous avons publié un article qui caractérise ce projet en des termes que nous croyons pouvoir reproduire ici, comme l'expression d'une pensée qui est restée, depuis le vote du projet amendé, ce qu'elle était avant sa discussion.

Voici comment nous nous exprimions (journal *le Siècle* du 24 juin 1862):

« Moins de six ans se sont écoulés depuis la promulgation de la loi du 17 juillet 1856, qui réglemente les sociétés en commandite par actions. Cette loi n'a pas encore pour elle la consécration d'une longue pratique ni d'une jurisprudence bien assise, et, cependant, le Gouvernement, cédant aux doléances qu'il reconnaît lui-même exagérées, « a « soumis au plus consciencieux examen l'impor-

« tante question de savoir si, dans l'intérêt de l'in-
« dustrie et du commerce, il était opportun d'ajouter
« aux trois formes de sociétés qui sont reconnues
« par les lois en vigueur une société ayant une
« forme et une organisation différentes. »

« De cet examen est sorti le projet soumis au Corps législatif dans sa séance du 16 mai 1862, projet qui crée une nouvelle espèce de société dite *à responsabilité limitée.*

« Lorsque nous avons appris que cette question était à l'étude sur la provocation instante des adversaires de la loi de 1856 (dont les uns ont été froissés dans leurs combinaisons et leurs intérêts, et les autres, en très-petit nombre, dans leurs convictions consciencieuses), nous avons pu craindre que le projet aboutirait à une atténuation des principes posés dans la loi de 1856 sinon à sa rétractation. Partisan bien décidé de cette loi, au moins dans ses dispositions principales, nous avons affirmé cette sympathie dans le commentaire que nous en avons publié (1), et notre conviction a grandi, en dépit des attaques injustes, selon nous, dont elle a été l'objet. Aussi nous aurions considéré comme une faute toute proposition tendante à l'énerver et à compromettre les bons effets qu'elle a produits. Nous sommes donc heureux de proclamer que la loi

(1) Un volume in-8°, chez Cosse et Marchal, libraires, place Dauphine, 27. — 2e tirage, 1861.

de 1856 est sortie vengée de cette nouvelle étude faite au point de vue des principes et des intérêts généraux, planant au-dessus des passions et des intérêts isolés ; disons tout de suite aux détracteurs de la loi de 1856, qui la disaient et la croyaient morte, qu'elle est sortie purifiée et plus forte, s'il est possible, de l'épreuve sollicitée par eux-mêmes ; et en effet, non-seulement le projet nouveau n'y porte aucune atteinte directe ou indirecte, mais il la confirme dans toutes ses dispositions substantielles, l'incorporant dans le projet pour tous les cas identiques ou analogues. Sous ce rapport et à ce point de vue, le projet se recommande à l'attention publique et ne saurait être trop hautement approuvé.

« Si sa portée avait pu aller jusqu'à sacrifier, pour tous les cas, le principe tutélaire et précieux de la responsabilité illimitée qui frappe les actes de la gérance dans les commandites pures ou par actions, et qui combine ce principe avec celui de la responsabilité limitée à l'égard des actionnaires, nous aurions fait nos réserves et revendiqué de toutes nos forces le maintien d'une institution admirable, qui a son fondement dans nos Codes et que le monde commercial nous emprunte ou nous envie ; mais l'exposé des motifs prend soin de rassurer en disant que la nouvelle forme proposée « n'a pas d'autre prétention que de venir prendre « sa place à côté des autres espèces de sociétés ac- « tuellement existantes. » Il va même jusqu'à reconnaître, ce en quoi nous sommes grandement de son avis, « qu'en beaucoup d'occasions on lui pré- « férera les formes anciennes. » — Réduit à cette modeste proportion, le projet ne peut être critiqué dans son aspiration ; au contraire, il atteste un désir sincère d'élargir le cercle des voies ouvertes à l'esprit d'association, en laissant à chacun le choix des formes et la liberté des préférences ; et alors même qu'on penserait que la loi de 1856 est meilleure, ce ne serait pas une raison pour refuser de donner satisfaction à ceux (si petit leur nombre fût-il) qui lui préféreraient la nouvelle forme.

« D'ailleurs, une raison sérieuse paraît donner au projet une opportunité manifeste, et n'a pas été sans influence sur les déterminations du Gouvernement. Cette raison, c'est que la nouvelle espèce de société proposée existe en Angleterre ; et comme un traité récent entre la France et l'Angleterre, en date du 15 mai 1862 (1), a accordé à toutes les compagnies ou autres associations commerciales, constituées ou autorisées suivant les lois particulières à l'un des deux pays, la faculté réciproque d'exercer leurs droits et d'ester en justice devant les tribunaux des deux pays, il a paru juste d'accorder aux indus-

(1) Ce traité vient d'être soumis à la ratification du parlement anglais et toute la presse anglaise s'accorde à dire qu'il a été accueilli avec la plus grande faveur, comme un gage de consolidation de l'alliance entre les deux peuples.

triels français, pour se procurer des capitaux par l'association, toutes les ressources et les facilités dont jouissent leurs puissants et habiles voisins; — et puisque l'on permet aux sociétés à responsabilité limitée d'origine britannique de fonctionner en France, ne serait-il pas inconséquent, dit l'exposé des motifs, d'interdire aux Français, chez eux, ce que l'on permet aux étrangers? De pareilles considérations ne peuvent rencontrer qu'une approbation unanime et reconnaissante.

« Que si des esprits rigoureux ne se montraient pas touchés par ces considérations et insistaient pour qu'on justifie la présentation du projet par des motifs tirés de son utilité propre, nous répondrions, nous qui n'en sommes pas fanatique, qu'à nos yeux il se recommande surtout par cette raison qu'il permet, dans certains cas déterminés, de se soustraire aux lenteurs administratives et aux trop minutieuses formalités bureaucratiques qui précèdent toute autorisation de société anonyme.

« Nous voulons bien croire que cette autorisation n'est jamais concédée en vue des personnes, mais seulement pour satisfaire à un intérêt public légitime, mais nous savons ce qu'ont souffert les grandes entreprises qui poursuivent l'anonymat par suite de ces lenteurs désespérantes et ruineuses qui laissent le capital trop longtemps inactif et improductif; et, comme nous n'espérons pas sur ce point une réforme qu'entraveront toujours des habitudes et des traditions aussi invétérées que despotiques, nous acceptons comme un bienfait pour l'esprit d'association cette voie ouverte aux capitaux qu'effrayerait l'omnipotence des gérants et que décourage toute procédure administrative.

« Puisqu'on donne au projet l'attache britannique, il nous plairait fort de rechercher au juste dans quels points il se rapproche ou s'éloigne de la loi anglaise, et ce qu'il y a d'exact dans cette pensée qui lui attribue une source étrangère. Mais nous ne pouvons oublier que si l'origine et la filiation des lois sont utiles à constater lorsqu'il s'agit de les interpréter et de les appliquer, nous n'avons à nous occuper en ce moment que d'un projet; bornons-nous à faire des réserves et à protester contre un rapprochement que nous croyons inexact. Il nous sera facile de démontrer, en temps opportun, que la loi anglaise n'a été qu'un encouragement, et le traité de 1862 une occasion, mais que tous les principes du projet sont puisés dans notre propre législation et sont essentiellement français.

« Mais si le fond est français, nous sommes obligé d'avouer, et nous le disons non sans regret, que le titre est bien d'origine britannique, puisqu'il est tiré du mot *limited*, expression employée par la loi anglaise pour caractériser l'une des formes de la société à capitaux unis établie par l'acte du 14 juillet 1856, contemporaine, à trois jours près, chose remarquable, de notre propre loi du 17 juillet sur la même matière. Il est manifeste, en effet, et l'exposé des motifs en convient, que les expressions *responsabilité limitée* sont une traduction textuelle du mot *limited*. Reste à savoir si la formule française peut avoir pour nous le sens du texte original, et si elle exprime exactement ce qu'elle doit exprimer. Ce point grave exige quelques développements.

« L'acte du 14 juillet 1856 qui a réglementé en Angleterre les sociétés incorporées, est connu sous la dénomination de *The joint stock companies, act*. 1856. D'après les dispositions de cet acte, la société peut être à garantie illimitée ou à garantie limitée, et pour qu'elle ait ce dernier caractère, qui constitue le droit nouveau anglais tiré de notre législation, et qui nous l'a emprunté, il suffit qu'après en avoir fait la déclaration lors de l'enregistrement, on ajoute le mot *limited* au nom de la société. La portée de cette addition est claire, précise et caractéristique dans le langage juridique anglais, parce qu'elle est employée pour exprimer le contraire de la responsabilité illimitée et qu'elle ne s'applique qu'à une catégorie d'individus, celle des actionnaires. On n'avait pas à régler la responsabilité des gérants, en tant que gérants ou directeurs, parce qu'en Angleterre, avant l'acte de 1856 (et sauf l'exception pour les *corporations* autorisées par chartes royales ou actes du parlement, et qui existent en si petit nombre), le fait de la gestion ne pouvait rien ajouter à la responsabilité du commanditaire, lequel était indéfiniment responsable en sa seule qualité. C'est pour cela aussi sans doute que l'acte de 1856 n'admet pas le double élément français d'une responsabilité illimitée pour les gérants, combinée, dans la même société, avec la responsabilité limitée de l'actionnaire. Il ne réglemente que la seconde, sans s'occuper de la première, qui n'existe pas pour lui. Dans un pareil état de choses, le mot *limited* exprime exactement ce qu'il veut et doit exprimer, c'est-à-dire qu'il s'applique à une seule nature de responsabilité, celle des actionnaires.

« Mais il a fallu une singulière préoccupation pour transporter cette formule dans notre législation avec la pensée d'en faire un titre propre à caractériser le projet français. — Si l'on doit se défier de tout engouement pour les importations étrangères, c'est surtout en matière de législation, parce qu'on ne rencontre presque jamais identité complète de situation, soit dans les lois, soit dans les mœurs, et qu'il peut arriver que telle formule, parfaitement claire et exacte dans un pays, devienne un non-sens ou une erreur transplantée dans un autre. C'est ce qui est arrivé ici. A notre avis, on ne pouvait choisir un titre plus inexact, plus équivoque et plus trompeur que celui de société *à responsabilité limitée*. Oubliant qu'en France, à la différence de l'Angleterre, il existe deux sortes de responsabilité, celle des gérants et celle des actionnaires, ce titre laisse supposer que le projet les limite toutes deux, ce qui serait une double erreur, car il n'en limite aucune. Il ne limite pas la responsabilité des actionnaires, car cette limitation avait été édictée antérieurement et par le Code de commerce et par la loi de 1856. Il ne limite pas davantage la responsabilité des gérants, car il fait plus, il la supprime, puisque, d'après le projet, les administrateurs ne seront pas responsables en tant que gérants, s'ils exécutent fidèlement leur mandat. En un mot, le projet de loi a pour caractère spécial toute autre chose que ce que son titre annonce; ce caractère, c'est l'irresponsabilité de la gérance, trait saillant, par où il innove sur la loi de 1856. — Donc, soit comme explication, soit comme définition, le titre est aussi mauvais qu'est bon en Angleterre le texte d'où il est tiré, et il est d'autant plus propre à égarer qu'on déclare l'avoir puisé dans une législation où il a une tout autre portée que celle qui lui appartiendra chez nous. Nous pensons fermement que ce titre doit être changé, et qu'il est d'ailleurs facile d'en trouver un autre qui, quoique d'origine française, caractériserait plus précisément l'objet essentiel du projet; par exemple, celui-ci : *Des sociétés à gestion irresponsable*, ou mieux encore : *Des sociétés anonymes dispensées d'autorisation*. Et, en effet, si l'on y regarde de près et si l'on veut rapprocher le projet de la législation antérieure, il est impossible de ne pas reconnaître que, sauf les détails réglementaires d'intérêt secondaire, nous avons sous les yeux un projet de véritable société anonyme, avec cette seule différence que l'autorisation du Gouvernement sera remplacée par un contrôle spécial des actionnaires.

« Quoi qu'il en soit de ces critiques, on aurait tort d'en conclure que le projet ne mérite pas un examen attentif; nous nous empressons, au contraire, de lui rendre toute la justice qui lui est due et de déclarer que l'ensemble de ses dispositions révèle un travail sérieux, profondément étudié, sauf à y introduire les améliorations dont la discussion fera ressortir l'utilité. »

Le projet, qui n'a pu être discuté dans la session de 1862, a été repris l'année suivante. Il a été l'objet d'un travail approfondi de la part de la commission du Corps législatif qui l'a remanié, modifié et complété. De nombreuses conférences entre la commission et le conseil d'État ont abouti à l'adoption de plusieurs amendements après le rejet de quelques autres. Enfin, la loi a été votée le 5 mai 1863, et promulguée le 23 mai au *Bulletin des lois*, n° 1119.

Il est vrai que le projet ne fut pas accueilli d'abord avec une grande faveur. Un certain désappointement se manifesta au sein du Corps législatif, et trouva de l'écho au dehors, lorsqu'on vit qu'au lieu d'abroger la loi de 1856, il la vivifiait au contraire en la confirmant. Certains économistes et financiers, peu soucieux des règles éternelles du droit qui font la sécurité de tous, rêvant la liberté d'association sans limites et sans garanties, s'imaginant à tort que l'Angleterre doit sa prospérité à cette liberté, quand, au contraire, la législation anglaise est bien autrement sévère que la nôtre, attaquèrent le projet qui fut critiqué aussi, à un point de vue diamétralement opposé, par des jurisconsultes qui regrettaient l'abandon du principe tutélaire de la garantie personnelle. Cette dernière opinion a été défendue avec talent et conviction par l'honorable directeur de la *Gazette des Tribunaux*, dans deux articles fort remarquables, qui méritent d'être médités. La commission du Corps législatif, placée entre ces opinions extrêmes, après s'être inspirée du sentiment dominant au corps législatif, et avoir fait appel aux lumières et à l'expérience des cours et tribunaux, qui ont appliqué la loi de 1856, a formulé un contre-projet plus large et moins restrictif que celui du Gouvernement. Ainsi elle a demandé et obtenu de réduire à sept, comme en Angleterre, le nombre de dix associés qui, d'après le projet primitif, était nécessaire pour la constitution de la société (art. 2); elle a fait disparaître la disposition qui ne permettait pas de constituer la société avec un capital moindre de 200,000 fr., et a obtenu que le chiffre extrême, porté dans le projet à 10 millions, fût doublé et élevé à 20 millions (art. 3); elle a fait réduire de moitié le nombre des actions dont les administrateurs doivent être propriétaires. Cette proportion ne sera plus que du vingtième du capital social, au lieu du dixième (art. 7); elle a fait porter au vingtième, au lieu du dixième, le prélèvement devant constituer le fonds de réserve, et au dixième au lieu du quart, la cessation de ce prélèvement (art. 19); elle a adouci la disposition qui prescrivait impérativement la dissolution au cas de perte des trois quarts, en rendant cette dissolution seulement facultative (art. 20); enfin, tenant compte de la répugnance qui avait accueilli la disposition, si morale cependant, qui interdit aux administrateurs de s'intéresser dans une opération faite avec la société, elle a introduit une exception qui permet cet intérêt lorsque l'assemblée générale l'a spécialement autorisé (art. 23).

Par contre, elle n'a pu réussir à faire changer le titre que nous avons critiqué plus haut, et que, comme nous, elle trouvait mauvais, ce qui est un échec que nous regrettons avec elle. Elle a échoué aussi dans d'autres amendements d'un ordre secondaire, moins heureux peut-être, et que le conseil d'État a repoussés.

Nous regrettons particulièrement que le premier article de la loi ne soit pas précédé, ainsi que nous l'avions demandé, d'un article qui compléterait l'art. 19 du Code de commerce, en y ajoutant la quatrième espèce de société sans laquelle la nomenclature de cet article reste incomplète (voir *infrà*, n. 2, nos observations sur ce point).

Nous regrettons aussi que le texte officiel voté

n'ait pas été collationné et relu avec soin, avant sa promulgation, pour faire disparaître les erreurs matérielles de typographie et de rédaction que nous signalerons *infrà* (nos 144, 146 et 269), et ce qui est plus grave, pour rectifier les indications des articles à l'inobservation desquels la loi a attaché la peine de nullité.

Après ces critiques de détail, il importe de rechercher si cette loi, qui est le résultat d'une sorte de transaction entre des opinions extrêmes, est bonne dans son principe et dans ses détails réglementaires, ou s'il est vrai qu'elle mérite les reproches de diverses natures qui ne lui ont pas été épargnés.

Et d'abord, son principe est-il aussi vicieux que paraissent le penser les jurisconsultes dont M. Paillard de Villeneuve s'est fait l'organe.

C'est sans doute une règle sage de notre droit que celle en vertu de laquelle tous les biens de celui qui s'oblige répondent de l'exécution de son engagement, mais il est un autre principe non moins respectable, c'est que les conventions sont la loi des parties. Or, le tiers qui contracte avec une société à responsabilité limitée, est averti que l'engagement pris envers lui ne peut être exécuté que sur le capital social. Cette situation n'est pas nouvelle dans nos codes. Il en est ainsi dans les sociétés anonymes, et même dans les commandites.

On objecte vainement que, dans la commandite,

le gérant est tenu sur tous ses biens. Cette obligation indéfinie du gérant ne fait pas disparaître le caractère limité de l'obligation du commanditaire; d'ailleurs elle n'existe pas dans la société anonyme, et il ne serait pas vrai de dire que l'engagement indéfini des sociétaires y soit remplacé par l'autorisation du Gouvernement, car cette garantie purement morale, est d'un ordre tout différent.

Au reste, on ne saurait refuser d'admettre, comme équivalant au décret d'autorisation, des règles établies par la loi elle-même pour la remplacer. Toute la question se réduit donc à rechercher si cette nouvelle forme de société est, en principe, dangereuse ou utile, sauf à examiner si ses diverses dispositions sont suffisamment protectrices.

Quant aux financiers et aux économistes, ils critiquent au contraire la loi comme trop sévère dans ses exigences, et comme devant entraver l'esprit d'association.

Ce qu'ils blâment particulièrement, c'est la disposition qui exige que les administrateurs soient propriétaires d'un vingtième du capital social; ils ne mettent qu'en seconde ligne la nécessité de réunir sept associés, et de limiter le capital à vingt millions; ils critiquent aussi la présence des commissaires et des mandataires, et enfin ils s'effrayent des responsabilités qui pèsent sur les administrateurs, et des pénalités qui peuvent atteindre ceux qui violent certaines prescriptions substantielles.

Nous répondrons, sur le premier point, que rien n'est plus sage et plus nécessaire que de créer pour les administrateurs un intérêt qui serve de contrepoids à leur irresponsabilité afin de modérer les témérités de la gestion et de réfréner des entraînements si faciles aujourd'hui, excités qu'ils sont par le spectacle de fortunes rapides, et par les besoins d'un luxe qui dévore et envahit tout. La loi supprime la double garantie de la responsabilité personnelle et de l'autorisation, qui l'une et l'autre sont entrées dans nos mœurs, et dont la seconde, on ne peut le nier, a puissamment protégé et efficacement remplacé les garanties de droit commun, tellement que les sociétés anonymes obtiennent généralement confiance et crédit par leur titre seul. Il fallait les remplacer par d'autres garanties sérieuses. Celle qui exige chez les administrateurs la possession d'un vingtième du capital n'est certes pas exagérée. Nous croyons même qu'elle concourt au but final que se propose toute société. On ne change pas facilement les mœurs, les habitudes ; et on ne fait pas disparaître les garanties entrées dans les usages du commerce sans que les intérêts en soient alarmés. Vainement décréterait-on pour les administrateurs le droit de ruiner une société sans qu'ils en éprouvent aucun préjudice personnel, et en restant désintéressés dans ce désastre ! On ne voit donc pas que la défiance tuerait le crédit, et que sans crédit toute société, quelle que soit sa forme, doit végéter, sinon périr tôt ou tard.

Les autres objections trouveront leur réfutation dans le commentaire des dispositions elles-mêmes qui sont critiquées.

Mais nous devons relever ce grief fait avec insistance au projet de loi, d'édicter des responsabilités et des pénalités effrayantes, qui écarteront des administrations les hommes honorables.

Il semblerait en vérité qu'il y ait aujourd'hui une sorte de parti pris et de mot d'ordre pour battre en brêche les principes les plus purs et les plus nécessaires de toute moralité publique; il y a dix-neuf siècles qu'a été posé le principe de la responsabilité pour les fautes portant préjudice à autrui. Ce principe est écrit dans toutes les législations. Notre Code civil le proclame, non-seulement en matière de mandat, mais même pour les quasi-contrats et les quasi-délits; on ne l'a jamais attaqué dans son application aux administrateurs des sociétés anonymes, et on voudrait en voir affranchir les administrateurs de la nouvelle société ! Il faut un bien grand abaissement dans le sens moral pour que de pareilles théories puissent se produire, et s'il était vrai que le développement des sociétés commerciales fût à ce prix, il vaudrait mieux y renoncer que d'écrire dans la loi une irresponsabilité faisant tache dans nos Codes car elle encouragerait le mépris de tous les devoirs. A Dieu ne plaise que les appréhensions dont on nous menace soient fondées ! Heureusement c'est le contraire qui est vrai. L'Angleterre doit son immense prospérité industrielle, surtout au respect des engagements et au sentiment du devoir. Il est bon de le répéter à ceux qui aspirent aux mêmes résultats par des moyens contraires, et qui ne veulent pas comprendre que le crédit et la confiance tiennent surtout à la stricte application des règles dont ils demandent la suppression.

Et comme il a été beaucoup parlé de l'Angleterre, ce qui était naturel, puisque la loi lui a emprunté son titre, faisons remarquer qu'il est vrai que l'acte de 1856 a permis chez nos voisins l'établissement de sociétés à *garanties limitées*, à côté de celles à *garanties illimitées*; mais que jusqu'à 1856 et de temps immémorial, la responsabilité des associés, gérants ou non, était illimitée pour tous, ce qui était d'autant plus effrayant que tous pouvaient engager indéfiniment la société envers les tiers. Cette législation vraiment draconienne, n'a pas fait périr l'esprit d'association et lui a même permis de se développer jusqu'à produire les merveilles industrielles qui étonnent le monde. Ce qu'il faut admirer surtout, c'est la puissance des mœurs, subissant de mauvaises lois et s'en accommodant jusqu'à ce qu'elles les fassent changer. En France, avec une pareille responsabilité, nul n'eût voulu entrer dans une société, s'il fallait prendre au sérieux les doléances de ceux qu'effrayent les dispositions les plus équitables de notre loi de 1856 ! — Cependant l'exemple de notre propre législation a éclairé l'Angleterre sur les inconvénients de la sienne,—de là l'acte de 1856 ; ce qu'il importe de remarquer, c'est qu'on n'a pas eu à renoncer chez nos voisins, au principe de la responsabilité des gérants qui n'existait pas, ou plutôt qui se confondait dans la responsabilité de l'associé. Chez nous au contraire ce principe est dans nos lois, aussi bien que dans nos mœurs, et sa suppression a une toute autre portée puisqu'elle légitime une défiance naturelle ; c'est ce qui explique, ainsi que nous l'avons dit plus haut, la disposition qui impose aux administrateurs une quote-part de propriété ; disposition qui, il est vrai, n'existe pas en Angleterre.

Quant aux autres dispositions des deux lois, que l'on pourra comparer (puisque nous publions dans les annexes le texte anglais) si nous ne craignions de fatiguer le lecteur, nous pourrions démontrer à ceux qui se plaignent des sévérités de la loi française qu'en beaucoup de points, la loi anglaise va plus loin que la nôtre dans sa sollicitude pour les tiers ; nous citerions par exemple la disposition qui, excluant les actions au porteur, exige que les actions restent nominatives, et que les transferts soient constatés de façon à connaître la date à laquelle un actionnaire est sorti de la société, afin qu'en cas de dissolution, on puisse recourir à lui pour les dettes et charges sociales,—nous signalerions les dispositions relatives à la tenue du registre des actionnaires, qui est publié et que tout le monde peut consulter sous peine d'amende,—celles relatives à la forfaiture des actions,—les responsabilités pour dividendes ilicites,—et enfin nous invoquerions les dispositions d'un acte en date du 13 juillet 1857 dont l'art. 11 permet par provision, en cas de simple soupçon contre un actionnaire *contributeur*, de saisir sa personne, ses livres, ses papiers, son argent et ses biens; tant il est vrai que l'acte de 1856 avait laissé place à quelques regrets, et exigé de nouvelles précautions !

Et pour répondre à ceux qui se sont complus à supputer les articles édictant des pénalités, nous dirons que le nombre bien autrement considérable des articles du Code pénal n'a jamais effrayé les honnêtes gens; que ces pénalités sont toutes extraites de la loi de 1856, où elles n'ont inquiété personne; qu'il ne faut pas les juger superficiellement en bloc et d'après leur nombre, qu'il faut les examiner individuellement; qu'au fond elles se bornent à réprimer et punir les fraudes et le dol que nul ne peut vouloir protéger : et si l'on veut compter les pénalités plus nombreuses dont la loi anglaise est hérissée, on sera bien forcé de reconnaître qu'en Angleterre elles n'éloignent pas des sociétés les industriels et les capitalistes les plus considérables, et que ce serait faire injure à notre pays que de supposer gratuitement qu'il en doit être autrement ici.

Concluons en disant, avec la commission du Corps législatif, que les attaques dont la loi a été l'objet, sous le prétexte d'un excès de réglementation, ne sont pas mieux fondées que celles qui désignent les pénalités comme dangereuses pour la morale et pour le crédit.

La loi se compose de 32 articles.

Les dix premiers règlent ce qui est relatif à la constitution et à la publicité, les articles 11, 12 et suivants, jusqu'au 22e, règlent l'administration et le fonctionnement.

Les dix derniers déterminent les prohibitions, les nullités, les responsabilités de diverses natures.

Telle est dans son ensemble l'économie de la loi dont nous avons entrepris le commentaire. Si nous nous sommes imposé ce travail, c'est moins pour céder à des encouragements bienveillants que pour profiter de l'occasion qui nous était offerte de suivre dans son application pratique à l'aide de la jurisprudence, la loi de 1856, par nous commentée, et dont les principales dispositions ont passé dans la loi nouvelle, ce qui nous a permis de compléter notre premier travail. Nous aurons souvent à renvoyer au commentaire de cette loi, et les deux commentaires se compléteront ainsi l'un par l'autre.

Afin de rendre notre travail plus utile, nous avons examiné avec soin, à la lueur de la pratique et de la jurisprudence, les règles qui déterminent les pouvoirs des assemblées générales et des administrateurs, soit dans les sociétés en commandite, soit dans les sociétés anonymes, pour arriver plus sûrement à fixer les responsabilités qui en sont la conséquence.

Cette étude pourra guider et éclairer dans l'application pratique de la loi.

Nous avons cru devoir élucider une question d'une haute portée pour les sociétés françaises et étrangères, c'est l'examen de la jurisprudence, en ce qui touche la compétence des tribunaux français, à l'egard des sociétés étrangères, anonymes ou non, et l'influence des décrets et traités de commerce sur cette compétence. Quoique ce point ne rentre pas directement dans l'application de la loi nouvelle, il s'y rattache cependant assez intimement pour qu'on nous pardonne les développements que nous lui avons donnés.

Enfin nous donnons une formule type d'acte suivant la loi nouvelle.

Nous publions en appendice l'exposé des motifs et le rapport de la commission du Corps législatif qui a préparé le contre-projet voté. Ces documents sont indispensables à connaître pour bien pénétrer le sens et l'esprit de la loi.

Nous avons ajouté à ces documents le texte officiellement traduit des lois anglaises qui régissent la société *limited*, afin que chacun puisse constater, par un rapprochement facile, ce en quoi la législation anglaise diffère de la nôtre, et ce en quoi elle lui ressemble. La publication de ce texte nous a paru avoir d'ailleurs une grande opportunité au moment où, grâce au traité de commerce, et à la convention internationale de 1862, les sociétés anglaises s'établissent plus nombreuses en France, ce qui provoque réciproquement des établissements français en Angleterre, et aussi des sociétés dans lesquelles entrent les capitaux des deux pays. Il est donc utile que les nationaux connaissent la loi qui régira les établissements qu'ils pourront fonder dans cette double situation.

Loi sur les Sociétés à responsabilité limitée.

NAPOLÉON, par la grâce de Dieu et la volonté nationale, EMPEREUR DES FRANÇAIS, à tous présents et à venir, SALUT.

AVONS SANCTIONNÉ et SANCTIONNONS, PROMULGUÉ et PROMULGUONS ce qui suit :

LE CORPS LÉGISLATIF A ADOPTÉ LE PROJET DE LOI dont la teneur suit :

ART. 1er. Il peut être formé, sans l'autorisation exigée par l'article 37 du Code de commerce, des sociétés commerciales dans lesquelles aucun des associés n'est tenu au delà de sa mise.

Ces sociétés prennent le titre de *sociétés à responsabilité limitée.*

Elles sont soumises aux dispositions des articles 29, 30 32, 33, 34, 36 et 40 du Code de commerce.

Elles sont administrées par un ou plusieurs mandataires à temps, révocables, salariés ou gratuits, pris parmi les associés.

2. Le nombre des associés ne peut être inférieur à sept.

3. Le capital social ne peut excéder vingt millions de francs (20,000,000 fr.).

Il ne peut être divisé en actions ou coupons d'actions de moins de cent francs, lorsqu'il n'excède pas deux cent mille francs, et de moins de cinq cents francs, lorsqu'il est supérieur.

Les actions sont nominatives jusqu'à leur entière libération.

Les actions ou coupons d'actions ne sont négociables qu'après le versement des deux cinquièmes.

Les souscripteurs sont, nonobstant toute stipulation contraire, responsables du montant total des actions par eux souscrites.

4. Les sociétés à responsabilité limitée ne peuvent être définitivement constituées qu'après la souscription de la totalité du capital social et le versement du quart au moins du capital qui consiste en numéraire.

Cette souscription et ces versements sont constatés par une déclaration des fondateurs faite par acte notarié.

A cette déclaration sont annexés la liste des souscripteurs, l'état des versements effectués et l'acte de société.

Cette déclaration, avec les pièces à l'appui, est soumise à la première assemblée générale, qui en vérifie la sincérité.

5. Lorsqu'un associé fait un apport qui ne consiste pas en numéraire ou stipule à son profit des avantages particuliers, la première assemblée générale fait apprécier la valeur de l'apport ou la cause des avantages stipulés.

La société n'est définitivement constituée qu'après l'approbation dans une autre assemblée générale, après une nouvelle convocation.

Les associés qui ont fait l'apport ou stipulé les avantages soumis à l'appréciation et à l'approbation de l'assemblée générale n'ont pas voix délibérative.

Cette approbation ne fait pas obstacle à l'exercice ultérieur de l'action qui peut être intentée pour cause de dol ou de fraude.

6. Une assemblée générale est, dans tous les cas, con-

voquée à la diligence des fondateurs, postérieurement à l'acte qui constate la souscription du capital social et le versement du quart du capital qui consiste en numéraire. Cette assemblée nomme les premiers administrateurs; elle nomme également, pour la première année, les commissaires institués par l'article 15.

Ces administrateurs ne peuvent être nommés pour plus de six ans; ils sont rééligibles, sauf stipulation contraire.

Le procès-verbal de la séance constate l'acceptation des administrateurs et des commissaires présents à la réunion.

La société est constituée à partir de cette acceptation.

7. Les administrateurs doivent être propriétaires, par parts égales, du vingtième du capital social.

Les actions formant ce vingtième sont affectées à la garantie de la gestion des administrateurs.

Elles sont nominatives, inaliénables, frappées d'un timbre indiquant l'inaliénabilité et déposées dans la caisse sociale.

8. Dans la quinzaine de la constitution de la société, les administrateurs sont tenus de déposer au greffe du tribunal de commerce : 1° une expédition de l'acte de société et de l'acte constatant la souscription du capital et du versement du quart; 2° une copie certifiée des délibérations prises par l'assemblée générale dans les cas prévus par les articles 4, 5 et 6, et de la liste nominative des souscripteurs, contenant les nom, prénoms, qualités, demeure et le nombre d'actions de chacun d'eux.

Toute personne a le droit de prendre communication des pièces susmentionnées et même de s'en faire délivrer une copie à ses frais.

Les mêmes documents doivent être affichés, d'une manière apparente, dans les bureaux de la société.

9. Dans le même délai de quinzaine, un extrait des actes et délibérations énoncés dans l'article précédent est transcrit, publié et affiché suivant le mode prescrit par l'article 42 du Code de commerce.

L'extrait doit contenir les noms, prénoms, qualités et demeures des administrateurs; la désignation de la société, de son objet et du siége social; la mention qu'elle est à responsabilité limitée, l'énonciation du montant du capital social, tant en numéraire qu'en autres objets; la quotité à prélever sur les bénéfices pour composer le fonds de réserve; l'époque où la société commence et celle où elle doit finir, et la date du dépôt au greffe du tribunal de commerce, prescrit par l'article 8.

L'extrait est signé par les administrateurs de la société.

10. Tous actes et délibérations ayant pour objet la modification des statuts, la continuation de la société au delà du terme fixé pour sa durée, la dissolution avant ce terme et le mode de liquidation, sont soumis aux formalités prescrites par les articles 8 et 9.

11. Dans tous les actes, factures, annonces, publications et autres documents émanés des sociétés à responsabilité limitée, la dénomination sociale doit toujours être précédée ou suivie immédiatement de ces mots, écrits lisiblement et en toutes lettres : *Société à responsabilité limitée*, et de l'énonciation du montant du capital social.

12. Il est tenu, chaque année au moins, une assemblée générale à l'époque fixée par les statuts. Les statuts déterminent le nombre d'actions qu'il est nécessaire de posséder, soit à titre de propriétaire, soit à titre de mandataire, pour être admis dans l'assemblée, et le nombre de voix appartenant à chaque actionnaire, eu égard au nombre d'actions dont il est porteur.

Néanmoins, dans les premières assemblées générales, appelées à statuer dans les cas prévus par les articles 4, 5 et 6, tous les actionnaires sont admis avec voix délibérative.

13. Dans toutes les assemblées générales, les délibérations sont prises à la majorité des voix.

Il est tenu une feuille de présence; elle contient les noms et domiciles des actionnaires et le nombre d'actions dont chacun d'eux est porteur.

Cette feuille, certifiée par le bureau de l'assemblée, est déposée au siége social et doit être communiquée à tout requérant.

14. Les assemblées générales doivent être composées d'un nombre d'actionnaires représentant le quart au moins du capital social.

Si l'assemblée générale ne réunit pas ce nombre, une nouvelle assemblée est convoquée, et elle délibère valablement, quelle que soit la portion du capital représentée par les actionnaires présents.

Mais les assemblées qui délibèrent,

Sur l'objet indiqué dans l'article 5,

Sur la nomination des premiers administrateurs, dans le cas prévu par l'article 6,

Sur les modifications aux statuts,

Sur des propositions de continuation de la société au delà du terme fixé pour sa durée ou de dissolution avant ce terme,

Ne sont régulièrement constituées et ne délibèrent valablement qu'autant qu'elles sont composées d'un nombre d'actionnaires représentant la moitié au moins du capital social.

Lorsque l'assemblée délibère sur l'objet indiqué dans

l'article 5, le capital social, dont la moitié doit être représentée, se compose seulement des apports non soumis à vérification.

15. L'assemblée générale annuelle désigne un ou plusieurs commissaires, associés ou non, chargés de faire un rapport à l'assemblée générale de l'année suivante sur la situation de la société, sur le bilan et sur les comptes présentés par les administrateurs.

La délibération contenant approbation du bilan et des comptes est nulle, si elle n'a été précédée du rapport des commissaires.

A défaut de nomination des commissaires par l'assemblée générale, ou en cas d'empêchement ou de refus d'un ou de plusieurs commissaires nommés, il est procédé à leur nomination ou à leur remplacement par ordonnance du président du tribunal de commerce du siége de la société, à la requête de tout intéressé, les administrateurs dûment appelés.

16. Les commissaires ont droit, toutes les fois qu'ils le jugent convenable, dans l'intérêt social, de prendre communication des livres, d'examiner les opérations de la société et de convoquer l'assemblée générale.

17. Toute société à responsabilité limitée doit dresser, chaque trimestre, un état résumant sa situation active et passive.

Cet état est mis à la disposition des commissaires.

Il est, en outre, établi, chaque année, un inventaire contenant l'indication des valeurs mobilières et immobilières et de toutes les dettes actives et passives de la société.

Cet inventaire est présenté à l'assemblée générale.

18. Quinze jours au moins avant la réunion de l'assemblée générale, une copie du bilan résumant l'inventaire et du rapport des commissaires est adressée à chacun des actionnaires connus et déposée au greffe du tribunal de commerce.

Tout actionnaire peut, en outre, prendre au siége social communication de l'inventaire et de la liste des actionnaires.

19. Il est fait annuellement sur les bénéfices nets un prélèvement d'un vingtième au moins, affecté à la formation d'un fonds de réserve.

Ce prélèvement cesse d'être obligatoire lorsque le fonds de réserve a atteint le dixième du capital social.

20. En cas de perte des trois quarts du capital social, les administrateurs sont tenus de provoquer la réunion de l'assemblée générale de tous les actionnaires, à l'effet de statuer sur la question de savoir s'il y a lieu de prononcer la dissolution de la société.

La résolution de l'assemblée est, dans tous les cas, rendue publique dans les formes prescrites par l'article 8. A défaut, par les administrateurs, de réunir l'assemblée générale, tout intéressé peut demander la dissolution de la société devant les tribunaux.

21. La dissolution doit être prononcée, sur la demande de tout intéressé, lorsque six mois se sont écoulés depuis l'époque où le nombre des associés a été réduit à moins de sept.

22. Des associés représentant le vingtième au moins du capital social peuvent, dans un intérêt commun, charger à leurs frais un ou plusieurs mandataires d'intenter une action contre les administrateurs à raison de leur gestion, sans préjudice de l'action que chaque associé peut intenter individuellement en son nom personnel.

23. Il est interdit aux administrateurs de prendre ou de conserver un intérêt direct ou indirect dans une opération quelconque, faite avec la société ou pour son compte, à moins qu'ils n'y soient autorisés par l'assemblée générale pour certaines opérations spécialement déterminées.

24. Est nulle et de nul effet, à l'égard des intéressés, toute société à responsabilité limitée pour laquelle n'ont pas été observées les dispositions des articles 1, 3, 4, 5, 6, 7, 8 et 9.

Sont également nuls les actes et délibérations désignés dans l'article 10, s'ils n'ont point été disposés et publiés dans les formes prescrites par les articles 8 et 9.

Cette nullité ne peut être opposée aux tiers par les associés.

25. Lorsque la nullité de la société ou des actes et délibérations a été prononcée aux termes de l'article 24 ci-dessus, les fondateurs auxquels la nullité est imputable et les administrateurs en fonctions au moment où elle a été encourue sont responsables solidairement et par corps envers les tiers, sans préjudice des droits des actionnaires.

La même responsabilité solidaire peut être prononcée contre ceux des associés dont les apports ou les avantages n'auraient pas été vérifiés et approuvés conformément à l'article 5.

26. L'étendue et les effets de la responsabilité des commissaires envers la société sont déterminés d'après les règles générales du mandat.

27. Les administrateurs sont responsables, conformément aux règles du droit commun, soit envers la société, soit envers les tiers, de tous dommages-intérêts résultant des infractions aux dispositions de la présente loi et des fautes par eux commises dans leur gestion.

Ils sont tenus solidairement du préjudice qu'ils peuvent avoir causé, soit aux tiers, soit aux associés, en distribuant ou en laissant distribuer sans opposition des dividendes qui, d'après l'état de la société constaté par les inventaires, n'étaient pas réellement acquis.

28. Toute contravention à la prescription de l'article 11 est punie d'une amende de cinquante francs à mille francs.

29. Sont punis d'une amende de cinq cents francs à dix mille francs ceux qui, en se présentant comme propriétaires d'actions ou de coupons d'actions qui ne leur appartiennent pas, ont créé frauduleusement une majorité factice dans une assemblée générale, sans préjudice de tous dommages-intérêts, s'il y a lieu, envers la société ou envers les tiers.

La même peine est applicable à ceux qui ont remis les actions pour en faire l'usage frauduleux.

30. L'émission d'actions faite en contravention à l'article 3 est punie d'un emprisonnement de huit jours à six mois et d'une amende de cinq cents francs à dix mille francs, ou de l'une de ces peines seulement.

La négociation d'actions ou coupons d'actions faite contrairement aux dispositions du même article 3 est punie d'une amende de cinq cents francs à dix mille francs.

Sont punies de la même peine toute participation à ces négociations, et toute publication de la valeur desdites actions.

31. Sont punis des peines portées par l'article 405 du Code pénal, sans préjudice de l'application de cet article à tous les faits constitutifs du délit d'escroquerie :

1° Ceux qui, par simulation de souscriptions ou de versements, ou par la publication faite de mauvaise foi de souscriptions ou de versements qui n'existent pas ou de tous autres faits faux, ont obtenu ou tenté d'obtenir des souscriptions ou des versements ;

2° Ceux qui, pour provoquer des souscriptions ou des versements ont, de mauvaise foi, publié les noms de personnes désignées, contrairement à la vérité, comme étant ou devant être attachées à la société à un titre quelconque ;

3° Les administrateurs qui, en l'absence d'inventaires ou au moyen d'inventaires frauduleux, ont opéré ou laissé opérer, sciemment et sans opposition, la répartition de dividendes non réellement acquis.

32. L'article 463 du Code pénal est applicable aux faits prévus par la présente loi.

Délibéré en séance publique, à Paris, le 5 Mai 1863.

Le Président,
Signé duc DE MORNY.

Les Secrétaires,
Signé comte JOACHIM MURAT, comte LE PELLETIER D'AUNAY, VERNIER, DE SAINT-GERMAIN.

Extrait du procès-verbal du Sénat.

Le Sénat ne s'oppose pas à la promulgation de la loi relative aux sociétés à responsabilité limitée.

Délibéré et voté en séance, au palais du Sénat, le 8 Mai 1863.

Le Président,
Signé TROPLONG.

Les Secrétaires,
Signé baron DE HEECKEREN, A. LE ROY DE SAINT-ARNAUD, baron T. DE LACROSSE.

Vu et scellé du sceau du Sénat :
Le Sénateur Secrétaire,
Signé baron T. DE LACROSSE.

MANDONS et ORDONNONS que les présentes, revêtues du sceau de l'État et insérées au *Bulletin des lois*, soient adressées aux cours, aux tribunaux et aux autorités administratives, pour qu'ils les inscrivent sur leurs registres, les observent et les fassent observer, et notre ministre secrétaire d'État au département de la justice est chargé d'en surveiller la publication.

Fait au palais des Tuileries, le 23 Mai 1863.

Signé NAPOLÉON.

Par l'Empereur :
Le Ministre d'État,
Signé A. WALEWSKI.

Vu et scellé du grand sceau :
Le Garde des sceaux, Ministre secrétaire d'État au département de la justice,
Signé DELANGLE.

COMMENTAIRE

DE LA LOI

SUR LES

SOCIÉTÉS A RESPONSABILITÉ LIMITÉE

ART. 1er.

Il peut être formé, sans l'autorisation exigée par l'art. 37 du Code de commerce, des sociétés commerciales dans lesquelles aucun des associés n'est tenu au delà de sa mise.

Ces sociétés prennent le titre de *sociétés à responsabilité limitée*.

Elles sont soumises aux dispositions des art. 29, 30, 32, 33, 34, 36 et 40 du Code de commerce.

Elles sont administrées par un ou plusieurs mandataires à temps, révocables, salariés ou gratuits, pris parmi les associés.

SOMMAIRE.

1. Nomenclature des sociétés commerciales.
2. Il fallait remanier l'art. 19 du Code de commerce, pour y faire entrer la 4e espèce. — Inconvénients de cet oubli.
3. Cachet distinctif de la nouvelle loi.—Elle crée l'anonymat libre à côté de l'anonymat privilégié.
4. Le Conseil d'État a retranché le mot *civiles* proposé par la commission du Corps législatif.
5. Pourquoi ce retranchement ?
6. Discussion. — Ce retranchement est fondé sur les vrais principes, et il n'implique aucune préférence ni interdiction.

7. Est-il permis de donner la forme commerciale à une société de nature civile ?
8. Discussion. — Jurisprudence conforme. — Arrêt de cassation du 9 juin 1841.
9. Opinion favorable de M. Troplong. — Jurisprudence administrative, dans le même sens.
10. Cette solution est applicable à la société à responsabilité limitée.
11. Le passage du rapport qui déclare que la loi ne s'applique qu'aux sociétés commerciales ne peut vouloir interdire de constituer sous la forme nouvelle des sociétés civiles.
12. Exception à cette règle. — Les banques, les tontines et autres établissements du même genre ; les assurances mutuelles. — Décrets de 1809 et circulaire du ministre de l'intérieur du 9 avril 1819.
13. Quelle est la qualification à donner au contrat, lorsqu'une société civile se constitue sous la forme commerciale ? — Discussion. — Opinions de MM. Troplong et Duvergier, qui veulent que la société reste civile.
14. Opinion contraire de MM. Vincens et Delangle.
15. Jurisprudence favorable à cette dernière opinion.
16. Résumé. — Il faut décider que la société est devenue commerciale.
17. Le dissentiment est plus apparent que réel. La théorie de M. Troplong aboutit au même résultat, mais par une voie différente, qui a des inconvénients.
18. Dans le doute entre deux théories également probables, il faut préférer celle qui est claire et d'une application facile.
19. La commission du Corps législatif avait voulu remplacer le titre de sociétés à *responsabilité limitée* par celui de sociétés *anonymes libres*. — Elle n'a pu l'obtenir, c'est regrettable.
20. Le paragraphe 3 vise les articles du Code de commerce auxquels la société nouvelle sera soumise.
21. Suite.
22. Nécessité de l'acte authentique, maintenue malgré les efforts de la commission pour faire admettre l'acte sous-seing privé.
23. Le quatrième et dernier paragraphe organise l'administration. — Différence entre ce texte et l'art. 31, Cod. comm.
24. Autre nuance entre ces deux articles. — Il pourra n'y avoir qu'un administrateur.

25. Renvoi à l'art. 27 pour ce qui touche à la nature, l'étendue des pouvoirs des administrateurs, et à leur responsabilité.

COMMENTAIRE.

1. L'art. 19 du Code de commerce reconnaît trois espèces de sociétés commerciales, la société en nom collectif, la société en commandite, la société anonyme.

L'art. 47 y ajoute les participations qui forment une quatrième sorte d'associations commerciales.

Ces diverses sociétés sont caractérisées et réglementées par le titre III du Code de commerce.

Des modifications ont été successivement faites à ce titre du Code. La plus importante résulte de la loi du 17 juillet 1856 qui, sans rien changer ni ajouter aux grandes classifications, a formulé tout un régime nouveau pour la commandite, mais seulement lorsqu'elle constitue son capital sous forme d'actions.

2. La loi dont nous allons donner le commentaire introduit et organise une quatrième espèce de société, distincte et différente des trois autres énumérées dans l'art. 19 du Code de commerce. Dès lors cette nouvelle création doit s'ajouter à l'énumération de l'art. 19, qui ne sera complet que lorsqu'on y aura introduit la société à responsabilité limitée. La saine logique voulait que le remaniement de cet article se fît par la loi même qui va exiger sa modification. Nous l'avons vainement réclamé lors de la présentation du projet, en faisant remarquer que si on ne le fait pas simultanément, il faudra une loi ultérieure pour y pourvoir, alors qu'il est si facile de faire le tout en même temps. Nous regrettons profondément un oubli ou une négligence qui nuit à la clarté et qui détruit la belle harmonie de nos codes. L'étude de la législation

est assez ardue pour ne pas la compliquer, comme à plaisir, de difficultés et de contradictions, ne fussent-elles qu'apparentes, et l'art. 19 pose un principe trop fondamental, pour qu'il puisse rester un seul instant trompeur ou défectueux. Comme jurisconsulte nous réclamerons incessamment jusqu'à satisfaction.

3. L'art. 1er caractérise nettement le régime nouveau. Il permet de former des sociétés commerciales qui ne seront point soumises à l'autorisation exigée pour les sociétés anonymes, et dans lesquelles néanmoins aucun des associés ne sera tenu au delà de sa mise.

Cette faveur pour les associés, même lorsqu'ils sont administrateurs ou gérants, de n'être tenus que jusqu'à concurrence de leur mise, n'était permise que dans les sociétés anonymes. Le législateur l'étend à la nouvelle forme qu'il institue, forme dans laquelle la garantie de l'autorisation est remplacée par des règles et un contrôle destinés à protéger les actionnaires et les tiers.

C'est là le cachet distinctif de la loi. Le rapport de la commission la qualifie de société anonyme dispensée d'autorisation ; et dans la discussion, un membre de la commission, l'honorable M. Ollivier, a pu dire, avec l'assentiment de tous, que l'idée capitale du projet était de créer l'anonymat libre à côté de l'anonymat privilégié. Nous constatons cette assimilation parce qu'elle pourra guider, lorsqu'il s'agira de rechercher dans quelle mesure certaines règles de la société anonyme sont applicables à la société nouvelle.

4. Avant d'entrer dans l'examen détaillé de notre article, il importe d'élucider une grave difficulté qui pourrait s'élever sur la portée de la loi.

Le projet du Gouvernement était ainsi conçu :

« Il peut être formé, sans l'approbation et l'autorisa-

« tion exigées pour les sociétés anonymes par l'art. 37 « du Code de commerce, des sociétés dans lesquelles au- « cun des associés n'est tenu au delà de sa mise. »

La commission du Corps législatif, dans son contre-projet, avait proposé d'appliquer la forme nouvelle aux *sociétés civiles* comme aux sociétés commerciales, dans le but, dit le rapporteur, de déterminer plus clairement, sinon d'élargir le cercle de la loi, et de faire cesser les hésitations ou les divergences qui se sont produites dans la jurisprudence, sur le point de savoir si des sociétés civiles peuvent prendre la forme anonyme. Le rapport ajoute que le conseil d'État a retranché du contre-projet le mot *civiles*, pour qu'il demeurât bien entendu que la loi ne *peut s'appliquer qu'aux sociétés commerciales*. Remarquons que si le mot *civiles* a été retranché, on a maintenu le mot *commerciales* qui n'était pas dans le projet primitif.

5. Il importe de rechercher la signification et la portée soit du retranchement, soit de l'addition. C'est un des points les plus essentiels pour la saine interprétation de la loi et pour son exacte application.

L'explication du rapport, que nous avons textuellement rapportée, a besoin elle-même d'être expliquée. Pour l'élucider autant qu'il est en nous, il faut supposer qu'une société civile de sa nature, qui se proposerait par exemple l'exploitation d'une mine, ou des achats d'immeubles, veuille se constituer dans la forme et les conditions de la loi nouvelle. Il s'agit de savoir si elle pourra le faire légalement.

Ce point a été touché incidemment dans la discussion au Corps législatif, sur l'art. 3, mais non résolu. Il ne nous paraît pas davantage avoir été tranché par le rapport dont les termes laissent subsister au moins le doute et l'incertitude. On peut se demander en effet ce qu'il faut conclure de cette déclaration que la forme nouvelle ne s'appliquera pas aux sociétés civiles.

6. Cela veut-il dire que les sociétés civiles ne pourront pas adopter le régime nouveau ?

Ou bien cela ne signifie-t-il pas simplement que ces sociétés perdront leur qualification de sociétés civiles, dès qu'elles auront adopté la forme commerciale ?

C'est ce que nous allons rechercher.

Ce serait, selon nous, une erreur capitale de prétendre que le rejet par le conseil d'État du mot *civiles* implique l'interdiction de donner à des sociétés civiles la forme commerciale.

La commission, malgré ses excellentes intentions, avait eu tort de proposer une rédaction inacceptable, lorsqu'elle voulait introduire la société civile dans une loi faite uniquement pour les sociétés commerciales, et le conseil d'État, gardien sévère des principes, a eu grandement raison de repousser cette tentative irréfléchie. Ce que voulait en effet la commission aboutissait à l'une de ces deux conséquences ; ou bien que la loi appelât société civile une société qu'elle qualifiait au contraire société commerciale ; ou bien que la société pût avoir tour à tour l'une ou l'autre qualification.

Au premier cas, c'était faire trancher inopportunément une question générale, par une loi spéciale, et la trancher dans un sens qui peut être controversé, mais que nous croyons contraire aux principes et à la jurisprudence.

Au second cas, c'était introduire une énormité : car, à l'exemple de la chauve-souris de la fable, et selon l'intérêt des contendants, on eût pu soutenir que la société était civile ou bien qu'elle était commerciale.

Le retranchement exigé par le conseil d'État est donc fondé sur les vrais principes et sur les saines doctrines. Il ne compromet pas la règle qui régit la liberté des contrats, et il n'implique en tous cas aucune interdiction ni aucune préférence pour une forme ou pour l'autre.

7. Ceci entendu, nous cherchons vainement où est le texte qu'on puisse invoquer pour interdire la forme commerciale à la société civile. Nous ne le trouvons nulle part, et cela suffit pour qu'en vertu du principe de la liberté des conventions, cela soit licite.

8. Vainement dirait-on que l'ordre public est intéressé dans cette question, ainsi que paraît l'avoir jugé la Cour de Metz par un arrêt qui remonte au 18 juin 1812, à l'occasion d'une société pour l'achat et pour la revente d'immeubles, et qui avait adopté la forme commerciale de la commandite. Les recueils sont pleins d'arrêts postérieurs qui ont jugé invariablement le contraire. Voir notamment le jugement du tribunal du Havre, du 19 juin 1839, confirmé sur l'appel par arrêt de la Cour de Rouen, du 19 février 1840, et l'arrêt de cassation du 9 juin 1841, qui a rejeté le pourvoi formé contre cet arrêt, conformément aux conclusions de M. Delangle.

9. M. Troplong cite cette jurisprudence pour lui donner l'approbation la plus explicite (des Sociétés, n° 320), et la pratique administrative vient aussi la confirmer, en lui donnant la sanction du conseil d'État, puisque le Gouvernement a maintes fois autorisé, sous la forme anonyme, des sociétés civiles par leur nature, comme celles relatives à l'exploitation des mines, et à des acquisitions d'immeubles; par exemple la société Rivoli, et tout récemment la société impériale immobilière.

10. Concluons donc sans hésiter, qu'en thèse générale, il est licite de constituer, sous la forme commerciale, des sociétés dont l'objet est purement civil ; et cette solution s'applique nécessairement, et *à fortiori*, à la société à responsabilité limitée, soit parce qu'elle est assimilée à la société anonyme, soit parce qu'on ne concevrait pas que la liberté des contractants fût moins grande pour l'anonymat libre que pour l'anonymat privilégié.

11. Donc le passage précité du rapport qui déclare que la loi ne s'applique qu'aux sociétés commerciales, ne peut vouloir dire que la forme nouvelle est interdite à celles dont l'objet est purement civil, et si l'on voulait y puiser un argument pour exclure ces sociétés, nous répondrions que le rapport n'est pas la loi et que la loi seule est obligatoire.

12. En reconnaissant à toutes les sociétés, quelle que soit leur nature, pourvu que leur objet soit licite, le droit d'adopter la forme nouvelle, nous exceptons, bien entendu, les cas où une disposition de la loi, tirée de l'objet des sociétés ou de l'intérêt public, exigerait en outre la garantie spéciale de l'autorisation du Gouvernement.

Ainsi, sont sujettes à autorisation :

Les banques publiques (loi du 24 germinal an II.)

Les tontines et *autres établissements du même genre*, ce qui comprend les caisses de prévoyance, d'accumulation, les assurances sur la vie des hommes (avis du conseil d'État du 25 mars 1809, approuvé le 1er avril suivant.) Les assurances mutuelles contre les incendies et autres fléaux. Par les assurances mutuelles on entend celles où les propriétaires mettent en commun les risques qu'ils courent, et s'associent, non pour gagner, mais pour répartir entre eux les pertes accidentelles qui tomberaient sur leurs propriétés (avis du conseil d'État du 30 septembre 1809, approuvé le 15 octobre suivant.)

On peut consulter avec fruit sur le point de la nécessité de l'autorisation, une circulaire de M. le Ministre de l'intérieur, du 9 avril 1819, qui pose, à cet égard, des règles très-précises.

Hors les cas prévus par les textes que nous venons de citer, ou par d'autres lois que l'avenir pourrait rendre nécessaires, le choix du régime reste absolu quel que soit l'objet civil ou commercial de la société.

13. Mais cette solution amène à sa suite une grave question, c'est celle de savoir quelle sera la qualification du contrat lorsqu'une société civile se sera constituée sous la forme commerciale.

Cette société restera-t-elle civile, malgré la forme de ses statuts, ou, au contraire, ne deviendra-t-elle pas commerciale, par le fait seul du régime auquel elle s'est soumise ?

C'est cette question que voulait trancher la commission du Corps législatif lorsque, dans son contre-projet, elle introduisait le mot *civiles* qui a été repoussé par le conseil d'État. Si sa proposition avait été admise, il en serait résulté nécessairement que la société pourrait rester civile, quoique constituée sous la forme commerciale. Nous n'irons pas jusqu'à dire, en sens opposé, qu'en rejetant l'amendement, le conseil d'État a voulu, de son côté, affirmer le contraire. Bornons-nous à conclure que la question, par ce rejet, est restée intacte, et écartons les inductions qu'on pourrait tirer soit du rapport, soit du rejet.

Nous n'acceptons pas davantage comme exprimant fidèlement l'état de la jurisprudence, ce paragraphe du rapport où il est dit que la commission n'a aucunement l'intention de combattre la jurisprudence, par suite de laquelle il a été décidé que les sociétés dont l'objet était primitivement civil avaient pu prendre le caractère commercial et se soumettre valablement à la forme anonyme *par suite des agissements vraiment commerciaux auxquelles elles se livraient.*

Malgré la gravité et l'autorité d'une pareille affirmation, nous croyons fermement que la jurisprudence est allée plus loin et qu'elle a reconnu le caractère commercial aux sociétés civiles, *indépendamment de leurs agissements commerciaux* et par le fait seul du régime commercial par elles adopté.

La commission s'est évidemment inspirée ici de la doctrine d'un jurisconsulte éminent, M. Troplong, dont elle donne l'opinion résumée. Ajoutons que tel paraît aussi être l'avis de M. Duvergier.

14. Nous nous permettrons de rechercher si cette opinion est conforme à la doctrine, et si elle a prévalu dans la jurisprudence.

Parmi les auteurs, la question a été posée d'abord, croyons-nous, par M. Vincens, dont l'autorité est d'un grand poids pour les matières commerciales, il l'a résolue nettement dans le sens opposé à l'opinion de M. Troplong.

Un autre jurisconsulte, non moins éminent, M. le garde des sceaux Delangle, dans son *Traité des Sociétés commerciales*, n°s 35 et 424, combat énergiquement, d'abord l'opinion de M. Duvergier, et ensuite l'opinion intermédiaire de MM. Malpeyre et Jourdain, qui voudraient que la société anonyme pût être ou civile ou commerciale. M. Delangle déclare que cette opinion renferme une erreur évidente, et il maintient que la société anonyme est *essentiellement* commerciale.

Chose singulière à constater, c'est que les deux opinions contradictoires, et si considérables de MM. Delangle et Troplong, ont été publiées en même temps (1843), et, conséquemment, sans qu'ils aient pu se douter du dissentiment profond qui les divisait.

15. Quant à la juriprudence, il suffit de parcourir les arrêts cités par M. Troplong lui-même, qui les critique, pour se convaincre qu'elle a presqu'unanimement qualifié commerciales les sociétés civiles qui avaient adopté la forme commerciale.

S'il s'est élevé quelque doute en ce qui touche la société anonyme, et par exemple s'il a été jugé le contraire pour les compagnies anonymes d'assurances mutuelles, par arrêt de rejet du 15 juillet 1829, lequel est en opposition manifeste avec un autre arrêt de la chambre civile du 8 avril 1828, relatif à une société d'assurances *à primes fixes*, nous regardons ces deux arrêts comme ne tranchant pas directement la question, soit pour, soit contre les deux systèmes. Il faut remarquer en effet que les sociétés d'assurances sont sujettes à autorisation, en vertu du décret de 1809, et indépendamment de la forme de leurs statuts ; en telle sorte que l'autorisation intervient, moins pour constater la forme commerciale que pour satisfaire aux prescriptions d'ordre public. On comprend donc qu'on puisse prétendre que cette autorisation n'imprime pas nécessairement le caractère commercial à la société autorisée, — les deux arrêts sont donc plutôt des arrêts d'espèce que des arrêts de principe.

Nous regardons également comme un arrêt d'espèce l'arrêt de rejet du 23 août 1820 cité par M. Troplong à l'appui de son opinion. Il s'agissait d'une société à caractère douteux, dont la combinaison des statuts se prêtait à une double qualification, et qu'on prétendait être anonyme, quoique non autorisée. La qualification dépendait donc de l'interprétation que le juge ferait des statuts, et l'arrêt qui rejette le pourvoi formé contre la décision qui avait déclaré la société civile, n'a compromis aucun principe.

Il arrive trop fréquemment en effet que dans la rédaction des statuts d'une société, on trouve ce mélange de dispositions hétérogènes tirées de la société civile, combiné avec d'autres tirées de la société commerciale. Nous avons tous les jours sous les yeux des statuts de société immobilières, qualifiées civiles ou commerciales, selon le caprice ou l'intérêt des fondateurs. C'est à la sagacité des tribunaux à déterminer, en cas de contestation, le caractère dominant, et ils devront le faire, en s'inspirant de la règle que nous nous efforçons de faire prévaloir.

16. Quant à nous, nous pensons que la loi commerciale a qualifié le contrat de société, indépendamment de son objet et de la qualité des parties. Cette qualification a été attachée à la forme de l'acte, qu'elle a érigé en contrat solennel, comme elle a fait pour la lettre de change. Ceci résulte expressément de l'art. 19 du Code de commerce qui déclare commerciales les trois formes de sociétés, sans s'occuper de leur objet.

Si l'on considère d'ailleurs qu'il est de l'essence de la société civile (art. 1863 C. Nap.) que l'associé soit et reste personnellement responsable, malgré toute stipulation contraire, tandis que le commanditaire échappe à cette responsabilité dans la commandite et dans la société anonyme, nous concluons avec M. Delangle qu'il est impossible de concevoir qu'une société qui ne comporte pas d'obligation personnelle puisse jamais être une société civile.

17. Du reste le dissentiment entre notre illustre contradicteur et nous, est plus apparent que réel. M. Troplong reconnaît que les associés civils peuvent donner à leur société les effets des sociétés de commerce, et il approuve fort le tribunal du Havre qui l'a jugé ainsi. Il fait une autre concession plus considérable : il admet que l'examen des clauses de l'acte, et par exemple la clause qui soumet le jugement des contestations à des arbitres nommés par le président de tribunal de commerce, peut conduire à imprimer le caractère commercial à la société civile (voir *Societés*, n° 329). Après un pareil aveu, il n'y a plus entre nous, au fond, que cette nuance, à savoir que pour M. Troplong il y a lieu d'interpréter le contrat pour rechercher la volonté douteuse, et pour nous, il y a présomption légale de cette volonté par l'adoption seule de la forme commerciale. Seulement nous ne comprenons pas pourquoi M. Troplong refuse de voir l'intention de faire une société de commerce, à ceux qui constituent une commandite, par exemple. Si jamais intention doit paraître évidente et moins équivoquement manifestée, c'est bien dans ce cas, car la commandite ne comporte pas seulement la soumission à la juridiction commerciale, mais elle comporte virtuellement et nécessairement l'intention de faire une société de commerce, puisque les associés veulent par dessus tout limiter leur responsabilité, ce qu'ils ne peuvent faire par une société civile,—donc en prenant la théorie de M. Troplong, nous aboutissons au même résultat, mais par une voie différente, ce qui importerait peu si nous n'apercevions un grand inconvénient dans l'opinion que nous combattons.

18. Cet inconvénient, c'est de substituer à la règle écrite l'incertitude et l'arbitraire de l'interprétation, et nous en trouvons un exemple frappant dans cette discussion même où M. Troplong cite une foule d'espèces de sociétés, dont malgré sa sagacité, il est embarrassé de préciser le caractère, ce qui le conduit à des appréciations contestables et paraissant quelquefois contradictoires. Ne vaudrait-il pas mieux dans le doute entre deux théories également probables, préférer celle qui est simple, claire et d'une application facile, et le jurisconsulte n'est-il pas heureux lorsqu'il proclame une règle qui supprime l'erreur trop fréquemment inhérente à tout ce qui est laissé à l'appréciation humaine ?

Ces graves questions vidées, nous revenons au texte de l'article 1er.

19. Le deuxième paragraphe porte que la société prendra le titre de *société à responsabilité limitée.*

Nous avons combattu ce titre avant qu'il fût voté. Nous ne reviendrons pas sur les motifs de notre critique, que l'on retrouvera *suprà* (introduction p. 7 à 9.) Sur ce point la commission du Corps législatif avait été de notre avis, puisqu'elle avait proposé un autre titre : celui de *sociétés anonymes libres.* Elle y voyait l'avantage de préciser d'une manière plus exacte le caractère de la société nouvelle, et elle regrette dans son rapport que le conseil d'État ne se soit pas rendu à ses observations, — mais elle ajoute avec raison que ce dissentiment sur la dénomination n'en implique aucun sur le fond des choses.

20. Le paragraphe 3 vise les articles du Code de commerce auxquels la société nouvelle sera soumise : ce sont les articles 29, 30, 32, 33, 34, 36 et 40, — on va voir que tous ces articles sont ceux qui régissent la société anonyme, tant il est vrai qu'il s'agit bien d'une société de cette espèce.

Ainsi, d'après les art. 29 et 30, elle n'a point de raison

sociale, et elle est qualifiée par la désignation de l'objet de son entreprise.

Remarquons que cette disposition nécessaire pour distinguer chaque société, est exigée ici indépendamment du titre générique et uniforme qui détermine son caractère.

Ainsi, pour entrer dans un détail pratique, la société aura un titre : celui de société à responsabilité limitée, elle aura ensuite un sous-titre, variable pour chaque société et qui servira à la distinguer des autres.

21. D'après l'art. 32, les administrateurs ne sont responsables que du mandat qu'ils ont reçu, et ils ne contractent à raison de leur gestion aucune obligation personnelle ni solidaire, relativement aux engagements de la société. Cette dernière disposition était contenue implicitement dans le premier paragraphe. Nous l'avons signalée comme trait distinctif et saillant de la forme nouvelle.

D'après l'art. 33, les associés ne sont passibles que de la perte du montant de leur intérêt, c'est ce qui avait déjà été dit à la fin du premier paragraphe.

D'après l'art. 34, le capital se divise en actions et même en coupons d'actions d'une égale valeur.

L'art. 36, règle la forme à suivre pour établir la propriété et la cession des actions.

Enfin l'art. 40, ne permet d'établir la société que par *acte public*.

22. Sur ce dernier point, la commission du corps législatif a vainement sollicité du conseil d'État la suppression de cette exigence qu'elle regardait comme trop rigoureuse et non suffisamment motivée. Elle aurait préféré qu'on se référât à l'art. 29 qui se contente de l'acte sous signatures privées, mais ses efforts ont échoué. La nécessité de l'acte authentique a été maintenue.

23. Le 4e et dernier paragraphe organise l'administration de la société ; il permet de la confier à un ou plusieurs mandataires à temps, révocables, salariés ou gratuits, pris parmi les associés.

C'est la reproduction du texte de l'art. 31, C. comm., avec cette différence importante que, pour la société anonyme, il n'est pas nécessaire d'être associé pour être administrateur, tandis qu'il en sera autrement pour la société à responsabilité limitée. Cette exigence n'est pas nouvelle ; elle a été proclamée par la loi de 1856, non-seulement à l'égard du gérant, mais même pour les membres du conseil de surveillance. Il y avait évidemment même raison au moins pour l'appliquer aux administrateurs. Nous verrons d'ailleurs (art. 7) que la qualité d'associé ne suffit pas, puisqu'il faut qu'ils soient en outre propriétaires, par portions égales, du vingtième du capital social.

24. Remarquons une nuance entre l'art. 31 et le paragraphe qui nous occupe. Ce paragraphe, à la différence du texte de l'art. 31, confie l'administration *à un* ou plusieurs mandataires, afin qu'il soit bien entendu qu'on pourra n'en nommer qu'un seul.

25. Nous réservons, pour l'examiner sous l'art. 27, tout ce qui touche à la nature, à l'étendue des pouvoirs des administrateurs, ainsi qu'à la responsabilité qui découle de leur mandat.

ART. 2.

Le nombre des associés ne peut être inférieur à sept.

ART. 3.

Le capital social ne peut excéder vingt millions de francs (20,000,000 fr.).

Il ne peut être divisé en actions ou coupons d'actions de moins de cent francs, lorsqu'il n'excède pas deux cent mille francs, et de moins de cinq cents francs, lorsqu'il est supérieur.

Les actions sont nominatives jusqu'à leur entière libération.

Les actions ou coupons d'actions ne sont négociables qu'après le versement de deux cinquièmes.

Les souscripteurs sont, nonobstant toute stipulation contraire, responsables du montant total des actions par eux souscrites.

SOMMAIRE.

26. L'art. 2 exige qu'il y ait sept associés au moins pour la constitution de la société. — Le projet du Gouvernement en voulait dix.

27. Motif sur lequel est fondée cette exigence. — Renvoi à l'art. 12 pour la sanction de cette prescription.

28. D'après l'art. 3, le capital social ne peut être supérieur à 20 millions.

29. Pourquoi ?

30. Motif pour lequel la commission a cédé sur ce point au Conseil d'État.

31. Les autres paragraphes de l'art. 3 sont relatifs à la quotité des actions, à la négociation, aux obligations des souscripteurs originaires. — Ils sont tirés de la loi de 1856. — Renvoi à notre commentaire (n. 9 à 14).

32. Retranchement de la stipulation qui prononçait la nullité de toute clause permettant de diminuer ou d'augmenter le capital social, au delà des limites fixées par la loi.

33. Cette interdiction existe toujours, comme sous la loi de 1856.— Renvoi aux n. 14 et 132 de notre commentaire de la loi de 1856.

34. La loi actuelle s'applique-t-elle aux sociétés qui n'émettent pas d'actions ? — Hypothèse proposée par M. Javal.

35. Solution négative.

36. Sens juridique du mot *action*. — C'est le titre qui se transmet par les voies commerciales, transfert, endossement, tradition manuelle.

37. Les paragraphes 3 et 4 sont conformes à la loi de 1856.

38. Discussion sur le paragraphe 4, au Corps législatif. — Il a été maintenu. — Pourquoi ?

39. Faut-il que le souscripteur qui veut négocier ses actions ait versé les 2/5e sur toutes, ou seulement sur celles qu'il veut négocier ?

40. Discussion. — Solution dans ce dernier sens, contraire à l'opinion de M. Rivière.

41. Sur le dernier paragraphe, qui rend les actionnaires responsables du montant total de leurs actions souscrites. — Renvoi à notre commentaire (n. 23 et suiv.).

42. Les souscripteurs pourraient-ils être condamnés par corps au paiement de leurs actions ?— MM. Pardessus et Delangle décident la négative ; mais la jurisprudence a été fixée en sens contraire par arrêt de cassation du 28 février 1844.

COMMENTAIRE.

26. L'art. 2 ne permet pas de constituer une société à responsabilité limitée, si le nombre des associés est inférieur à sept.

Le projet du Gouvernement exigeait un nombre plus considérable, et le portait à dix ; mais sur l'insistance de la commission qui invoquait la loi anglaise, pratiquée sans abus depuis 1856, ce nombre a été réduit à sept.

Cette condition restrictive, qui peut paraître gênante à quelques esprits, a été imposée par la considération que, s'agissant d'une association de capitaux, lorsque cette société se forme entre moins de sept personnes, elle sera presque toujours fondée sur les convenances personnelles de ceux qui voudront l'établir, et qu'alors ils pourront y satisfaire au moyen de la forme collective ou de la commandite.

27. D'un autre côté, le nombre de sept associés a paru nécessaire pour rendre possible l'organisation, et du conseil d'administration et des commissaires chargées de la surveillance.

Nous verrons (art. 12) quelle est la sanction de cette prescription.

28. L'art. 3 pose une limite au chiffre du capital social que peut comporter la société. Ce chiffre est de 20 millions, somme au delà de laquelle la forme nouvelle est interdite.

Le projet primitif était beaucoup plus restrictif, il déterminait une double limite, un minimum et un maximum. Le minimum était 200 mille francs, le maximum 10 millions.

La commission avait proposé la suppression pure et simple de la disposition, c'est-à-dire qu'elle revenait au principe de pure liberté dans la fixation du chiffre du capital social, comme pour les autres sociétés. C'est par transaction qu'on en est venu à supprimer la limite inférieure et qu'on a doublé le chiffre du maximum.

29. Le motif de la limitation est tiré de cette considération que lorsqu'il s'agit de travaux ou de spéculations auxquels il soit indispensable de consacrer un capital supérieur à 20 millions, on sera évidemment en dehors des opérations d'intérêt privé, objet habituel de l'activité commerciale ou industrielle, et l'on devra recourir soit à la société anonyme, soit à la commandite.

30. La commission, qui s'est rendue avec peine à cette raison, n'a cédé que parce qu'elle a constaté qu'il ne s'était formé, dans les cinq dernières années, que deux sociétés en commandite par actions, à un capital supérieur, et que d'ailleurs le champ laissé à la nouvelle société à son début, lui a paru assez vaste pour atténuer ses regrets.

31. Les autres paragraphes de l'art. 3 sont relatifs à la quotité des actions, à leur négociation, aux obligations des souscripteurs originaires.

Ces dispositions sont littéralement empruntées à la loi de 1856, sur les commandites par actions. Elles ont pour objet de combattre le jeu, la fraude, et d'assurer la réalité du capital qui, dans les sociétés nouvelles, est d'une importance plus grande encore que dans les commandites. Le rapport affirme qu'elles ont reçu l'approbation presque unanime des tribunaux et des chambres de commerce consultés.

Dans le commentaire que nous avons publié de la loi de 1856, nous avons examiné et résolu les diverses questions qui se rattachent à ces prescriptions (voir n° 9 à 14), nous y renvoyons pour ne pas nous répéter.

32. Le projet du Gouvernement contenait, à l'article 3, un dernier paragraphe qui prononçait la peine de nullité de toute stipulation ayant pour effet de diminuer ou d'augmenter le capital social, au delà des limites fixées par la loi, soit par des modifications aux statuts, soit par des émissions de nouvelles séries d'actions.

Nous ne retrouvons pas cette disposition dans la loi, et le rapport de la commission est complétement muet sur les motifs de la suppression.

Faudrait-il conclure de ce retranchement que les clauses ou les actes dont il s'agit seraient licites?

33. Nous ne le pensons pas, on a pu croire qu'il était inutile de répéter une nullité qui était prononcée d'une façon générale par l'art. 24 contre toute infraction à l'art. 3, mais le paragraphe supprimé révèle l'esprit et la pensée du législateur, et a la valeur de la raison écrite. Nous avons examiné cette même question sur la loi de 1856 (nos 14 et 132), et nous maintenons notre solution, que la jurisprudence a confirmée au moins implicitement.

34. Examinons ici une hypothèse qui a été posée dans la discussion, et qui exige une solution précise.

Il a été demandé si la loi actuelle pourrait s'appliquer aux sociétés qui n'émettent pas d'actions, et M. Javal a cité le cas où sept personnes se réuniraient pour aider dans ses affaires un petit boutiquier.

35. Voici la réponse. En principe, la loi est faite pour les sociétés qui se constituent par actions. Cela n'a pas été dit aussi expressément que dans la loi de 1856, mais cela résulte de ce qu'on a adopté les règles de la société anonyme, dont le capital est divisé en actions aux termes de l'art. 34 du Code de commerce, qui régit aussi la loi nouvelle; cela résulte aussi implicitement de l'ensemble des diverses règles de la nouvelle société, qui toutes supposent le capital divisé en actions, comme pour la société anonyme.

Donc, dans l'hypothèse de M. Javal, la société ne pourra prendre la forme nouvelle qu'autant que le capital, si minime qu'il soit, sera divisé en actions ou coupons d'action.

36. Il importe de bien préciser le sens juridique du mot *action*.

Le droit du commanditaire dans la chose sociale s'établit par deux sortes de titres qu'il ne faut pas confondre. Ou ce titre résulte d'une stipulation du contrat de société, et il est susceptible seulement d'une cession civile, ce qui arrive dans presque toutes les commandites pures ; ou bien c'est un titre d'une somme fixe, ou pouvant être fixée, détaché d'un registre à souche ; se transmettant par les voies commerciales du transfert, de l'endossement ou de la tradition manuelle. C'est ce dernier titre seulement qui constitue l'*action* dans le sens de la loi, et auquel sont applicables et la loi de 1856 et la loi actuelle, quelque dénomination qu'on donne au titre (*instrumentum*), et alors même qu'on l'appellerait *part d'intérêt* au lieu de l'appeler *action*. C'est en ce sens qu'il faut entendre la réponse faite à M. Javal, par le rapporteur de la loi.

37. Le paragraphe 3 exige que les actions restent nominatives jusqu'à leur entière libération, et le paragraphe 4 qu'elles ne se négocient qu'après le versement des deux cinquièmes. Il en est ainsi pour la loi de 1856.

Une discussion fort intéressante s'est établie au Corps législatif sur le 4e paragraphe. M. le Président, qui y a pris part, aurait voulu la suppression du paragraphe sans y conclure formellement. Il citait l'exemple des banques d'Angleterre et des sociétés d'assurance en France, où l'on se contente du versement du cinquième. Il faisait aussi remarquer avec grande raison que la négociation d'une action ajoutait plutôt qu'elle n'ôtait à la valeur du titre, puisqu'à la responsabilité du souscripteur primitif, obligé jusqu'à entière libération, venait s'ajouter celle de l'endosseur ou des endosseurs successifs.

38. Le paragraphe a été maintenu par ce motif que la règle était écrite dans la loi de 1845 sur les chemins de fer, et dans celle de 1856, qu'on ne voulait ni énerver ni modifier, ce qui serait peu sage à l'occasion d'une nouvelle forme qui fait disparaître la responsabilité personnelle, et qui doit se montrer d'autant plus exigeante sur les garanties destinées à remplacer cette responsabilité.

Nous ne nions pas la puissance de cette considération.

Cependant si l'expérience a démontré que la loi de 1856 est trop sévère en ce point, et qu'elle a paralysé les capitaux sans motif suffisant, il nous semble qu'on aurait pu, tout en maintenant le principe, lui créer une exception qui se justifiait par la forme nouvelle qu'il s'agissait d'organiser.

En tout cas, ce n'est pas la proportion du cinquième qu'on aurait pu admettre pour permettre la négociation, mais celle du quart, puisque c'est le versement du quart qui est exigé et par la loi de 1856, et par l'art 4 de la loi nouvelle, pour que la société puisse se constituer.

39. On a demandé, sous la loi de 1856, et on pourrait demander sous la loi actuelle si, pour que la négociation soit permise, il faut nécessairement que le souscripteur ait versé les deux cinquièmes de toutes ses actions souscrites, ou bien s'il ne suffit pas qu'il ait versé les deux cinquièmes des actions qu'il veut négocier.

40. Un auteur, M. Rivière, adopte la première opinion. Nous ne pouvons être de cet avis. La loi est muette, et, par cela seul qu'elle n'exige pas impérativement le versement de toutes les actions, préalablement à la négociation de quelques-unes d'entre elles, nous l'interprétons et l'appliquons naturellement en exigeant le versement des deux cinquièmes de chaque action qu'on veut négocier. En un mot, toute action libérée de deux cinquièmes est négociable. Voilà le sens de la loi, conforme à l'usage d'après lequel chaque titre porte la mention et la preuve des versements effectués. Cette exigence de la loi est déjà assez sévère pour ne pas l'étendre au delà de son texte et de son esprit.

41. Le dernier paragraphe veut que les souscripteurs restent, nonobstant toute stipulation contraire, responsables du montant total de leurs actions. C'est la reproduction de l'art. 3 de la loi de 1856.

Nous renvoyons aux observations que nous avons faites sur ce point dans notre précédent commentaire (n°s 23 et suivants).

42. Les souscripteurs pourraient-ils être condamnés par corps au payement de leurs actions ?

Cette question est très-grave et a été très-vivement débattue. MM. Pardessus et Delangle soutiennent la négative. La jurisprudence était incertaine et divisée. La Cour de Grenoble, par arrêt du 18 mars 1840, et la Cour d'Aix, par arrêt du 22 juillet 1840, prononçaient la contrainte par corps, tandis que la Cour de Paris jugeait le contraire, par arrêt du 22 février 1842 ; mais la Cour de cassation, par ses deux arrêts de la chambre civile, du 28 février 1844, a rejeté les pourvois formés contre les arrêts de Grenoble et d'Aix. Voici ses motifs :

« Attendu que c'est à la qualité de la dette, et non à la « qualité du débiteur que l'art. 1er de la loi du 17 avril « 1832 attache la sanction de la contrainte par corps.

« Que c'est une opération évidemment commerciale « que celle qui consiste à verser, à titre de commandite, « des fonds dans une maison de banque, en vue de pren- « dre part aux bénéfices résultant du mouvement des « fonds réunis et confondus avec d'autres — que l'art. 632, « paragraphe 4, du Code de commerce, range formelle-

« ment une telle opération dans la classe des actes de « commerce. »

Rejette,

Depuis ces arrêts, la jurisprudence des Cours dissidentes s'est rangée à la doctrine de la Cour de cassation, même la Cour de Paris, après un arrêt de partage. Aujourd'hui, la question est irrévocablement fixée en ce sens. Nous le regrettons vivement avec M. Delangle, mais tous les efforts contraires des jurisconsultes et de la doctrine n'y peuvent rien. Les magistrats, les fonctionnaires, les avocats, auxquels la loi ou la conscience interdisent les actes de commerce doivent forcément renoncer à souscrire des actions dans les sociétés de commerce ; c'est la conséquence, peu favorable à l'industrie et au commerce, qui ressort de cette interprétation, selon nous erronée, de la loi. La question a été jugée ainsi pour les commandites. Mais elle serait jugée de même pour les sociétés anonymes et pour la société à responsabilité limitée.

Nous confirmons ce que nous avons dit (n° 29), que la loi n'interdit que la transmission par voie commerciale, d'où il suit que les actions ne sont pas frappées d'une indisponibilité absolue, et qu'elles peuvent être transmises par cession, donation ou tout autre mode qu'autorise le droit civil.

ART. 4.

Les sociétés à responsabilité limitée ne peuvent être définitivement constituées qu'après la souscription de la totalité du capital social et le versement du quart au moins du capital qui consiste en numéraire.

Cette souscription et ces versements sont constatés par une déclaration des fondateurs faite par acte notarié.

A cette déclaration sont annexés la liste des souscripteurs, l'état des versements effectués et l'acte de société.

Cette déclaration, avec les pièces à l'appui, est soumise à la première assemblée générale, qui en vérifie la sincérité.

SOMMAIRE.

43. La constitution de la société n'est permise qu'après la souscription de la totalité du capital et le versement du quart.—Pourquoi?

44. Si l'art. 4 a ajouté à la loi de 1856 les mots : *qui consiste en numéraire,* cela ne change rien au droit préexistant.

45. Peut-on, pour compléter le quart des versements, compter ce qui aurait été versé en sus par quelques actionnaires? — Jugement du 3 mars 1858 qui a jugé le contraire, et avec raison.

46. Les fondateurs doivent constater la souscription et les versements.

47. Sens juridique du mot *fondateur.*

48. Le paragraphe 3 exige l'annexe de la liste des souscripteurs, de l'état des versements et de l'acte de société.

49. Le paragraphe 4 exige que la déclaration soit soumise à la première assemblée générale. — Pourquoi?

COMMENTAIRE.

43. Cet article ne permet la constitution des sociétés à responsabilité limitée qu'après la souscription de la totalité du capital social et le versement du quart au moins du capital qui consiste en numéraire.

Cette disposition est la reproduction du second paragraphe de l'art. 1er de la loi de 1856, qui a voulu mettre un terme aux abus auxquels avait conduit l'absence de règles sur la constitution des sociétés, et qui a suivi ce qui se pratique au conseil d'État pour les sociétés anonymes.

L'on a exigé la souscription préalable de la totalité du capital social, parce que ce capital étant fixé eu égard aux besoins pécuniaires de l'entreprise, il eût été imprudent d'en laisser la réalisation aux chances de l'avenir.

Quant au versement du quart, cette proportion paraît donner satisfaction à tous les intérêts. En exigeant un versement plus considérable, on aurait rendu la formation des sociétés trop difficile et on se serait exposé à immobiliser des capitaux dont la société pouvait n'avoir pas un besoin actuel.

Il va sans dire que l'on pourra stipuler un premier versement supérieur au quart. Mais on ne pourra jamais stipuler valablement que le premier versement sera de moins du quart de l'action.

44. Notre paragraphe a ajouté à celui de la loi de 1856, ces mots : *Qui consiste en numéraire.*

Ceci ne veut pas dire que, sous la loi de 1856, on puisse souscrire le quart du capital autrement qu'en numéraire. Mais la question avait paru douteuse puisqu'elle avait été portée jusqu'à la Cour de cassation qui vient de la trancher par un arrêt de la chambre civile du 11 mai 1863, en décidant qu'une société dont le quart du capital n'a pas été versé en numéraire, doit être déclarée nulle aux termes des art. 1er et 7 de la loi de 1856. C'est seulement pour faire disparaître jusqu'à l'ombre d'un doute que notre article a fait l'addition qui n'est qu'une confirmation du droit préexistant.

45. Une autre question s'est présentée sous la loi de 1856, qui pourrait surgir également sous la loi nouvelle, c'est celle de savoir si, pour compléter le quart des versements on ne pourrait pas compter ce qui aurait été versé par quelques actionnaires en sus de ce quart, pour le compenser avec ce que d'autres auraient versé en moins. Cette question a été avec raison résolue négativement par un jugement du tribunal de commerce de la Seine, du 3 mars 1858 (*Droit*, 6 mars). Quoique le texte de l'art. 4 paraisse moins explicite que celui de l'art. 1er de la loi de 1856, en ce qu'il ne répète pas les mots : *par chaque actionnaire*, nous pensons qu'il a voulu exprimer la même pensée, et nous n'hésitons pas à dire que la question devrait recevoir ici la même solution.

46. Le deuxième paragraphe de l'art. 4 veut que la souscription et les versements soient constatés par une déclaration des fondateurs faite par acte notarié.

C'est encore une prescription tirée de la loi de 1856 qui l'imposait aux *gérants*. La différence s'explique d'elle-même ; puisqu'il n'y a pas de gérant dans la société nouvelle, et qu'il n'y a pas encore des administrateurs, il fallait imposer l'accomplissement de la formalité aux fondateurs qui organisent.

47. Le sens du mot *fondateur* n'est pas déterminé par un texte formel, mais ce mot a un sens pratique compris de tous, et on ne peut se méprendre sur les personnes qu'il désigne. Nulle société un peu nombreuse ne peut se former avec le concours spontané de tous ses membres. L'idée première appartient toujours à une ou à plusieurs personnes qui, après l'avoir mûrie, sollicitent et obtiennent des adhésions ; ce sont ces personnes qui fondent véritablement la société.

La loi veut que les fondateurs soient associés, et c'est à eux qu'elle a imposé les formalités qui, dans les commandites, sont à la charge des gérants.

48. Le paragraphe 3 exige qu'on annexe à la déclaration la liste des souscripteurs, l'état des versements effectués et l'acte de société.

C'est la même prescription que pour la loi de 1856 ; ce paragraphe ne donne lieu à aucune observation.

49. Le quatrième et dernier paragraphe exige que la déclaration avec les pièces à l'appui soit soumise à la première assemblée générale, qui en vérifie la sincérité.

C'est un complément de précautions qui n'était pas dans le projet du Gouvernement ni même dans la loi de 1856. Il est dû à l'initiative de la commission du Corps législatif.

ART. 5.

Lorsqu'un associé fait un apport qui ne consiste pas en numéraire ou stipule à son profit des avantages particuliers, la première assemblée générale fait apprécier la valeur de l'apport ou la cause des avantages stipulés.

La société n'est définitivement constituée qu'après l'approbation dans une autre assemblée générale, après une nouvelle convocation.

Les associés qui ont fait l'apport ou stipulé les avantages soumis à l'appréciation et à l'approbation de l'assemblée générale n'ont pas voix délibérative.

Cette approbation ne fait pas obstacle à l'exercice ultérieur de l'action qui peut être intentée pour cause de dol ou de fraude.

SOMMAIRE.

50. Les trois premiers paragraphes de l'art. 5 sont reproduits de l'art. 4 de la loi de 1856.

51. L'interdiction du vote s'applique-t-elle aux associés qui ont souscrit des actions en numéraire?

52. Discussion. — Solution affirmative.

53. Arrêt de la Cour de Paris du 25 mars 1859 qui fait connaître sous quel point de vue cette Cour envisage les nullités prononcées par les art. 4 et 6 de la loi de 1856, que la loi nouvelle s'approprie.

54. Le paragraphe 4 réserve l'action pour dol et fraude. — C'est un luxe de prévoyance.

55. Renvoi à l'art. 14 pour les règles relatives à la tenue de l'assemblée.

COMMENTAIRE.

50. Cet article règle ce qui est relatif aux apports et aux stipulations d'avantages particuliers.

Les trois premiers paragraphes sont reproduits de l'art. 4 de la loi de 1856.

Le premier exige que lorsqu'un associé fait un apport qui ne consiste pas en numéraire, ou stipule à son profit des avantages particuliers, la première assemblée générale fasse apprécier la valeur de l'apport ou la cause des avantages stipulés.

Le deuxième paragraphe veut qu'une seconde assemblée réunie sur nouvelle convocation approuve ce qui a été soumis à la première.

Le troisième paragraphe refuse voix délibérative aux associés qui ont fait l'apport ou stipulé les avantages soumis à l'approbation de l'assemblée.

51. On s'est demandé sous l'empire de la loi de 1856, et on pourrait se demander sous la loi nouvelle, si l'interdiction de voter qui pèse sur les associés qui ont fait l'apport s'applique même au cas où ils ont souscrit des actions *en numéraire,* et s'ils ne pourraient pas en ce cas, voter comme actionnaires de capital.

La solution affirmative séduit au premier abord, et il paraît équitable que celui qui a payé pour devenir actionnaire, exerce tous les droits attachés à cette qualité.

52. Cependant nous croyons la négative plus conforme au texte et à l'esprit de la loi ;—le texte est formel, il ne distingue pas et s'applique à tous ceux qui ont fait des apports, qu'ils soient, ou non, souscripteurs d'actions, et il est permis de penser que si la loi avait voulu distinguer, elle n'eût pas manqué de le dire.

Mais il y a plus, quand on pénètre la pensée de la loi, on reste convaincu qu'elle ne devait pas distinguer. On n'a pas voulu seulement interdire le vote à ceux qui font l'apport. Cela n'avait même pas besoin d'être dit, tant la chose va de soi et est de pratique générale dans toutes les assemblées où on ne permet jamais au gérant de voter sur les question qui l'intéressent. On a voulu plus, en stipulant que que l'associé ne pourrait pas délibérer. C'est précisément au titre d'*associé* qu'on a attaché la prohibition, et cette qualité appartient essentiellement à l'actionnaire; d'ailleurs l'actionnaire qui vote sur ses propres apports n'est pas dans les même conditions d'indépendance et d'impartialité que les autres, et il a toujours au vote un intérêt personnel que n'ont pas ceux-ci.

53. Afin de faire ressortir par un exemple la façon dont la jurisprudence apprécie les formalités établies par l'art. 4 de la loi de 1856, que la loi nouvelle s'approprie, nous allons donner le texte d'un arrêt de la première chambre de la Cour de Paris du 25 mars 1859 (*Droit* 26 mars).

La Cour, après avoir endendu Me Senard, avocat des appelants, et Mes Delaboulie et Dufaure pour les intimés, a rendu, contrairement aux conclusions de M. l'avocat général Barbier, l'arrêt suivant :

La Cour,

Considérant que la loi du 17 juillet 1856, en déterminant les faits pour lesquels la nullité des sociétés en commandite par actions pourrait être demandée, a entendu venir au secours des actionnaires qui auraient été trompés par les fondateurs ou gérants ; que les termes de l'art. 7, et l'esprit général qui a inspiré la loi de 1856, ne peuvent laisser aucun doute à cet égard ;

Qu'on irait directement contre cette intention, si l'on considérait les nullités établies par les art. 4 et 6 de la loi de 1856 comme des nullités de plein droit et d'ordre public, qui peuvent être invoquées par tous et en tout état de cause ; que loin de protéger les légitimes intérêts des actionnaires, la loi aurait ainsi créé pour eux un danger de plus, puisque, dans les cas où quelques fraudes ou irrégularités se seraient glissées dans l'établissement de la société, elle vivrait sous une perpétuelle menace de nullité ou de dissolution, qui pourraient être demandées par ceux-là mêmes qui auraient été les auteurs desdites fraudes ou irrégularités ou par leurs ayants droit ;

Considérant que, dans l'espèce, la souscription des actions et le versement du quart de leur prix ont été faits, que seulement une partie en a été opérée dans les mains et par l'intervention de la Caisse des Mines, et de Scribe, Leroy et Jullion, fondateurs, lesquels se sont trouvés insolvables ;

Considérant que si la nullité était demandée contre lesdits fondateurs, on se prévaudrait avec raison de leur insolvabilité, qui rendait les souscriptions et les versements illusoires ; mais que les actionnaires, qui ont contracté en présence de souscriptions faites par des maisons de commerce en possession de crédit apparent et de versements portés à leur compte, ont dû considérer les dispositions de la loi comme exécutées ; que la faillite des souscripteurs et dépositaires, survenue depuis, est un fait qu'il leur était impossible de prévoir, et qui ne peut dès lors annuler à leur égard un acte par eux contracté régulièrement et de bonne foi ;

Considérant, quant à la vérification de l'apport des fondateurs, qu'elle a été faite dans des formes qui pourraient être critiquées, s'il s'était agi d'une valeur appelant des justifications et exemens prolongés ; mais que le brevet d'Hébert, qui composait à lui seul l'apport, était nécessairement connu de tous les souscripteurs, puisque c'était ce brevet qui avait motivé leur souscription ; que le mode d'examen adopté n'a d'ailleurs couvert aucune fraude et n'a été suivi que dans un intérêt de célérité et de sage administration ;

Considérant, sur le tout, que les appelants ont connu, dès la formation de la société, les prétendues nullités et irrégularités dont ils se prévalent aujourd'hui ; qu'après avoir laissé verser par les intimés le montant de leurs souscriptions, qui a été employé dans l'intérêt de la société, lesdits appelants viennent tardivement et à contretemps demander une nullité ou dissolution qui entraînerait la perte du capital social ;

Que la loi de 1856, en donnant aux sociétés en commandite par actions des garanties spéciales, n'a pas eu pour conséquence de leur enlever la protection qui résulte des règles générales du droit ;

Que l'action des sociétaires appelants est en réalité celle que la loi a entendu proscrire par la disposition des art. 1869 et suiv. du Code Napoléon ;

Confirme.

Cet arrêt a été rendu contrairement aux conclusions de M. l'avocat général Barbier qui concluait à la nullité. Ce n'est qu'un arrêt d'espèce ; nous ne le citons pas pour en approuver les motifs, mais seulement pour faire connaître ce que pense la 1re chambre de la Cour de Paris, des nullités prononcées par les art. 4 et 6, et sous quel point de vue elle les envisage.

54. Le quatrième paragraphe de l'art. 5 réserve l'action pour dol et fraude, laquelle ne doit pas être écartée par une fin de non-recevoir qui serait tirée du vote approbatif de l'assemblée.

C'est par un luxe de prévoyance que la commission a fait ajouter cette disposition qui résultait des principes généraux du droit, ainsi que nous l'avons démontré, n° 46 de notre commentaire sur l'art. 4 de la loi de 1856.

55. Les règles relatives à la tenue de l'assemblée qui délibère sur l'apport, sont spécifiées à l'art. 14, *infrà*. Elles diffèrent un peu de celles prescrites par la loi de 1856. Nous examinerons sous cet article en quoi et pourquoi.

ART. 6.

Une assemblée générale est, dans tous les cas, convoquée à la diligence des fondateurs, postérieurement à l'acte qui constate la souscription du capital social et le versement du quart du capital qui consiste en numéraire. Cette assemblée nomme les premiers administrateurs ; elle nomme également, pour la première année, les commissaires institués par l'article 15.

Ces administrateurs ne peuvent être nommés pour plus de six ans ; ils sont rééligibles, sauf stipulation contraire.

Le procès-verbal de la séance constate l'acceptation des administrateurs et des commissaires présents à la réunion.

La société est constituée à partir de cette acceptation.

SOMMAIRE.

56. Les fondateurs doivent, *dans tous les cas*, convoquer l'assemblée générale pour nommer les administrateurs et commissaires. — Pourquoi ?

57. La société n'est constituée qu'après acceptation par les administrateurs et commissaires. — Différence avec la loi de 1856.

58. Si les administrateurs et commissaires ne sont pas présents à l'assemblée, comment se fera leur acceptation ultérieure?

59. Solution.
60. D'après le paragraphe 2, — les administrateurs ne peuvent être nommés pour plus de 6 ans. — Pourquoi ?
61. Roulement par le sort ou par l'ancienneté, permis, pourvu que chaque administrateur ne siége que 6 ans, sans réélection.
62. La nomination faite pour 6 ans n'empêche pas la révocation des administrateurs à toute époque. — Renvoi au n. 185.
63. La loi ne distingue pas entre la première nomination et les suivantes, comme le faisait la loi de 1856 pour les membres des conseils de surveillance. — Pourquoi ?

COMMENTAIRE.

56. Cet article exige, *dans tous les cas*, la convocation d'une assemblée générale, à la diligence des fondateurs, pour procéder à la nomination des administrateurs et des commissaires.

Dans tous les cas, cela veut dire qu'alors même qu'il n'y aurait ni apport ni avantages à faire accepter, les fondateurs sont tenus de convoquer cette assemblée générale dans laquelle doivent être nommés les administrateurs qui sont la personnification de la société, car elle ne peut exister sans eux, et aussi les commissaires, dont nous expliquerons (art. 15) les attributions.

57. La loi de 1856 a pu permettre la constitution de la société immédiatement après l'assemblée qui a accepté l'apport, parce qu'il y a un gérant qui représente la société ; mais la loi nouvelle a dû se montrer beaucoup plus exigeante. Il ne lui suffit même pas que les administrateurs et les commissaires aient été nommés, elle exige encore leur acceptation pour que la société soit constituée, et elle veut que la constitution ne date qu'à partir de cette acceptation.

Cette seconde condition a pour but de prévenir un abus

qui s'est produit quelquefois dans les commandites. On nomme des membres du conseil de surveillance à leur insu et sans leur consentement. La société fonctionne. Plus tard, les désastres arrivent, les créanciers ou les actionnaires s'adressent aux membres nommés, ils déclarent n'avoir pas accepté, et les victimes ne trouvent qu'un gérant insolvable, souvent prête-nom de ceux qu'on ne peut atteindre.

La loi veut donc, avec raison, l'acceptation préalable à la constitution, elle exige même, vu l'importance qu'elle attache à cette acceptation, qui engage les personnes nommées et protége les tiers, que le procès-verbal de la séance constate l'acceptation de ceux qui, lors de la nomination, sont présents à la réunion.

58. Mais il pourrait arriver que l'absence, lors de la nomination, de quelques-uns des administrateurs ou commissaires ne leur permît pas d'accepter immédiatement. Quelle est la règle à suivre et dans quelle forme cette acceptation devrait-elle se faire ultérieurement?

La loi est muette, mais sa pensée nous est revélée par la précaution qu'elle prend de rendre l'acceptation manifeste lorsqu'il est possible. La délibération qui constate cette acceptation a une sorte d'authenticité, par le concours des personnes, de la publicité et des signatures, et enfin par le dépôt de la copie certifiée qui doit en être fait au greffe dans la quinzaine.

59. On devra se rapprocher autant que possible de cette forme, et si nous n'allons pas jusqu'à exiger une acceptation par acte notarié, nous la voudrions au moins par acte sous-seing privé, ou contenue dans une délibération des administrateurs inscrite aux registres, et dont copie sera déposée au greffe avec la précédente, et dans le délai fixé par l'art. 8.

60. D'après le paragraphe 2, les administrateurs ne peuvent être nommés pour plus de 6 ans. Ils sont rééligibles, sauf stipulation contraire.

La loi n'a pas voulu permettre aux actionnaires de se lier pour une période trop prolongée envers les administrateurs, qui sont des mandataires révocables. L'on sait avec quelle facilité les fondateurs obtiennent de la première assemblée ces mandats illimités qui peuvent être si dangereux ; en fixant la plus longue durée du mandat à 6 ans, elle a voulu permettre de maintenir dans le sein de l'administration l'uniformité de vues et l'esprit de suite si utiles pour la bonne direction des affaires.

61. Il est d'un bon usage d'introduire dans les statuts une clause qui prescrive le remplacement des administrateurs par partie, et selon un roulement déterminé ou par le sort, ou par l'ancienneté. Cette clause est très-utile pour maintenir au sein du conseil les bonnes traditions et l'expérience acquise. Elle n'est nullement interdite par la loi pourvu que son application n'aille pas jusqu'à faire qu'un seul membre puisse rester en fonctions au delà de 6 ans, terme fatal après lequel tout administrateur doit nécessairement cesser ses fonctions, s'il n'est réélu.

62. Nous verrons *infrà*, que la nomination des administrateurs, faite pour 6 ans, n'empêcherait pas le droit de révocation qui appartient aux actionnaires, et qui peut s'exercer en pleine liberté, à toute époque.

Quant aux commissaires, nous verrons, art. 15, qu'ils doivent être réélus tous les ans.

63. La loi de 1856 avait fixé (art. 5) à 5 ans la plus longue durée des fonctions des membres des conseils de surveillance, sans réélection, et, de plus, elle avait limité à un an la première nomination. La nouvelle loi ne distingue pas entre la première nomination et les suivantes pour les administrateurs, et elle a prolongé d'un an le terme maximum. Cette plus grande latitude se justifie par la différence des attributions et par la raison que nous avons exposée plus haut.

ART. 7.

Les administrateurs doivent être propriétaires, par parts égales, d'un vingtième du capital social.

Les actions formant ce vingtième sont affectées à la garantie de la gestion des administrateurs.

Elles sont nominatives, inaliénables, frappées d'un timbre indiquant l'inaliénabilité et déposées dans la caisse sociale.

SOMMAIRE.

64. Les administrateurs doivent posséder, par portions égales, le 20e du capital social. — Pourquoi?
65. Le projet du Gouvernement exigeait le dixième.
66. Justification de l'exigence de la loi.
67. La loi n'a entendu prescrire qu'un minimum. — On pourra souscrire au delà.
68. Le capital social dont il est question ici s'entend du capital social tout entier, y compris les apports et autres objets soumis à estimation.
69. Exemple.
70. Les actions déposées sont inaliénables pendant la gestion.
71. Mais l'administrateur ne pourrait reprendre ses actions qu'après décharge et quitus donnés par l'assemblée générale.

COMMENTAIRE.

64. Cet article exige trois choses :

La première, que les administrateurs soient pris parmi

les associés, ce qui n'est pas exigé pour les sociétés anonymes (art. 31 Cod. com.).

La seconde, qu'ils soient propriétaires du vingtième du capital social.

La troisième, qu'ils le soient par portions égales.

On a considéré qu'il était très-important pour la société comme pour les tiers, que l'administration ne puisse être confiée qu'à ceux qui sont personnellement intéressés au succès de l'entreprise; et, pour que cette obligation ne soit pas éludée, il a fallu fixer, non-seulement la part du capital social qui doit appartenir aux administrateurs réunis, mais aussi celle dont chacun d'eux doit être individuellement propriétaire.

65. Le projet du Gouvernement portait la proportion au dixième du capital social. La Commission a obtenu que ce chiffre fût réduit au vingtième.

Renfermée dans cette limite, on a pensé que cette précaution de sage administration ne peut créer de difficulté sérieuse pour le choix des administrateurs, et qu'elle ne saurait offrir que des avantages.

66. Cette disposition a été blâmée et le sera sans doute encore par ceux qui ne voient dans les sociétés qu'une occasion de fortune personnelle sans chances de pertes ou de responsabilité d'aucune sorte; mais elle paraît être l'expression de l'opinion du commerce honnête et loyal, car elle donne satisfaction à un vœu émis par le Tribunal de commerce de la Seine.

67. Nous n'avons pas besoin de faire remarquer qu'en fixant la proportion dans laquelle les administrateurs doivent être et rester propriétaires du capital social, la loi n'a entendu fixer qu'un minimum. Rien ne s'oppose, en effet, à ce que, en sus de la part imposée à chacun d'eux, ils puissent souscrire un plus grand nombre d'actions, et il est bien évident que ces actions supplémentaires ne seraient soumises ni au dépôt, ni à l'inaliénabilité, à moins que les statuts ne l'exigent.

68. Le *capital social*, dont le vingtième doit appartenir aux administrateurs, ne doit pas s'entendre ici seulement du capital en numéraire, comme au cas prévu par l'art. 4, qui n'exige le versement du quart que pour ce capital.

Il s'agit, au contraire, du capital tout entier de la société, y compris les apports ou autres objets, dont l'estimation a dû être faite préalablement, conformément à l'art. 5, et dont parle l'art. 9, § 2.

69. Supposons qu'une mine ou un brevet d'invention aient été mis en société; que cet apport ait été estimé 500,000 francs, et qu'on ait émis, en outre, pour 500,000 francs d'actions de numéraire, comme fonds de roulement. Il sera vrai de dire que le capital social est d'un million, et non pas de 500,000 francs, et les administrateurs devront posséder le vingtième de ce million. Tel est évidemment le sens de la loi.

70. D'après les paragraphes 2 et 3, les parts formant le vingtième sont affectées à la garantie de la gestion. Elles sont nominatives, inaliénables et déposées dans la caisse sociale.

Ces dispositions sont la conséquence et la consécration du principe posé par le paragraphe premier, dont le commandement resterait sans sanction, si les administrateurs pouvaient disposer de leurs actions.

Elles sont d'ailleurs d'un usage général dans les commandites dont les statuts exigent, soit du gérant, soit de certains employés, des cautionnements affectés à la garantie de leur gestion ou de leurs actes.

Le dépôt et l'inaliénabilité doivent cesser avec la gestion dont les actions sont la garantie. Cela résulte implicitement du texte quoique non exprimé.

71. Mais l'administrateur cessant ses fonctions pourra-t-il, le lendemain, réclamer ses actions? Nous ne le pensons pas. Il est d'usage, pour la sécurité de tous, et pour la décharge de l'administration, qu'un quitus soit donné par l'assemblée générale, après examen et approbation des opérations et comptes de l'administration. Ce n'est qu'après ce quitus que les actions pourront être reprises, et s'il y avait contestation, après décision judiciaire passée en force de chose jugée.

ART. 8.

Dans la quinzaine de la constitution de la société, les administrateurs sont tenus de déposer au greffe du tribunal de commerce: 1° une expédition de l'acte de société et de l'acte constatant la souscription du capital et du versement du quart; 2° une copie certifiée des délibérations prises par l'assemblée générale dans les cas prévus par les art. 4, 5 et 6, et de la liste nominative des souscripteurs, contenant les nom, prénoms, qualités, demeure, et le nombre d'actions de chacun d'eux.

Toute personne a le droit de prendre communication des pièces susmentionnées et même de s'en faire délivrer une copie à ses frais.

Les mêmes documents doivent être affichés, d'une manière apparente, dans les bureaux de la société.

SOMMAIRE.

72. L'art. 8 organise, à côté du système de publicité, un système de dépôt qui est une heureuse innovation.

73. Les pièces déposées sont à la disposition du public.

74. Le dépôt doit être fait dans la quinzaine de la constitution de la société, à la différence de la loi de 1856, qui fait courir le délai à partir de la date de l'acte.

COMMENTAIRE.

72. Cet article est une heureuse innovation qui n'avait pas trouvé place dans le projet du Gouvernement, et qui émane de l'initiative de la Commission du corps législatif.

Il organise à côté du système de publicité réglé par le Code de commerce, et qui sera réglementé plus complétement par les articles 9 et 10, un système de dépôt qui a pour objet de porter plus sûrement à la connaissance des tiers la constitution de la société et ses actes les plus importants.

Il oblige les administrateurs à déposer au greffe du tribunal de commerce :

1° Une expédition de l'acte de société et de l'acte constatant la souscription du capital et le versement du quart.

2° Une copie certifiée des délibérations de l'assemblée générale prises dans les cas prévus par les art. 4, 5 et 6, et de la liste nominative des souscripteurs.

73. Nous rappelons, ainsi que nous l'avons dit (n° 58), que si quelques administrateurs n'ont accepté que postérieurement à la délibération qui les nomme, copie de l'acte qui constate cette acceptation devra être déposée avec les autres. Sans doute, la loi ne le prescrit pas à peine de nullité, mais c'est une mesure de prudence conforme à son esprit, et qui pourra éviter des difficultés ultérieures.

Ces pièces sont à la disposition de toute personne qui voudra les consulter, et même s'en faire donner une copie à ses frais.

Les mêmes documents doivent être affichés dans les bureaux de la société.

74. Faisons remarquer que le dépôt doit être effectué par les administrateurs, dans la quinzaine *de la constitution de la société*, à la différence de ce qui est prescrit par l'art. 42 du Cod. com. qui fait courir le délai pour la publicité à *partir de la date de l'acte*. Il est évident que, puisque, dans la loi nouvelle, la constitution de la société est subordonnée à des conditions dont l'accomplissement est nécessairement postérieur au contrat, on ne pouvait prendre pour point de départ le contrat lui-même, mais seulement le jour de l'accomplissement des conditions.

ART. 9.

Dans le même délai de quinzaine, un extrait des actes et délibérations énoncés dans l'article précédent est transcrit, publié et affiché suivant le mode prescrit par l'art. 42 du Code de commerce.

L'extrait doit contenir les noms, prénoms, qualités et demeures des administrateurs; la désignation de la société, de son objet et du siége social; la mention qu'elle est à responsabilité limitée, l'énonciation du montant du capital social, tant en numéraire qu'en autres objets ; la quotité à prélever sur les bénéfices pour composer le fond de réserve; l'époque où la société commence et celle où elle doit finir, et la date du dépôt au greffe du tribunal de commerce, prescrit par l'art. 8.

L'extrait est signé par les administrateurs de la société.

ART. 10.

Tous actes et délibérations ayant pour objet la modification des statuts, la continuation de la société au delà du terme fixé pour sa durée, la dissolution avant ce terme et le mode de liquidation, sont soumis aux formalités prescrites par les art. 8 et 9.

SOMMAIRE.

75. L'art. 9 prescrit, outre le dépôt, un mode de publicité approprié à la nouvelle forme.
76. Ce que l'extrait doit contenir.
77. L'extrait doit être signé par les administrateurs. — Pourquoi?
78. L'art. 10 est la reproduction de l'art. 46, Cod. comm., avec addition du dépôt au greffe.
79. Sanction de ces formalités. — Renvoi à l'art. 24.

COMMENTAIRE.

75. L'art. 9, indépendamment du dépôt prescrit par l'article précédent, édicte une règle de publicité dont le mode est conforme à l'art. 42 Cod. com., mais qui comporte, dans son exécution, des éléments appropriés à la nouvelle forme de société.

Ainsi, ce n'est pas seulement l'acte de société qui doit être affiché par extrait, on doit aussi afficher les extraits des délibérations énoncées dans l'art. 8.

76. L'extrait doit contenir :

1° Les noms, prénoms, qualités et demeures des administrateurs.

C'est l'équivalent de ce que prescrivent les paragraphes 1 et 3 de l'art. 43 Cod. com.

2° La désignation de la société, de son objet et du siége social ;

C'est l'équivalent plus complet du paragraphe 2, art. 43.

3° La mention qu'elle est *à responsabilité limitée.*

C'est nécessaire pour avertir les tiers de la nature de la société et de l'irresponsabilité des administrateurs.

4° L'énonciation du montant du capital social, tant en numéraire qu'en autres objets.

Cette énonciation remplace celle de l'art. 43 qui exige la mention du montant des valeurs fournies ou à fournir par actions ou en commandite. De ces deux dispositions, celle de notre article paraît la plus complète en ce qu'elle comprend, non-seulement le capital en numéraire, mais encore les autres objets dont la valeur a dû être soumise à la première assemblée et acceptée par elle.

5° La quotité à prélever sur les bénéfices pour composer le fonds de réserve.

C'est la conséquence du principe posé par l'art. 19, *infrà*, lequel établit un fonds de réserve qui doit être au moins d'un vingtième.

Il est bon que les tiers connaissent cette quotité qui peut être plus considérable.

6° L'époque où la société commence, et celle où elle doit finir, comme à l'art. 43 du Code de commerce.

7° Et enfin, la date du dépôt prescrit par l'art. 8.

Cette précaution a pour but de faciliter aux tiers la recherche des actes qui peuvent les intéresser.

77. L'article veut que l'extrait soit signé par les administrateurs.

L'art. 44 du Code de commerce n'exige la signature des associés solidaires ou gérants, que lorsque l'acte de société est sous seing privé. Et pour les actes publics, il veut que l'extrait soit signé par les notaires.

Dans la société à responsabilité limitée, la loi n'admet que l'acte public, ce qui résulte du renvoi à l'art. 40, qui est visé dans l'art. 1er.

Cependant elle veut que l'extrait soit signé par les administrateurs. La raison de cette différence entre ce texte et celui de l'art. 44 provient sans doute de ce que ce n'est pas seulement l'acte de société dont l'extrait doit être affiché, mais encore celui des délibérations que le notaire n'aurait pu certifier, à moins qu'il n'en ait reçu le dépôt, ce qui n'est pas exigé. Peut-être aussi a-t-on voulu couper court aux contestations qui se sont quelquefois élevées à raison de la responsabilité qui pesait sur les notaires, lorsque les publications étaient incomplètes ou irrégulières. Quoiqu'il en soit, le texte est impératif, il doit être obéi.

78. L'art. 10 est la reproduction du principe posé par l'art. 46 du Code de commerce, avec cette addition qu'il faudra, pour les actes qu'il énumère, non-seulement la publication, mais encore le dépôt au greffe prescrit par l'art. 8 de la loi actuelle.

79. Ces formalités doivent être accomplies sous la sanction de l'art. 24, et nous verrons à cet article que leur inaccomplissement entraîne la nullité des actes ou délibérations désignés en notre article.

ART. 11.

Dans tous les actes, factures, annonces, publications et autres documents émanés des sociétés à responsabilité limitée, la dénomination sociale doit toujours être précédée ou suivie immédiatement de ces mots : *Société à responsabilité limitée*, et de l'énonciation du montant du capital social.

SOMMAIRE.

80. Obligation de révéler le titre de la société dans tous les actes, et leurs manifestations extérieures, — sous une sanction édictée, art. 28.

COMMENTAIRE.

80. Cet article impose aux sociétés nouvelles l'obligation de révéler leur véritable caractère, dans tous leurs actes et leurs manifestations extérieures.

Sans doute nous avons constaté et nous persistons à penser que le titre adopté n'est pas le meilleur; mais le sens légal de ces mots : *à responsabilité limitée*, ne tardera pas à être compris et connu du commerce.

Déjà l'art. 9 exige que ce titre soit publié.

Notre article veut en outre qu'il figure dans tous les actes, factures, annonces, publications et autres documents émanés de la société avant ou après la dénomination sociale. Cet utile avertissement a été puisé dans la loi anglaise qui prescrit les mêmes précautions.

Et ce n'est pas seulement le titre qui doit être ainsi mis en vedette, mais encore l'énonciation du montant du capital social.

Et comme la fraude est habile à se jouer des meilleures garanties, pour parvenir à ses fins, la loi veut que le tout soit écrit (ajoutons ou imprimé) lisiblement et en toutes lettres, ce qui interdit les abréviations et les caractères microscopiques.

Nous verrons, à l'art. 18, que l'inobservation de cette prescription entraîne une amende de 50 fr. à 1000 fr.

ART. 12.

Il est tenu, chaque année au moins, une assemblée générale à l'époque fixée par les statuts. Les statuts déterminent le nombre d'actions qu'il est nécessaire de posséder, soit à titre de propriétaire, soit à titre de mandataire, pour être admis dans l'assemblée, et le nombre de voix appartenant à chaque actionnaire, eu égard au nombre d'actions dont il est porteur.

Néanmoins, dans les premières assemblées générales, appelées à statuer dans les cas prévus par les art. 4, 5 et 6, tous les actionnaires sont admis avec voix délibérative.

ART. 13.

Dans toutes les assemblées générales, les délibérations sont prises à la majorité des voix.

Il est tenu une feuille de présence; elle contient les noms et domiciles des actionnaires et le nombre d'actions dont chacun d'eux est porteur.

Cette feuille, certifiée par le bureau de l'assemblée, est déposée au siége social et doit être communiquée à tout requérant.

ART. 14.

Les assemblées générales doivent être composées d'un nombre d'actionnaires représentant le quart au moins du capital social.

Si l'assemblée générale ne réunit pas ce nombre, une nouvelle assemblée est convoquée, et elle délibère valablement, quelle que soit la portion du capital représentée par les actionnaires présents.

Mais les assemblées qui délibèrent,

Sur l'objet indiqué dans l'art. 5,

Sur la nomination des premiers administrateurs, dans le cas prévu par l'art. 6,

Sur les modifications aux statuts,

Sur des propositions de continuation de la société au delà du terme fixé pour sa durée ou de dissolution avant ce terme,

Ne sont régulièrement constituées et ne délibèrent valablement qu'autant qu'elles sont composées d'un nombre d'actionnaires représentant la moitié au moins du capital social.

Lorsque l'assemblée délibère sur l'objet indiqué dans l'art. 5, le capital social, dont la moitié doit être représentée, se compose seulement des apports non soumis à vérification.

SOMMAIRE.

81. La loi règle ce qui est relatif à la tenue des assemblées générales.
82. Les statuts doivent déterminer le nombre d'actions exigé pour assister aux assemblées et le nombre de voix appartenant à chaque action.
83. Liberté laissée quant aux chiffres. — On fera bien de se guider sur les règles adoptées par le Conseil d'État.
84. Quelle serait la sanction de l'oubli, dans les statuts, de cette double prescription ? — Solution.
85. Règle spéciale pour les premières assemblées. — Tous les actionnaires sont admis avec voix délibérative.

86. Les délibérations sont prises à la majorité. — Feuille de présence.

87. Le quart du capital social doit être représenté dans les assemblées générales ordinaires, sinon il faut de nouvelles convocations.

88. Cette condition ne peut être modifiée par les statuts, à la différence de ce qui est permis pour les commandites.

89. La clause qui stipulerait que l'assemblée générale sera composée d'un certain nombre des plus forts actionnaires, ne serait valable qu'autant que ce nombre représenterait au moins le quart du capital.

90. Pour certaines assemblées spéciales, il faut la représentation de la moitié du capital social.

91. Ceci s'applique à l'assemblée qui délibère sur l'apport ;

92. A l'assemblée qui nomme les premiers administrateurs ;

93. A celle qui modifie les statuts, proroge ou dissout la société.

94. Dans ces trois cas, on ne pourra suppléer à l'insuffisance du nombre par de nouvelles convocations, comme pour les assemblées ordinaires.

95. Si l'assemblée est ordinaire et extraordinaire tout à la fois, elle ne peut voter comme assemblée extraordinaire que dans les conditions de présence et de majorité exceptionnelles.

96. Les prescriptions des art. 12, 13 et 14 sont d'ordre public. — On ne peut y déroger que dans un sens plus restrictif.

97. Lorsqu'il s'agit de l'assemblée délibérant sur l'apport, la loi répète que le capital social représenté doit se composer seulement des apports non soumis à vérification.

COMMENTAIRE.

81. Ces articles règlent ce qui est relatif à la tenue des assemblées générales.

L'art. 12 exige qu'il y ait au moins une assemblée générale par an, à l'époque fixée par les statuts.

C'est ce qu'on appelle l'assemblée générale ordinaire dans laquelle on rend compte aux actionnaires de ce qui a été fait dans l'exercice écoulé ; et on les appelle à vérifier et approuver la comptabilité qui révèle les bénéfices ou les pertes et permet de fixer le dividende, s'il y a lieu.

82. La loi entre ensuite dans un détail pratique jusqu'ici non réglementé ; elle veut que les statuts déterminent le nombre d'actions qu'il est nécessaire de posséder, soit à titre de propriétaire, soit comme mandataire, pour être admis dans l'assemblée ; et le nombre de voix appartenant à chaque actionnaire, eu égard au nombre d'actions dont il est porteur.

Ces deux prescriptions étaient déjà suivies dans la pratique avant de passer dans la loi. Elles étaient inscrites dans tous les actes de société bien faits, et l'on a même adopté l'usage fort sage de reproduire au dos des actions les articles qui les concernent.

Désormais cet usage devient obligatoire.

83. Mais la plus grande liberté est laissée, comme auparavant, quant aux chiffres proportionnels à adopter sur les deux points. Dans les sociétés anonymes, le conseil d'État, qui discute les statuts proposés à son adoption, a pour règle de prescrire les bases les plus propres à sauvegarder l'intérêt des petits actionnaires, soit en ne laissant pas élever outre mesure le nombre des actions qu'ils doivent posséder pour assister aux assemblées générales, soit en ne permettant pas que le détenteur d'un grand nombre d'actions puisse à lui seul dominer l'assemblée On fera bien de se laisser guider par le même esprit dans la rédaction des statuts de la nouvelle société.

84. Quelle serait la sanction de l'oubli dans les statuts de cette double prescription ?

La loi n'a pas attaché la peine de nullité à l'inobservation de son commandement ; on ne peut donc décider que la société serait nulle ; mais il est certain que l'acte de société serait entaché d'un vice qui, selon les circonstances, et réuni à d'autres, pourrait autoriser une action en dissolution, s'il apparaissait, de l'ensemble des irrégularités, que la société ne peut marcher sans trouble et que son but final ne peut être atteint.

D'ailleurs, et à défaut de limitation dans les statuts, il faudrait admettre dans l'assemblée tous les porteurs d'actions; et quant à la manière de compter les voix, nous inclinons à penser que ces voix devraient se compter par tête, et sans avoir égard au nombre d'actions dont l'actionnaire serait possesseur. Nous préférons cette solution à celle qui accorderait à chaque actionnaire autant de voix qu'il a d'actions, ce qui est trop dangereux et pourrait laisser la délibération à la discrétion d'un seul homme. Autant vaudrait supprimer le droit de délibérer. C'est d'ailleurs la règle posée dans l'art. 4 de la loi de 1856, à laquelle les parties, dans le silence des statuts, seraient présumées s'être référées.

85. Le deuxième paragraphe de l'art. 12 fixe une règle spéciale pour les premières assemblées appelées à statuer dans les cas prévus par les art. 4, 5 et 6. Dans ces assemblées, et par une exception à laquelle nulle clause statutaire ne pourra déroger, tous les actionnaires sont admis avec voix délibérative.

Cette règle est tirée de l'art. 4 de la loi de 1856. Nous en avons fixé le sens et la portée dans les nos 38 et 41 de notre commentaire.

86. L'art. 13 pose des règles conformes à l'usage et qui ont toujours été observées dans toute société sagement dirigée.

Les délibérations sont prises à la majorité des voix.

Il est tenu une feuille de présence qui contient les noms

et domiciles des actionnaires, et le nombre de leurs actions.

Cette feuille, certifiée par le bureau, est déposée au siége social, et doit être communiquée à tout requérant.

On a bien fait de rendre la communication obligatoire, pour supprimer un abus qui s'était introduit de refuser ou de communiquer les feuilles de présence, selon l'intérêt ou le caprice des gérants.

87. L'art. 24 pose à son tour des règles qui ont pour elles la consécration de l'expérience.

Les assemblées générales doivent être composées d'un nombre d'actionnaires représentant au moins le quart du capital social.

Si l'assemblée ne réunit pas ce nombre, une nouvelle assemblée est convoquée, et elle délibère valablement, quelle que soit la portion du capital représenté par les actionnaires présents. L'usage a fait adopter cette seconde disposition dans presque tous les statuts de sociétés où une majorité quelconque d'actionnaires présents est exigée. Sans cela, et par suite de l'indifférence traditionnelle des actionnaires, toute délibération régulière deviendrait souvent impossible, et il faudrait éterniser les convocations.

88. Désormais, dans les nouvelles sociétés, la condition de la représentation du quart du capital social pour la validité des délibérations est obligatoire, et il ne sera permis d'y déroger par aucune stipulation contraire des statuts. Cette exigence est particulière aux sociétés à responsabilité limitée. Les sociétés en commandite par actions n'y sont pas soumises, et restent avec la liberté que leur laisse la loi de 1856 de stipuler les conditions de présence qui leur conviennent.

89. Dans quelques statuts de sociétés anonymes approuvées par le Conseil d'État, on a admis d'autres bases. Par exemple, celle-ci : que l'assemblée générale serait composée de cinquante ou de cent des plus forts actionnaires. Cette stipulation, qui a peut-être des inconvénients, ne pourrait être appliquée à la société nouvelle qu'autant qu'on ajouterait la condition que le nombre d'actionnaires ainsi déterminé représenterait le quart au moins du capital. Sans cette restriction, la clause serait illégale, comme contraire à l'art. 14.

90. Après avoir réglé ce qui concerne les assemblées générales ordinaires, l'art. 14, pour certaines assemblées extraordinaires qui ont un but spécial, élève le chiffre du capital qui doit être nécessairement représenté, et le porte au double du quart, c'est-à-dire à moitié.

Cette sévérité se justifie par l'importance de l'objet qui sera mis en délibération.

Cela s'applique,

91. 1° Aux assemblées qui délibèrent sur l'objet indiqué en l'art. 5.

Il s'agit de l'appréciation de la valeur de l'apport. L'art. 4 de la loi de 1856, sur le même objet, exige une double condition : la présence du quart des actionnaires et la représentation par eux du quart du capital social.

Pour la société à responsabilité limitée, on fait disparaître la première condition, mais on retient la seconde, qu'on élève, il est vrai, à la moitié au lieu du quart.

Ces différences constituent un défaut d'harmonie dont nous n'apercevons pas bien la raison suffisante. Il faudra néanmoins appliquer chacune de ces règles à l'espèce de société pour laquelle elle a été faite.

92. 2° A l'assemblée qui nomme les premiers administrateurs, au cas prévu par l'art. 6.

On a considéré que cette nomination était d'un intérêt capital pour la société, et qu'elle avait besoin d'être entourée de garanties exceptionnelles.

La loi n'ayant parlé que de la première nomination des administrateurs, nous en concluons que les nominations subséquentes seront faites d'après les règles applicables aux assemblées ordinaires. On comprend en effet que lorsque la société a fonctionné, les actionnaires ont pu apprécier la valeur des hommes qu'ils ont mis à sa tête, et que la seconde élection exige moins de protection que la première.

93. 3° Sur les modifications aux statuts, et sur les propositions de continuation de la société au delà du terme fixé pour sa durée, ou de dissolution avant ce terme.

94. Ces trois objets de délibération sont d'une importance qui motive la sollicitude du législateur, et la loi s'est inspirée ici d'un usage constant qui, dans ces divers cas, stipule presque toujours une majorité et des adhésions plus considérables que pour les cas ordinaires. Il est bien entendu que, pour ces délibérations, on ne pourra pas suppléer au nombre par de nouvelles convocations comme pour les cas ordinaires. Il faut inflexiblement la condition de la moitié, pour que la délibération soit valable.

95. Il arrive souvent qu'une assemblée annuelle ordinaire est appelée à voter, comme assemblée extraordinaire, sur les objets spéciaux que nous venons d'analyser. Il n'est pas douteux qu'en ce cas, l'assemblée ne peut voter sur ces points exceptionnels, portés à l'ordre du jour, que dans les conditions de présence et de majorité qui leur sont applicables.

96. Nous répétons que les prescriptions des art. 12, 13 et 14 constituent des formes qui, comme toutes les lois de procédure, sont d'ordre public ; et qu'aucune convention contraire n'y peut déroger, si ce n'est dans un sens plus restrictif que celui réglé par la loi.

97. Le dernier paragraphe de l'art. 14 a pour but d'expliquer ce qu'il faut entendre par le capital social dont la moitié doit être représentée lorsqu'il s'agit de l'assemblée délibérant sur l'objet indiqué dans l'art. 5, et il dit que ce capital se compose seulement des apports non soumis à vérification.

C'est l'application textuelle du 3e paragraphe de l'art. 4 de la loi de 1856. Nous n'aurions pas pensé que la question pût être douteuse. Au surplus, *quod abundat non viciat*.

ART. 15.

L'assemblée générale annuelle désigne un ou plusieurs commissaires, associés ou non, chargés de faire un rapport à l'assemblée générale de l'année suivante sur la situation de la société, sur le bilan et sur les comptes présentés par les administrateurs.

La délibération contenant approbation du bilan et des comptes est nulle, si elle n'a été précédée du rapport des commissaires.

A défaut de nomination des commissaires par l'assemblée générale, ou en cas d'empêchement ou de refus d'un ou de plusieurs commissaires nommés, il est procédé à leur nomination ou à leur remplacement par ordonnance du président du tribunal de commerce du siége de la société, à la requête de tout intéressé, les administrateurs dûment appelés.

ART. 16.

Les commissaires ont droit, toutes les fois qu'ils le jugent convenable, dans l'intérêt social, de prendre communication des livres, d'examiner les opérations de la société et de convoquer l'assemblée générale.

SOMMAIRE.

98. Institution des commissaires. — C'est à tort qu'elle a été critiquée.
99. Elle existe dans un grand nombre de sociétés sous le nom de *censeurs*, — et dans la loi anglaise sous le nom d'*inspecteurs*.
100. Ils sont nommés pour un an.
101. Leurs droits et leurs devoirs.
102. Ils ne peuvent pas provoquer la dissolution de la société, comme le pourraient les membres du conseil de surveillance.
103. La délibération qui approuverait les comptes et le bilan, sans un rapport préalable des commissaires, serait radicalement nulle.
104. Si les commissaires n'avaient pas été nommés en assemblée générale, et aussi en cas de refus ou d'empêchement de l'un d'eux, la loi délègue la nomination ou le remplacement au tribunal de commerce du siége social, à la requête de tout intéressé.
105. Renvoi à l'art. 26 pour l'étendue et les effets de la responsabilité attachée à l'inexécution de leur mandat.

COMMENTAIRE.

98. Les art. 15 et 16 règlent l'institution des commissaires dont il a été parlé dans l'art. 6, et déterminent leurs droits et leurs devoirs.

Cette création de la loi nouvelle a été critiquée par quelques tribunaux ou chambres de commerce, en petit nombre il est vrai, qui y ont vu une atteinte au principe de l'unité de direction, et le germe possible d'un antagonisme fâcheux entre les administrateurs et les commissaires. C'est là une erreur évidente, résultat d'une confusion entre des situations distinctes. Les administrateurs *agissent*, les commissaires se bornent à contrôler et n'ont pas même le droit de *veto*. Ils se meuvent donc dans une sphère d'action différente.

99. Cette institution existe, en fait, dans un grand nombre de sociétés anonymes, sous le nom de *censeurs*, avec les mêmes attributions et les mêmes devoirs. Elle a aussi une grande analogie avec celle des *inspecteurs* qu'établit dans les sociétés anglaises l'acte du 14 juillet 1856. Ajoutons qu'elle remplit, à l'égard des administrateurs, exactement le même rôle que les membres du conseil de surveillance remplissent à l'égard des gérants, dans la loi de 1856. On a reconnu l'utilité de ceux-ci, comment pourrait-on la méconnaître pour ceux-là?

100. Les commissaires sont désignés chaque année par l'assemblée générale, qui en nomme un ou plusieurs, et qui peut les choisir parmi les associés ou en dehors d'eux. Remarquons qu'on ne pourrait pas les nommer pour 6 ans, comme les administrateurs, ni même pour 5 ans, comme les membres du conseil de surveillance. La loi fixe la durée de leur mandat à un an.

101. Ils sont chargés de faire un rapport à l'assemblée générale de l'année suivante, sur la situation de la société, sur le bilan, et sur les comptes présentés par les administrateurs (art. 15), et ils ont droit, toutes les fois qu'ils le jugent convenable dans l'intérêt social, de prendre communication des livres et d'examiner les opérations de la société. Ils peuvent même convoquer l'assemblée générale (art. 16).

102. L'ensemble de ces attributions et de ces devoirs donne aux commissaires des pouvoirs de même nature que ceux qui sont conférés aux conseils de surveillance par l'art. 8 de la loi de 1856. Cependant, s'ils peuvent comme eux convoquer l'assemblée générale, nous constatons qu'ils ne peuvent pas comme eux provoquer la dissolution de la société; sous ce rapport, leur pouvoir est moins étendu; et cela se conçoit, puisqu'ils ne sont pas tenus d'être intéressés dans la société, à la différence des membres du conseil de surveillance, qui sont nécessairement actionnaires.

103. Le 2e paragraphe de l'art. 15 édicte la peine de nullité contre la délibération contenant approbation du bilan et des comptes, si elle n'a été précédée du rapport des commissaires. Par l'énergie de la sanction, on comprend que la loi regarde le contrôle des commissaires comme un moyen efficace d'éclairer et protéger les actionnaires.

104. Le 3e paragraphe prévoit même le cas où les commissaires n'auraient pas été nommés en assemblée générale, par une cause quelconque, et aussi le cas de refus ou d'empêchement d'un ou de plusieurs des commissaires nommés, et il délègue la nomination ou le remplacement au président du tribunal de commerce du siége social, à la requête de tout intéressé, les administrateurs dûment appelés. Cette prévision pourvoit à tout, et manifeste d'autant plus la volonté de la loi et l'importance qu'elle attache à sa complète exécution.

105. Nous verrons, sous l'art. 26, quels sont l'étendue

ou les effets de la responsabilité des commissaires, à raison de l'exécution de leur mandat.

ART. 17.

Toute société à responsabilité limitée doit dresser, chaque trimestre, un état résumant sa situation active et passive.

Cet état est mis à la disposition des commissaires.

Il est, en outre, établi, chaque année, un inventaire contenant l'indication des valeurs mobilières et immobilières et de toutes les dettes actives et passives de la société.

Cet inventaire est présenté à l'assemblée générale.

ART. 18.

Quinze jours au moins avant la réunion de l'assemblée générale, une copie du bilan résumant l'inventaire et du rapport des commissaires est adressée à chacun des actionnaires connus et déposée au greffe du tribunal de commerce.

Tout actionnaire peut, en outre, prendre au siége social communication de l'inventaire et de la liste des actionnaires.

SOMMAIRE.

106. Utiles prescriptions des art. 17 et 18.— Dépôt au greffe.— État trimestriel. — Inventaire.

107. Droit des tiers de prendre communication des pièces, au greffe du tribunal, reconnu par la commission et par les commissaires du Gouvernement.

COMMENTAIRE.

106. L'art. 17 impose aux administrateurs l'obligation de dresser, chaque trimestre, un état résumant la situation active et passive.

C'est là une sage prescription, utile pour les administrateurs eux-mêmes, et qui facilitera singulièrement le contrôle des commissaires qui doivent l'avoir à leur disposition.

L'article prescrit ensuite l'établissement d'un inventaire annuel, dans lequel doivent figurer toutes les valeurs mobilières et immobilières, et toutes les dettes actives et passives de la société.

Ceci est tellement de nécessité, non-seulement dans toute société, mais encore dans tout commerce régulier, qu'il semble qu'on aurait pu se dispenser de le prescrire.

L'art. 18 exige le dépôt au greffe du tribunal de commerce, quinze jours au moins avant la réunion, d'une copie du bilan résumant l'inventaire, et du rapport des commissaires ; et il veut qu'on adresse cette copie à chacun des actionnaires connus.

Ce sont là des règles de la plus haute utilité. Elles ont pour but de permettre aux intéressés l'examen de tout ce qui sera soumis à leur approbation, et de tout ce qu'il leur importe de savoir.

Le second paragraphe réserve en outre à chaque actionnaire le droit de prendre au siége social, communication de l'inventaire et de la liste des actionnaires.

Peut-être trouvera-t-on qu'il y a eu excès de précautions dans ces diverses prescriptions qui peuvent effrayer certains esprits. Cependant elles se justifient par la moralité du but, et par la considération des abus révélés dans le passé, et auxquels on a voulu remédier.

107. Dans la discussion au Corps législatif, il a été demandé si les tiers n'auraient pas le droit de prendre au greffe, connaissance des copies déposées conformément à l'art. 18. Le doute naissait de ce qu'on n'a pas reproduit la disposition de l'art. 8, qui proclame ce droit expressément. Il a été répondu, par la commission et par les commissaires du Gouvernement, que le greffe est un dépôt public accessible à tout le monde, et que la communication au public était de droit commun.

ART. 19.

Il est fait annuellement sur les bénéfices nets un prélèvement d'un vingtième au moins, affecté à la formation d'un fonds de réserve.

Ce prélèvement cesse d'être obligatoire lorsque le fonds de réserve a atteint le dixième du capital social.

SOMMAIRE.

108. Fonds de réserve d'un vingtième des bénéfices, jusqu'à concurrence du dixième du capital social.

109. Le projet primitif était plus exigeant. — La loi s'est montrée plus facile sans cesser d'être prudente.

COMMENTAIRE.

108. Cet article prescrit la formation d'un fonds de réserve pris sur les bénéfices annuels, dans le but de maintenir l'intégrité du capital social, dont la conservation intéresse les actionnaires et les tiers. Il y a par là une sage et prévoyante compensation entre des années dont le résultat peut être inégal. On emprunte au présent au profit de l'avenir. C'est un motif de confiance pour les tiers, une ressource et un élément de crédit pour la société.

La loi n'a fait ici que suivre la pratique commerciale constatée par une foule d'exemples, et admise par le conseil d'État pour les sociétés anonymes.

L'art. 19 donne du reste à ce prélèvement une proportion fort modérée ; il veut qu'il soit d'un vingtième des bénéfices annuels, et qu'il cesse d'être obligatoire lorsque le fonds de réserve a atteint le dixième du capital social.

109. Le projet primitif était bien plus exigeant ; il voulait que le fonds de réserve fût du dixième des bénéfices annuels, et qu'il pût aller jusqu'à un quart du capital. La loi s'est montrée plus facile sans cesser d'être prudente.

ART. 20.

En cas de perte des trois quarts du capital social, les administrateurs sont tenus de provoquer la réunion de l'assemblée générale de tous les actionnaires, à l'effet de statuer sur la question de savoir s'il y a lieu de prononcer la dissolution de la société.

La résolution de l'assemblée est, dans tous les cas, rendue publique dans les formes prescrites par l'art. 8. A défaut, par les administrateurs, de réunir l'assemblée générale, tout intéressé peut demander la dissolution de la société devant les tribunaux.

ART. 21.

La dissolution doit être prononcée, sur la demande de tout intéressé, lorsque six mois se sont écoulés depuis l'époque où le nombre des associés a été réduit à moins de sept.

SOMMAIRE.

110. En cas de perte des trois quarts du capital social, la loi veut que les administrateurs fassent délibérer l'assemblée générale sur la dissolution de la société.

111. Quelle que soit la résolution prise, elle doit être rendue publique.

112. A défaut des administrateurs, chaque intéressé peut agir en justice pour demander la dissolution.

113. Les tribunaux, en ce cas, sont-ils forcés de la prononcer? Non.

114. Le tribunal voudra, le plus souvent, connaître l'avis de l'assemblée, mais cet avis ne le liera pas.

115. La dissolution doit être prononcée lorsque six mois se sont écoulés depuis l'époque où le nombre des associés a été réduit à moins de sept.

116. Cette dissolution n'est pas facultative comme au cas précédent.

117. Le juge ne pourra pas proroger le délai de six mois, comme au cas de l'art. 15 de la loi de 1856. — Motif de cette différence.

118. Le cas de réduction à moins de sept personnes sera rare, parce qu'en cas de faillite ou de décès, on a toujours un représentant ou successeur.

119. La dissolution sera-t-elle encourue en ces cas? Non, — il faudra l'absorption, n'importe par quels moyens, des droits des associés, de manière à ce qu'il ne se trouve qu'un nombre de moins de sept intéressés.

120. Cette question est sans précédents comme sans analogies, elle est tirée d'un texte anglais et soulèvera de grandes difficultés.

COMMENTAIRE.

110. L'art. 20 oblige les administrateurs, en cas de perte des trois quarts du capital social, à soumettre à une assemblée générale la question de savoir s'il y a lieu de prononcer la dissolution de la société.

Le projet du Gouvernement rendait, pour ce cas, la dissolution obligatoire et forcée ; mais l'on a considéré qu'il pourrait y avoir des cas où, malgré son capital réduit, la société pourrait encore fonctionner et même espérer, dans un avenir prochain, la compensation des pertes passées, et il a paru plus sage de laisser les actionnaires juges de cette question. L'art. 67 de la loi anglaise contient une disposition semblable.

111. Quelle que soit la résolution de l'assemblée, fût-elle négative, l'art. 20 veut qu'elle soit rendue publique dans la forme prescrite par l'art. 8, afin que les tiers en soient informés.

112. On a dû prévoir le cas où les administrateurs ne réuniraient pas l'assemblée générale, et on a réservé expressément à chaque intéressé le droit d'agir en justice, pour demander la dissolution de la société.

113. Faut-il conclure de là que les tribunaux sont forcés de la prononcer ? nous ne le pensons pas. La loi, en cas de perte des trois quarts a rendu la dissolution facultative, seulement. La faute des administrateurs qui ne convoquent pas la société, ne peut pas priver les actionnaires du droit de la continuer s'ils le jugent utile, et la justice saisie nous paraît devoir statuer dans les mêmes conditions qu'aurait pu le faire l'assemblée elle-même; peut-être la loi aurait dû se borner à faire autoriser par la justice la convocation que ne font pas les administrateurs. Mais elle va plus

loin, elle substitue à la décision de l'assemblée, celle des tribunaux. C'est là un texte devant lequel il faut s'incliner sans doute, mais qu'il ne faut pas exagérer. Or il n'impose pas l'obligation de prononcer la dissolution, il permet seulement de la demander ce qui implique l'examen et permet le refus.

114. Nous estimons que la justice, avant de prononcer sur un point aussi délicat, voudra le plus souvent faire réunir l'assemblée générale pour connaître son avis. Cela n'est pas prescrit, mais cela entre dans l'esprit de la loi, et s'il est vrai que la résolution de l'assemblée qui serait d'avis de continuer la société, n'est pas obligatoire pour le juge saisi, c'est cependant un élément grave qui devra exercer une légitime influence sur le jugement.

115. L'art. 21 stipule que la dissolution *doit* être prononcée sur la demande de tout intéressé lorsque six mois se sont écoulés depuis l'époque où le nombre des associés a été réduit à moins de 7. C'est la sanction nécessaire de la limitation du nombre fixé art. 2. — Nous verrons (art. 24) que, par suite d'une inadvertance dans l'indication des articles, l'art. 2 paraît n'avoir aucune autre sanction.

116. Remarquons qu'ici la dissolution est *obligatoire*, de facultative qu'elle était au cas de l'art. 20 ; le texte ne permet pas le doute, et la différence de rédaction entre les deux articles est un argument de plus en faveur de la solution que nous avons donnée *suprà* (n° 113).

117. Quant à la condition de l'expiration du délai de six mois, nous pensons qu'il emporte aussi fatalement la dissolution. Il ne sera pas permis ici, comme au cas de l'art. 15 de la loi 1856, relatif au conseil de surveillance, d'accorder un délai selon les circonstances, parce que la loi ne l'a pas dit, comme elle l'a dit art. 15, et d'ailleurs il ne dépend de personne de créer des associés pour remplacer ceux qui auraient cessé de l'être et tout délai accordé dans ce but serait aussi vain qu'inopportun.

118. Le cas que la loi a prévu de la réduction à moins de 7, du nombre des associés sera certainement rare ; — en principe, la mort d'un associé, sa faillite, son incapacité, survenues depuis la constitution de la société, ne font pas disparaître son intérêt car il a toujours un successeur dans ses héritiers, ou ses représentants légaux qui exercent ses droits et sont ses ayants cause.

119. Faut-il entendre la loi en ce sens que, dans ces divers cas, la dissolution devrait être encourue ?

La solution affirmative pourrait s'appuyer sur cette considération que la loi a voulu, par l'art. 2, des associés capables d'être administrateurs et d'agir par eux-mêmes, ce que ne pourraient faire ni l'incapable ni les héritiers lorsqu'ils sont plusieurs.

Nous nous rangeons difficilement à cette opinion. Le motif dominant ici, c'est que la société nouvelle est comme la société anonyme, une association de capitaux, où la considération des personnes n'a que très-peu, sinon point d'importance. Lors donc que la loi exige 7 associés, c'est comme si elle exigait 7 intérêts en présence. Or ces intérêts subsistent distincts tant qu'ils ne sont pas absorbés par leur réunion avec d'autres, — nous concluons de là que le seul cas qui puisse motiver l'application de la disposition irritante de la dissolution, c'est celui où par suite de l'absorption, n'importe par quel moyen, que feraient quelques associés des droits des autres, il deviendrait certain qu'il ne se trouve plus en présence qu'un nombre de moins de 7 intéressés.

120. La question est neuve et sans précédents, parce

qu'elle naît d'un texte tiré de la loi anglaise qui n'a rien d'analogue dans nos Codes. Nous craignons que le laconisme regrettable de l'art. 21 ne soulève de grandes difficultés, et nous aurions voulu que cet article précisât les cas dans lesquels la réduction du nombre des associés entraîne la dissolution. L'art. 2 est facile à comprendre et à appliquer ; il n'en sera pas de même de l'art. 21 qui cependant contient une menace redoutable toujours imminente pour la société. Cette menace augmente le danger par le doute sur le sens véritable de la loi.

ART. 22.

Des associés représentant le vingtième au moins du capital social peuvent, dans un intérêt commun, charger à leurs frais un ou plusieurs mandataires d'intenter une action contre les administrateurs à raison de leur gestion, sans préjudice de l'action que chaque associé peut intenter individuellement en son nom personnel.

SOMMAIRE.

121. Faculté pour les actionnaires de plaider par mandataires, — le principe en a été vivement critiqué dans la discussion.
122. Ces critiques ne sont pas fondées.
123. Questions soulevées par le rapprochement de l'art. 22 avec l'art. 14 de la loi de 1856.
124. La représentation par mandataires est-elle interdite lorsque les actionnaires sont défendeurs? Non.
125. Pourra-t-on plaider par mandataire contre les commissaires? Non.
126. Pourra-t-on faire nommer les mandataires par le tribunal de commerce, comme au cas de l'art. 14 de la loi de 1856. — Question douteuse. — Nous inclinons pour l'affirmative.

127. Mais il faudra le consentement exprès d'actionnaires représentant le vingtième du capital social, et la majorité ne pourrait lier la minorité.

128. La loi exige une nomination et un pouvoir pour chaque *action* à intenter, ce qui exclut les mandats généraux donnés d'avance.

129. Il est à regretter que la rédaction de l'art. 22 ne soit pas plus exactement calquée sur l'art. 14 de la loi de 1856. On aurait évité bien des difficultés que la combinaison des deux articles soulèvera dans l'application.

130. Étendue des pouvoirs des mandataires.

131. Ils poursuivent et soutiennent l'instance en leur nom,—jusqu'à décision souveraine.

132. Ils peuvent acquiescer aux jugements rendus, — mais non se désister de la demande.

133. Ils ne peuvent pas transiger et encore moins compromettre.

134. Ces pouvoirs peuvent être modifiés et étendus par le mandat.

135. Pourrait-on valablement stipuler qu'ils auront besoin de nouveaux pouvoirs pour défendre sur l'appel ou le pourvoi en cassation? Non.

136. Le droit réservé à chaque actionnaire d'intenter individuellement une action appartient-il à ceux qui ont nommé les mandataires? Non.

137. Responsabilité des mandataires, conforme au droit commun. — Ils ne sont pas solidaires. — Renvoi.

COMMENTAIRE.

121. Cet article, à l'exemple de l'art. 14 de la loi de 1856, donne aux actionnaires qui ont à former des réclamations contre les administrateurs à raison de leur gestion, et dans un intérêt commun, le droit de charger, à leurs frais, un ou plusieurs mandataires, pour intenter et suivre ces réclamations.

Mais ils ne peuvent agir ainsi collectivement qu'autant qu'ils représentent le vingtième au moins du capital social.

Le principe de cet article a été, dans la discussion, l'objet de vives critiques. On lui a reproché d'être un épouvantail pour les administrateurs, de créer une exception malheureuse à la règle que nul en France ne plaide par mandataire, et enfin on est allé jusqu'à se plaindre de l'économie de frais qui porterait trop facilement les actionnaires à faire des procès.

122. La discussion a fait justice de tous ces reproches immérités. Nous approuvons l'article précisément par le dernier motif pour lequel on aurait voulu l'écarter, et nous savons gré au Gouvernement qui, en dehors de toute préoccupation fiscale et même contre l'intérêt du fisc, a montré ses sympathies pour l'esprit d'association en protégeant les petits capitalistes et les petites bourses contre les dangers d'une lutte inégale, dangers qui ne conduisent que trop souvent à l'impunité.

Nous ferons d'ailleurs remarquer que ce principe est admis dans la commandite depuis 7 ans, et nous ne croyons pas qu'on puisse citer un seul cas où l'on en ait abusé. Nous pourrions au contraire en citer plusieurs, où la longanimité des actionnaires a causé leur ruine.

Et cependant la loi nouvelle exige une condition qui n'existe pas dans la loi de 1856, c'est celle de la représentation du vingtième au moins du capital social,—cette condition serait, à elle seule, et surabondamment, la garantie qu'on ne fera pas de procès téméraires ; car l'intérêt des réclamants dans la société doit les rendre circonspects, et de plus sert de gage pour les dommages-intérêts que pourrait motiver un procès intenté méchamment et de mauvaise foi.

123. La comparaison et le rapprochement de notre article avec l'art. 14 de la loi de 1856 fait ressortir des différences qu'il importe de signaler, parce qu'elles soulèvent des questions qu'il faut résoudre.

D'abord, la loi nouvelle ne parle que de l'action à *intenter aux administrateurs*, tandis que la loi de 1856 s'applique aux procès où les actionnaires sont défendeurs comme à ceux ou ils sont demandeurs.

124. Faut-il conclure du silence de l'art. 22 que la représentation par mandataire est interdite lorsque les actionnaires sont défendeurs ?

Nous ne le pensons pas. La disposition est fondée sur un motif favorable. La raison est la même. Nous étendrons donc l'article au cas de défense comme au cas d'attaque.

En second lieu, la loi nouvelle ne nomme que les administrateurs, tandis que l'art. 14 de la loi de 1856 nomme les membres du conseil de surveillance avec le gérant.

125. Faut-il conclure de ce silence que l'on pourra plaider contre les commissaires par mandataires?

Nous voudrions pouvoir répondre affirmativement. Mais la loi a limité la faculté exceptionnelle qu'elle accorde, aux procès contre les administrateurs nominativement, et il est d'autant moins permis de l'étendre aux commissaires que ce ne peut être qu'avec intention qu'on les a omis. L'article a été rédigé en présence de l'art. 14 de la loi de 1856, dans lequel figurent les membres du conseil de surveillance, ce qui reportait naturellement l'attention sur les commissaires qui, dans la société nouvelle, ont un rôle analogue. — Enfin, on comprend que la loi n'ait pas cru devoir prévoir le cas si rare d'une contestation possible avec les commissaires, lesquels ne peuvent être recherchés qu'à l'occasion d'un mandat dont l'accomplissement facile ne donnera presque jamais lieu à des responsabilités.—Il n'y a pas ici l'identité de raison que nous avons rencontrée dans la question précédente.

126. La loi de 1856 veut que les commissaires soient nommés en assemblée générale, et elle permet même de s'adresser au tribunal de commerce, en cas d'obstacle, empêchant la nomination par l'assemblée générale ou par l'assemblée spéciale.

Faut-il adopter la même manière de procéder dans les sociétés à responsabilité limitée ?

Le doute naît de ce que l'art. 22 ne prescrit nullement des assemblées pour la nomination des mandataires, ce qui n'est sans doute pas une raison pour interdire aux actionnaires le droit naturel de se réunir, mais ce qui paraît supprimer le recours à la justice, puisque ce recours n'est permis qu'en cas d'impossibilité de faire la nomination en assemblée générale. Cependant nous considérons que l'esprit de la loi, révélé par l'exposé des motifs, est d'accorder les mêmes facilités qu'en matière de commandite par actions, et nous inclinons à penser que, malgré le silence de la loi, on pourra faire nommer les mandataires par le tribunal de commerce, si l'on n'a pu parvenir à faire autrement cette nomination ; bien entendu il faudra que si la demande est collective, elle réunisse l'autre condition prescrite, c'est-à-dire la représentation du vingtième du capital.

127. Une conséquence grave résulte du silence de l'art. 22 sur le mode de nomination des mandataires. Nous venons de dire que les actionnaires pourraient certainement se réunir pour faire cette nomination; mais nous ferons remarquer qu'il faut l'unanimité des votes pour que les mandataires puissent représenter légalement tous les membres de l'assemblée, aucun texte n'obligeant, pour ce cas, la majorité à lier la minorité ; et s'il arrivait que le nombre des adhérents ne réunît pas le vingtième du capital, la nomination serait irrégulière et inefficace.

128. La loi parle d'*une action* à intenter contre les administrateurs. En ceci elle précise plus complétement que ne l'avait fait la loi de 1856, et elle paraît se référer à l'art. 32 du projet de 1838, lequel a créé et organisé pour la première fois ce mandat. Cet article voulait que les *commissaires* (elle les appelait ainsi) fussent nommés *spécialement pour chaque procès*. C'est en ce sens que la loi nouvelle stipule et qu'elle doit être entendue, ce qui est plus sage, et ce qui exclut les mandats généraux donnés d'avance pour les contestations futures.

129. Nous regrettons d'avoir à signaler toutes ces difficultés d'application qui naissent de la différence de rédaction entre deux articles fondés cependant sur le même principe et qui tendent au même but. Le législateur aurait pu les éviter en s'appliquant à reproduire dans l'art. 22 tout ce qu'il voulait maintenir dans l'art. 14, au lieu d'en changer la forme, ce qui conduit quelquefois à changer involontairement le fond. — Le rôle de l'interprète serait de beaucoup simplifié, et la loi n'en serait que plus claire.

130. Examinons maintenant quelle est l'étendue des pouvoirs des mandataires nommés d'après les principes ci-dessus expliqués.

131. Ils poursuivent et soutiennent l'instance en leur nom, et c'est à leur requête ou contre eux que se font tous les actes de la procédure. Ils tiennent de leur pouvoir le droit d'appel ou de défense sur l'appel des administrateurs, et celui de se pourvoir en cassation ou y défendre, le tout jusqu'à décision souveraine.

132. Ils peuvent acquiescer aux jugements rendus, mais nous ne pensons pas qu'ils puissent se désister, car ce serait la destruction même du mandat qui leur a été donné. Ce mandat comporte en principe toutes les conséquences naturelles de son exécution. Or, si l'acquiescement qui ne vient qu'après le jugement en est une suite, le désistement en serait la négation.

133. Ils n'ont pas le pouvoir de transiger, encore moins celui de compromettre, ces deux droits n'étant jamais compris dans les termes généraux d'un mandat, et étant d'ailleurs en contradiction avec le mandat lui-même, qui a pour objet de poursuivre en justice le jugement de l'action.

Telles sont, selon nous, les règles qui dérivent légalement d'un pouvoir conféré en termes généraux, et sans limitation ni restriction.

134. Mais ces pouvoirs peuvent être modifiés, étendus ou limités au gré des mandants, et on fera bien d'y ajouter le droit d'acquiescer, de transiger, de compromettre.

Il arrivera souvent que le mandat obligera les mandataires à consulter les mandants avant d'interjeter appel ou de former un pourvoi en cassation, et ce sera sage et licite.

135. La clause qui exigerait de nouveaux pouvoirs pour défendre sur l'appel ou sur le pourvoi en cassation, serait-elle valable ?

Nous ne le pensons pas. Le mandat donné lie les actionnaires vis-à-vis des administrateurs, pour toute la durée du procès, et si ce procès est perdu par ces derniers, il ne peut dépendre de leurs adversaires de leur enlever le bénéfice du second degré de juridiction ou du pourvoi en cassation qui sont des garanties d'ordre public. Ce serait donc vainement que les actionnaires stipuleraient la nécessité d'un nouveau pouvoir pour défendre sur l'appel. Cette stipulation et le retrait qu'ils feraient ensuite des pouvoirs n'auraient d'autre effet que d'emporter un acquiescement virtuel aux conclusions adverses. Mais elle ne pourrait priver les administrateurs du droit de faire infirmer ou casser la décision dont ils ont valablement appelé.

136. La fin de l'art. 22 réserve l'action que chaque actionnaire peut intenter individuellement en son nom personnel.

Mais ce droit appartiendrait-il à ceux ou à quelques-uns de ceux qui ont nommé les mandataires ?

Évidemment non. Ils sont représentés par leurs mandataires pour tout ce qui a trait au procès, et une intervention personnelle, même à leurs frais, serait absolument sans objet ; elle ferait double emploi, et devrait être repoussée par une fin de non-recevoir qui compète aux administrateurs. Cette solution s'étend même au cas où la nomination serait faite par le tribunal de commerce (en supposant, comme nous l'avons expliqué *suprà*, n° 126, que cela fût possible), parce que les actions des intervenants ont été comptées pour former le vingtième dont la représentation est exigée. La nomination des mandataires a donc toute la portée qu'elle aurait si elle émanait directement des actionnaires eux-mêmes.

137. Les mandataires sont responsables de l'exécution de leur mandat, conformément au droit commun. — Nous expliquerons *infrà* les principes de cette responsabilité, en ce qui concerne les commissaires et les administrateurs. Nous nous bornons à faire remarquer qu'aux termes de l'art. 1995 Cod. Nap., les mandataires ne sont pas solidairement responsables des fautes commises dans l'accomplissement de leur mandat, à moins que cette solidarité n'ait été stipulée ; nous renvoyons, pour le développement de cette proposition, à ce qui sera dit pour les commissaires.

ART. 23.

Il est interdit aux administrateurs de prendre ou de conserver un intérêt direct ou indirect dans une opération quelconque, faite avec la société ou pour son compte, à moins qu'ils n'y soient autorisés par l'assemblée générale pour certaines opérations spécialement déterminées.

SOMMAIRE.

138. Interdiction aux administrateurs de prendre ou conserver un intérêt dans une opération faite avec la société.
139. Motif de cette interdiction.
140. La loi autorise l'assemblée générale à permettre aux administrateurs certaines opérations spécialement déterminées.
141. Il est à désirer que cette clause soit introduite dans les statuts de sociétés anonymes.

COMMENTAIRE.

138. Cet article introduit une innovation qui, critiquée par quelques-uns, a été reconnue par le plus grand nombre comme des plus morales et des plus heureuses.

Il interdit aux administrateurs de prendre ou conserver un intérêt direct ou indirect dans une opération quelconque faite avec la société ou pour son compte.

139. Cette interdiction a pour but d'empêcher que les administrateurs soient placés entre leur intérêt et celui de la société, ce qui eût créé une situation délicate dans laquelle l'intérêt social aurait pu souvent être mal défendu et quelquefois sacrifié. Elle repose d'ailleurs sur cette règle mise en lumière par l'art. 1596 Cod. Nap. qui ne permet pas qu'on soit en même temps vendeur et acheteur, stipulant et promettant.

140. Le projet du Gouvernement voulait la prohibition complète et sans restriction ; mais, sur les observations de plusieurs tribunaux de commerce, et particulièrement de celui de la Seine, la commission a fait admettre que les administrateurs pourraient être autorisés par l'assemblée générale pour certaines opérations spécialement déterminées. — Une pareille faculté fait disparaître les inconvénients qui avaient été signalés dans ce qu'ils pourraient avoir de réellement gênant.

141. Il est à désirer qu'à l'avenir cette clause soit introduite dans les statuts de sociétés anonymes, et elle ne tardera pas à l'être également dans les commandites, dont certains statuts contiennent déjà des dispositions analogues, applicables aux gérants.

ART. 24.

Est nulle et de nul effet, à l'égard des intéressés, toute société à responsabilité limitée pour laquelle n'ont pas été observées les dispositions des art. 1, 3, 4, 5, 6, 7, 8 et 9.

Sont également nuls les actes et délibérations désignés dans l'art. 10, s'ils n'ont point été disposés et publiés dans les formes prescrites par les art. 8 et 9.

Cette nullité ne peut être opposée aux tiers par les associés.

SOMMAIRE.

142. Nullité de la société pour inobservation de certaines dispositions substantielles.

143. Violation de l'art. 1er.— On ne comprend pas comment cet article, qui ne contient aucune prescription, pourrait être violé, et pourquoi il est visé par l'art. 24.

144. Oubli de l'art. 2 dans l'énumération. — Explication de cet oubli.

145. La jurisprudence pourra-t-elle suppléer une nullité non formellement prononcée? Malgré l'erreur matérielle, qui provient d'une omission évidente, il est douteux qu'elle le puisse.

146. Seconde erreur typographique au 2me paragraphe,— le mot *disposés* a été mis à la place de *déposés*.

147. Violation de l'art. 3.

148. De l'art. 4.

149. Des art. 5, 6, 7, 8 et 9.

150. La violation de l'art. 10 n'entraîne pas la nullité de la société mais seulement celle des actes énumérés audit article.

151. La loi considère toutes les prescriptions de ces articles comme substantielles, et il n'est pas permis de distinguer, ni de rechercher leur degré d'importance ou d'utilité.

152. Pour l'appréciation de la nullité en ce qui touche les tiers, renvoi au commentaire de l'art. 6 de la loi de 1856.

COMMENTAIRE.

142. Cet article prononce la nullité, à l'égard des intéressés, de toute société à responsabilité limitée pour laquelle n'ont pas été observées les dispositions des art. 1, 3, 4, 5, 6, 7, 8 et 9.

Il déclare également nuls les actes et délibérations désignés dans l'art. 10, s'ils n'ont pas été *disposés* et publiés dans les formes prescrites par les art. 8 et 9.

Cette nullité est la sanction nécessaire des articles visés. Elle est reproduite de l'art. 6 de la loi de 1856, qui l'avait puisée dans l'art. 42 Cod. comm.

Reprenons les dispositions que la loi considère comme substantielles, puisqu'elle attache la peine de nullité à l'inobservation de chacune d'elles.

143. L'art. 1er. Cet article se borne à indiquer les caractères de la société à responsabilité limitée, et les éléments de sa constitution. Nous ne voyons pas bien quelle infraction pourrait être faite à cet article et où est la disposition qui pourrait en être violée, à moins qu'il ne s'agisse du titre : *à responsabilité limitée.* Mais la dissimulation de ce titre est punie d'une peine spéciale par l'art. 28 qui ne va pas jusqu'à annuler la société. Nous ne comprenons donc pas pourquoi l'art. 1er est compris dans l'énumération de l'art. 24, et nous ferons remarquer que le projet du Gouvernement l'avait laissé en dehors, ce qui paraît plus rationnel.— La commission a eu, sans doute, ses raisons pour l'ajouter. Ces raisons nous échappent.

144. Mais ce qui est plus grave que cet appel inutile à un article qui n'avait pas besoin de sanction, c'est l'oubli de l'art. 2 qui, au contraire, devait figurer dans l'énumération, puisqu'il contient une des prescriptions substantielles de la loi. — Il est évident pour quiconque voudra réfléchir que cette lacune est une pure inadvertance facile à expliquer. — Le projet primitif avait fondu l'art. 2 dans l'art. 3, et l'art. 2 de ce projet, relatif à une prescription secondaire et de pure forme, n'avait pas dû être compris dans le nombre des articles dont l'inobservation emportait la peine de nullité. — Le contre-projet a remanié plusieurs articles et changé leur numérotage, mais on n'a plus songé à ces remaniements lorsqu'on a rédigé l'art. 24, auquel on a conservé les indications d'articles puisées dans l'art. 11 du projet primitif. Cet oubli est déplorable et produit une singulière inconséquence, car il en résulte que la violation de l'art. 2 est sans sanction. Or, la disposition de cet article est l'une des plus substantielles de la loi et celle à laquelle le législateur a attaché la plus haute importance. Cela est si vrai que l'art. 21 veut que la dissolution de la société soit prononcée lorsque six mois se sont écoulés depuis que le nombre des associés a été réduit à moins de sept, et si la société a été constituée au début avec moins de sept personnes, on aura pu le faire impunément ! ! ! Telle est la conséquence où conduit le texte de l'art. 24, contre la pensée de la loi et contre toute raison, par suite de la confusion que nous signalons.

145. Maintenant nous nous demandons si la jurisprudence ne pourra pas, en s'appuyant sur l'esprit de la loi, suppléer une nullité non formellement édictée par le texte, alors surtout qu'il est bien manifeste que l'omission provient d'une erreur matérielle. — On pourrait le décider ainsi, surtout en s'appuyant sur le rapport même de la commission dont l'exposé, explicatif de l'art. 24, applique la peine de nullité à l'art. 2 comme aux autres articles rappelés dans ledit article, ce qui prouve de plus en plus le vice de rédaction. — Mais la jurisprudence ira-t-elle jusque-là ? Le pourrait-elle sans se substituer à la loi écrite ? Nous le souhaitons et le redoutons presque également.

146. Au surplus, nous trouvons au deuxième paragraphe une seconde erreur typographique dans le mot *disposés* qui est mis à la place de *déposés*. — Ceci prouve que l'on a mal collationné le texte de la loi avant de la promulguer.

147. L'art. 3. — Il fixe le maximum du chiffre du capital social, et la coupure des actions. — Il exige que les actions soient nominatives jusqu'à leur libération. — Il défend de les négocier avant le versement des deux cinquièmes, et de dégager les souscripteurs avant le paiement intégral. Tout cela est prescrit à peine de nullité de la société.

148. L'art. 4. — Il ne permet pas de constituer la société avant la souscription de la totalité du capital social et le versement du quart au moins de ce capital. — Il exige une déclaration des fondateurs par acte notarié constatant cette souscription et ces versements. — Il veut qu'à cette déclaration soient annexés la liste des souscripteurs, l'état des versements et l'acte de société, et, enfin, que le tout soit soumis à la première assemblée générale qui en vérifie la sincérité.

149. L'art. 5. — Il soumet à l'approbation de l'assemblée générale les apports et les avantages particuliers stipulés au profit des associés fondateurs.

L'art. 6. — Il est relatif à l'assemblée générale qui nomme les premiers administrateurs ainsi que les commissaires.

L'art. 7. — Il fixe la part dont les administrateurs doivent être et rester propriétaires.

L'art. 8. — Il exige le dépôt au greffe du tribunal de commerce des pièces qu'il mentionne et leur affiche dans les bureaux de la société.

L'art. 9. — Il exige l'affiche et la transcription des extraits des mêmes actes, suivant le mode prescrit par l'art. 42 du Cod. de comm.

Et, enfin, l'art. 10. — Il soumet aux formalités des

art. 8 et 9 tous actes ou délibérations ayant pour objet les cas qu'il énumère.

150. La volonté de la loi est que la nullité de la société, à l'égard des intéressés, soit encourue pour l'inobservation de chacune des dispositions des articles que nous venons de rappeler, jusques et y compris l'art. 9.

Quant à la violation de l'art. 10, elle ne pouvait pas entraîner la nullité de la société, mais seulement celle des actes énumérés dans ledit article et qui n'auraient pas été régulièrement déposés, transcrits et publiés, — et c'est ce que la loi dit dans le deuxième paragraphe.

151. Il n'est pas permis de distinguer entre ces dispositions, selon leur utilité ou leur degré d'importance. Il faut s'incliner devant la volonté du législateur qui les considère toutes comme substantielles au même degré.

152. Mais cette nullité ne peut pas être opposée aux tiers par les associés.

Dans notre commentaire sur l'art. 6 de la loi de 1856, où se trouve la même disposition, nous en avons examiné avec soin le sens et la portée. Nous ne pouvons que nous référer à ce que nous avons dit.

ART. 25.

Lorsque la nullité de la société ou des actes et délibérations a été prononcée, aux termes de l'art. 24 ci-dessus, les fondateurs auxquels la nullité est imputable et les administrateurs en fonctions au moment où elle a été encourue sont responsables solidairement et par corps envers les tiers, sans préjudice des droits des actionnaires.

La même responsabilité solidaire peut être prononcée contre ceux des associés dont les apports ou les avantages n'auraient pas été vérifiés et approuvés conformément à l'art. 5.

SOMMAIRE.

153. Les conséquences de l'annulation pèsent sur ceux à qui elle est reprochable. — Administrateurs ou fondateurs.
154. Pour les administrateurs, la responsabilité découle des devoirs mêmes que leur qualité leur impose.
155. Disposition analogue à celle de l'art. 7 de la loi de 1856, à l'égard des conseils de surveillance.
156. La responsabilité est solidaire.
157. La solidarité a lieu également contre les associés dont l'apport et les avantages n'ont pas été vérifiés.
158. Différence de rédaction entre les deux paragraphes de l'art. 25.
159. Faut-il conclure de cette différence que la responsabilité n'est que facultative au second cas ? Non.
160. Arrêt de la Cour de Lyon du 29 mars 1860, — conforme à cette opinion.
161. Cet arrêt juge aussi que pour l'application de la responsabilité, il n'est pas nécessaire que l'annulation de la société ait été préalablement prononcée en justice.
162. Quelle est la mesure de cette responsabilité ? Sera-t-elle, envers les tiers, de la totalité des dettes sociales ?
163. Solution.
164. Réserve des droits des actionnaires.

COMMENTAIRE.

153. Cet article fait peser les conséquences de l'annulation sur ceux à qui elle est reprochable.

Le projet du Gouvernement (art. 12) ne comprenait pas les fondateurs au nombre de ceux qui devaient réparer le préjudice causé. La commission les a fait ajouter avec raison, pour le cas où la nullité leur serait imputable, et ce sera le cas le plus fréquent. D'un autre côté, elle a fait limiter la responsabilité aux administrateurs *en fonctions*, au moment où elle est encourue.

154. Le principe de cette responsabilité résulte, pour les administrateurs, de leur qualité même et des devoirs qu'elle leur impose.

Ils sont nommés aussitôt que la souscription totale du capital et le versement du quart sont constatés dans la forme prescrite par l'art. 4. En entrant en fonctions, leur premier soin doit être de vérifier si les dispositions de la loi ont été observées. Ils doivent ensuite remplir les formalités de dépôt et de publications prescrites par les art. 8, 9 et 10.

Ce sont des devoirs dont l'accomplissement est facile, et dont, par conséquent, l'inexécution constitue une faute lourde. Si les administrateurs ne les remplissent pas ou les remplissent mal; s'ils compromettent par là les intérêts des tiers ou ceux de leurs coassociés, il est juste qu'ils réparent le préjudice qu'a causé leur négligence.

155. On trouve une disposition analogue dans l'art. 7 de la loi de 1856, à l'égard du conseil de surveillance. Il y avait une raison de plus d'appliquer la responsabilité aux administrateurs.

156. La loi veut que la responsabilité soit solidaire, parce que la faute est commune à tous et indivisible entre ceux qui l'ont commise.

157. Elle prononce également cette solidarité contre ceux des associés dont les apports ou les avantages n'auraient pas été vérifiés et approuvés conformément à l'art. 5. C'est le meilleur moyen d'obtenir que cette vérification si nécessaire ne soit pas négligée.

158. Il y a, dans les deux paragraphes de l'art. 25, une différence de rédaction qui doit être remarquée.

Lorsqu'il s'agit des fondateurs et administrateurs, la loi les déclare fatalement responsables.

Lorsqu'il s'agit, au contraire, des associés n'ayant pas fait vérifier l'apport, elle n'emploie pas une formule aussi impérative ; elle dit que la même responsabilité *pourra* être prononcée.

159. Faut-il conclure de ces différences que la responsabilité est certaine au premier cas et qu'elle n'est que facultative au second ?

Nous ne pensons pas que l'intention du législateur ait été de poser deux règles différentes pour des faits de même ordre et de même gravité. Le deuxième paragraphe de l'art. 25 a été pris dans l'art. 7 de la loi de 1856, d'où il est extrait littéralement, et on n'a pas remarqué peut-être qu'il contenait une formule plus dubitative que celle employée dans le premier paragraphe. Nous ne nous attacherons donc pas judaïquement à l'argument de texte ; — il faut voir plus haut et pénétrer la pensée. — Cette pensée, c'est que, lorsque la nullité a été prononcée, aux termes de l'art. 24, tous ceux auxquels est imposé le devoir de l'observation des dispositions d'ordre public prescrites par la loi, en soient également responsables. — Le principe de la responsabilité à l'égard de tous est donc certain ; mais, dans l'application, les tribunaux ont à mesurer la réparation au préjudice causé, et c'est sous ce rapport que la condamnation est facultative, tant à l'égard des fondateurs qu'à l'égard de ceux qui ont fait l'apport.

C'est l'opinion que nous avons exprimée sur l'art. 7 de la loi de 1856, (nº 104).

160. C'est aussi ce qu'a jugé un arrêt de la première

chambre de la Cour de Lyon, du 29 mars 1860 (*Droit* du 4 juin 1860).

Cet arrêt écarte la bonne foi invoquée par l'un des membres d'un conseil de surveillance, et proclame sa responsabilité fondée uniquement sur l'inobservation des formes prescrites.

161. Il juge aussi une autre question qui peut se présenter sur l'art. 25, comme elle s'est élevée sur l'art. 7 de la loi de 1856, c'est qu'il n'est pas nécessaire pour l'application de la responsabilité, que l'annulation de la société ait été préalablement poursuivie et obtenue en justice. Il suffit qu'il soit constant en fait que la société avait pris fin par la faillite du gérant, et que les cas de nullité prévus par la loi se soient réalisés.

162. Quelle est la mesure de la responsabilité ainsi reconnue? Le projet du Gouvernement portait que la responsabilité envers les tiers serait de *la totalité des dettes sociales*, sans préjudice des droits des actionnaires.

Dans le texte voté on ne retrouve plus ces mots : *totalité des dettes sociales,* et la responsabilité reste sans spécification. Nous n'avons d'ailleurs aucune explication officielle du motif de ce retranchement.

Faut-il conclure du retranchement que la loi exprime une pensée différente de celle du projet, et que l'on ne devra pas s'attacher à l'importance des dettes sociales pour déterminer le chiffre de la réparation?

163. Nous n'oserions pas aller jusque-là. Nous pensons que la loi a seulement voulu rester dans les principes généraux du droit, en évitant de fixer une base unique et inflexible; elle veut la réparation du préjudice causé aux tiers, laissant toute latitude aux tribunaux pour rechercher ce préjudice partout où ils le découvriront. Nous croyons, avec le projet primitif, que la mesure de la réparation ne s'étend pas au delà du paiement des dettes, ce qui comprend l'exécution des engagements de la société envers les tiers. Nous ne concevons pas d'autre cause de préjudice ; à peine admettrions-nous une mesure moindre.

164. L'art. 25 réserve les droits des actionnaires, ce qui veut dire que si la nullité leur a causé un préjudice, ils pourront en obtenir la réparation. Cette réparation fondée, à leur égard, sur les art. 1991 et 1992, Cod. Nap., s'appréciera d'après les bases posées par l'art. 1149, c'est-à-dire qu'elle comprendra la perte qu'ils ont faite et le gain dont ils ont été privés.

ART. 26.

L'étendue et les effets de la responsabilité des commissaires envers la société sont déterminés d'après les règles générales du mandat.

SOMMAIRE.

165. La responsabilité des commissaires est déterminée d'après les règles du mandat. Leurs pouvoirs ne peuvent être ni étendus ni amoindris.

166. L'assemblée générale peut les choisir en dehors des associés.

167. Elle peut régler le mode d'exercice des pouvoirs, ce qui n'est pas toucher à leur étendue ; elle peut aussi y attacher un honoraire ou rémunération.

168. Droits et devoirs des commissaires.

169. Théorie sur les fautes. — *Culpa lata, culpa lævis, culpa lævissima.*

170. Le mandataire, même gratuit, n'est tenu que de la faute légère ; il ne répond pas de la faute très-légère. — Opinion conforme de M. Troplong.

171. Hypothèses pour l'application pratique de cette théorie.

172. Mesure de la réparation. — C'est le préjudice causé à la société.

173. S'il y a plusieurs commissaires, comment s'appliquera la responsabilité ?

174. Sont-ils tenus solidairement ?

175. Non. — Arrêt de la Cour de Paris, du 11 avril 1863, qui juge qu'un mandat analogue est civil.

176. La Cour de cassation, par arrêt du 18 janvier 1814, a jugé que les syndics provisoires d'une faillite étaient solidairement responsables, — mais cet arrêt n'est pas applicable à l'espèce.

177. Autre arrêt de cassation du 7 août 1837, qui juge que la solidarité a lieu de plein droit entre les co-mandataires, pour les restitutions prononcées pour dol et fraude.

178. Les commissaires seraient solidairement responsables en ce cas, mais non pour les simples fautes. Tout au plus seraient-ils tenus, *in solidum*, s'il y avait indivisibilité.

COMMENTAIRE.

165. Cet article est relatif à l'étendue et aux effets de la responsabilité des commissaires envers la société ; il les détermine d'après les règles générales du mandat.

Les commissaires sont institués par l'art. 15, et bien qu'ils soient nommés annuellement par l'assemblée générale, il n'en faut pas conclure que cette assemblée pourrait étendre ou restreindre leur mandat. — La loi a pris soin de déterminer l'étendue de ce mandat par des prescriptions qui sont toutes d'ordre public et auxquelles il n'est pas permis de déroger. — Dans les sociétés anonymes et même dans certaines commandites, on prend quelquefois la précaution de nommer des commissaires ou censeurs qui sont les contradicteurs naturels des administrateurs ou gérants. Leurs fonctions consistent à contrôler les opérations de l'administration et à vérifier ses comptes. — Le mandat, dans ce cas, peut varier au gré des parties, et être plus ou moins étendu selon les circonstances. La loi a puisé dans cet usage les règles qu'elle impose pour les sociétés à responsabilité limitée.

166. Le pouvoir de l'assemblée générale consiste à nommer un ou plusieurs commissaires et à les choisir avec la plus complète indépendance, puisqu'elle peut les prendre soit parmi les associés, soit en dehors d'eux.

167. Du droit de fixer le nombre des commissaires découle celui de régler le mode d'exercice des pouvoirs, par exemple de les autoriser à agir séparément, et les uns en l'absence des autres. Ce droit peut être précieux à exercer, parce qu'il permet de choisir certaines personnes qui, sans cette condition, refuseraient le mandat des actionnaires. Il ne touche en rien à l'étendue des pouvoirs telle qu'elle est fixée par la loi. Il y a plus, et la doctrine enseigne que les co-mandataires peuvent agir séparément, par cela seul que le mandat ne dit pas le contraire (Argument des art. 1033, 1857 et 1858, Cod. Nap.). Nous examinerons *infrà*, (n° 173), quelles en sont les conséquences au point de vue de la responsabilité de chaque commissaire.

L'assemblée pourra aussi attacher un honoraire ou salaire à la mission qu'elle confère. Il faut même reconnaître que sans ce salaire on ne pourrait jamais trouver des commissaires non associés.

168. Rappelons sommairement les droits et les devoirs des commissaires. Ils ont le droit (art. 16) de prendre connaissance des livres, d'examiner les opérations de la société et de convoquer l'assemblée générale.

On doit mettre à leur disposition (art. 17) l'état trimestriel résumant la situation active et passive.

Leurs devoirs sont corrélatifs de ces droits.

Ils doivent vérifier avec soin les états trimestriels, la

comptabilité, et surveiller les opérations sociales, et ils devraient convoquer immédiatement l'assemblée générale s'ils remarquaient quelque chose qui nécessitât une prompte communication ; — Enfin ils doivent, chaque année, faire un rapport sur la situation de la société avant l'approbation des comptes.

La négligence dans l'accomplissement de ces devoirs, si elle a causé préjudice à la société, engendre la responsabilité.

Mais jusqu'à quel point faut-il que cette négligence soit portée, ou, en d'autres termes, quelle est l'intensité de la faute qui est exigée pour que cette responsabilité soit encourue?

L'art. 1991, Cod. Nap., dispose que le mandataire est tenu d'accomplir le mandat tant qu'il en demeure chargé, et qu'il répond des dommages-intérêts qui pourraient résulter de son inexécution.

Et l'art. 1992 veut qu'il réponde non-seulement du dol, mais encore des *fautes* qu'il commet dans sa gestion.

169. Une longue controverse s'est agitée entre les jurisconsultes sur le degré d'intensité des fautes auxquelles est attachée la responsabilité du mandataire. En théorie, on reconnaît trois sortes de fautes : *Culpa lata*; la faute lourde ; *Culpa lævis*, la faute légère ; *Culpa lævissima*, la faute très-légère.

170. Nous pensons avec M. Troplong (*Traité du mandat*, n° 391) que le mandataire n'est pas tenu de la faute très-légère, mais seulement de la faute légère, c'est-à-dire que la loi n'exige de lui que la diligence ordinaire, raisonnable, d'un bon père de famille, et nous admettons cette règle, non-seulement pour le mandataire gratuit mais encore pour le mandataire qui reçoit un salaire.

171. Et faisant une application pratique de cette théorie aux commissaires, nous supposerons, par hypothèse, qu'ils auraient eu connaissance d'une infidélité de gestion et qu'ils ne l'auraient pas révélée en temps utile à l'assemblée générale ; ils seraient certainement responsables des conséquences de leur silence s'il était constant que l'assemblée générale, avertie à temps, eût pu empêcher le mal et éviter la perte occasionnée par l'infidélité non dénoncée. — Il en serait de même si les commissaires n'avaient ignoré l'infidélité ou la faute qu'ils étaient chargés de révéler, que parce qu'ils n'auraient pas fait les vérifications prescrites par la loi, car il y aurait alors inexécution ou négligence dans l'exécution de leur mandat.

172. Quant à la mesure de la réparation, elle est du préjudice causé à la société. C'est là une question d'appréciation laissée à la discrétion des tribunaux, et dont la règle est posée dans l'art. 1149, Cod. Nap. Nous pouvons dire, avec tous les monuments de la jurisprudence, qu'en général la justice française apprécie les dommages avec une modération qui n'a rien d'effrayant et qui est loin de la large réparation qu'on obtient d'elle chez un peuple voisin.

173. S'il y a plusieurs commissaires, comment s'appliquera la responsabilité ?

S'ils ont agi séparément, conformément aux pouvoirs conférés, nous n'hésitons pas à dire que ceux-là seuls qui auront agi et causé le fait dommageable en seront responsables.

Si la faute consiste *in omittendo*, nous pensons aussi que celui-là seul qui a négligé l'accomplissement du devoir devra en répondre.

174. Mais lorsqu'ils ont tous concouru à la faute, cause du préjudice, ils en sont tous tenus. Cela est certain ; mais sera-ce par tête et divisément, ou bien solidairement ?

A l'égard des fondateurs et administrateurs, la loi a proclamé la solidarité avec la contrainte par corps (art. 25 et 27). — A l'égard des commissaires, elle a renvoyé aux règles générales du mandat. C'est donc dans la loi civile qu'il faut chercher la solution.

L'art. 1995, Cod. Nap., n'admet pas la solidarité entre les co-mandataires, à moins qu'elle n'ait été stipulée.

Il est vrai que la doctrine la plus générale admet que l'art. 1995 ne s'applique pas aux matières commerciales, et M. Troplong se range à cet avis, dans son commentaire de l'art. 1975 (n° 497) ; il faut donc rechercher si le mandat des commissaires est commercial.

175. Sans doute la société est commerciale, mais le mandat de surveiller cette société, dans la mesure de pouvoirs déterminés par la loi, n'est qu'un mandat civil, et nous ne comprenons pas qu'on puisse considérer comme acte de commerce le fait d'accepter et d'exercer un pareil mandat. Voir arrêt Cour de Paris, 3e ch., du 11 avril 1863, qui a qualifié de *mandat civil* le mandat donné par un commerçant à un agent d'affaires pour recouvrer des créances commerciales. Donc, les principes conduisent à dire que les commissaires ne sont pas responsables solidairement.

176. Cependant la Cour de cassation, chambre civile, par arrêt du 18 janv. 1814, a jugé que les syndics provisoires d'une faillite étaient solidairement responsables des fautes commises par l'un d'eux, et elle a écarté l'application de l'art. 1995, Cod. Nap., parce qu'il ne s'agit pas d'un mandat conventionnel où les parties avaient pu stipuler volontairement, mais d'une administration conférée par la justice. Nous avons combattu cette doctrine dans une dissertation insérée au *Droit* du 25 décembre 1835. —Il est manifeste d'ailleurs que les commissaires, étant nommés directement par les actionnaires, cette jurisprudence ne leur est pas applicable.

177. Mais un autre arrêt de cassation, du 7 août 1837, a jugé que la solidarité est de plein droit pour les restitutions prononcées pour cause de dol et de fraude, de la part des co-mandataires, par cela même qu'il est impossible de déterminer dans quelle proportion chacun des auteurs de la fraude a porté préjudice à la partie lésée.

178. Concluons de cette jurisprudence que les commissaires seraient solidairement responsables en cas de dol et de fraude, mais nous n'admettrions pas qu'ils le fussent pour les simples fautes; tout au plus seraient-ils tenus *in solidum*, s'il y avait indivisibilité; mais non solidairement, ce qui n'est pas la même chose.

ART. 27.

Les administrateurs sont responsables, conformément aux règles du droit commun, soit envers la société, soit envers les tiers, de tous dommages-intérêts résultant des infractions aux dispositions de la présente loi et des fautes par eux commises dans leur gestion.

Ils sont tenus solidairement du préjudice qu'ils peuvent avoir causé, soit aux tiers, soit aux associés, en distribuant ou en laissant distribuer sans opposition des dividendes qui, d'après l'état de la société constaté par les inventaires, n'étaient pas réellement acquis.

SOMMAIRE.

179. Les administrateurs sont responsables :
180. Des infractions à la présente loi ;
181. Des fautes commises dans leur gestion.
182. Mettre en lumière cette dernière règle.
183. La loi n'a pas réglé les pouvoirs des administrateurs.
184. Les actionnaires feront bien d'y veiller.
185. Les administrateurs sont essentiellement révocables en tout temps, tinssent-ils leurs pouvoirs des statuts.
186. Principes du mandat dans leur application aux administrateurs.
187. Détails pratiques. — Actes non prévus par les statuts.
188. Le mandat général comprend tous les actes d'administration.
189. Aliénations d'immeubles.—Elles peuvent être des actes d'administration.
190. L'exercice des actions de la société est un acte d'administration.
191. Il en est de même de celui de défendre la société.
192. Le pouvoir de transiger est un acte d'administration extraordinaire. Si les statuts ne l'ont pas donné, les assemblées peuvent y suppléer.
193. *Secùs* du pouvoir de compromettre.
194. Droits des assemblées.
195. Elles sont le complément naturel de l'administration.
196. Elles peuvent diriger à leur gré l'exploitation, — l'étendre ou la restreindre sans encourir aucune responsabilité.
197. Mais toute délibération étrangère aux statuts est nulle.
198. A moins qu'elle ne tende à l'exécution sincère des statuts.
199. Ne peuvent changer les conditions d'existence de la société. — Arrêts de cassation des 17 avril 1855 et 19 mai 1857.
200. Arrêt Cour de Bordeaux du 21 décembre 1840, qui permet un emprunt hypothécaire. — Autre de la Cour de Paris du 18 janvier 1837, qui valide un traité aléatoire.
201. *Quid* des clauses qui autorisent les fusions? — Elles sont valables, mais doivent être strictement exécutées.

202. Révision des statuts, prévue par l'art. 14.
203. Existe, de par la loi, et sans qu'il soit besoin de la stipuler.
204. Arrêts de cassation qui ne permettent pas de modifier les statuts dans les clauses qui intéressent les tiers ou touchent à l'ordre public.
205. Pourrait-on restreindre les droits des actionnaires ou aggraver leurs obligations? Non.
206. Même question pour un versement nouveau excédant la souscription.
207. Les délibérations prises sur ces points ne seraient valables qu'avec le consentement unanime des actionnaires.
208. Retour aux principes du mandat, applicables aux administrateurs.
209. Ils ne s'engagent pas personnellement. — Arrêt de cassation du 6 mai 1835.
210. Autre arrêt de la Cour de Paris du 15 mai 1863.
211. Mais l'administrateur n'est inattaquable que dans son mandat. S'il l'a excédé, les tiers peuvent le poursuivre personnellement.
212. A moins qu'il n'ait donné une connaissance suffisante de ses pouvoirs.
213. Ou qu'il y ait eu erreur commune sur l'étendue des pouvoirs. Arrêt de la Cour de Paris du 6 décembre 1860.
214. Réflexions sur cet arrêt.
215. Les administrateurs seraient-ils responsables, si, en exécutant les ordres de l'assemblée, ils avaient causé préjudice aux tiers?
216. Non. — *Sic*, jugé par arrêt de la Cour de Paris du 20 décembre 1839.
217. Il en serait autrement, s'il s'agissait d'un crime ou d'un délit.
218. Ou si les actes accomplis étaient contraires aux statuts dans les dispositions qui touchent à l'ordre public, ou qui intéressent les tiers.
219. Comment se répartira la responsabilité.
220. Lorsque le mandat est confié à plusieurs, chacun peut faire séparément les actes d'administration.
221. Division des pouvoirs. — Mission spéciale. — Comités d'exécution.
222. Les administrateurs sont-ils tenus solidairement? Oui.

COMMENTAIRE.

179. Cet article est relatif à la responsabilité des administrateurs.

Le premier paragraphe les déclare responsables, conformément aux règles du droit commun, soit envers la société, soit envers les tiers, de tous dommages-intérêts résultant,

1° Des infractions aux dispositions de la présente loi.

2° Des fautes par eux commises dans leur gestion.

180. Sur le premier point, la loi a indiqué avec précision certaines obligations auxquelles ils sont assujettis, et certains actes qui leur sont interdits.

Il sont tenus de dresser chaque année le bilan de la situation active et passive de la société ; de le présenter avec leurs comptes à l'assemblée générale ; d'en solliciter et d'en obtenir l'approbation ; de déposer au greffe du tribunal une copie de ce bilan, et de mettre à la disposition de chaque associé une copie ou un exemplaire tant du bilan approuvé que du rapport des commissaires (art. 18).

Il leur est interdit de prendre ou de conserver un intérêt direct ou indirect dans une opération faite avec la société ou pour son compte (art. 23).

Dans ces divers cas, si un préjudice est résulté de l'infraction, ils sont tenus de le réparer.

Nous avons vu, art. 25, une première application de cette responsabilité lorsque la nullité de la société a été prononcée.

181. Le premier paragraphe de l'art. 27 édicte une règle applicable à tous les autres cas.

Il signale ensuite une seconde cause de responsabilité,

celle des fautes commises par les administrateurs dans leur gestion.

C'est la règle à laquelle sont soumis tous les mandataires par les art. 1991 et 1992 C. Nap.

182. Nous avons expliqué cette règle, art. 26, en ce qui touche la responsabilité des commissaires, nous allons nous efforcer de la mettre en lumière en ce qui touche les administrateurs.

183. La loi n'a pas déterminé pour ces derniers, comme pour les premiers, la limite, l'étendue et les termes précis du mandat et des pouvoirs dont ils sont investis.

Elle devait laisser ce soin aux intéressés, et c'est l'affaire des statuts de mesurer en toute liberté les pouvoirs des administrateurs à la nature, à l'importance de la société, et aussi au degré de confiance que l'on veut accorder.

184. Dans les sociétés anonymes, le contrôle préalable du Gouvernement sur les statuts soumis à son approbation est une garantie que les pouvoirs conférés aux administrateurs répondront aux nécessités de l'administration et seront sagement pondérés et définis.

Dans les sociétés à responsabilité limitée, au contraire, les statuts sont ordinairement l'œuvre des fondateurs, qui le plus souvent en seront aussi les administrateurs. Les actionnaires feront bien d'y veiller.

Au surplus, si l'on s'apercevait, lors du fonctionnement, que les pouvoirs ont été trop ou trop peu étendus, ou mal définis, l'assemblée pourrait toujours y remédier par des délibérations ultérieures, puisque, sous forme de révision des statuts, elle pourrait modifier ou changer les pouvoirs de ses administrateurs.

185. Enfin ce qui doit rassurer complétement contre les abus possibles, c'est que les administrateurs sont essentiellement révocables ; cette révocation pourrait être prononcée, en tout temps et à toute époque, même avant l'expiration de leurs pouvoirs, tinssent-ils ces pouvoirs du pacte social lui-même ; c'est un principe que la doctrine enseigne et que la jurisprudence a confirmé pour les sociétés anonymes, et qui est rendu applicable à la forme nouvelle par l'art. 1er de la loi, nonobstant l'art. 6, qui fixe la plus longue durée du mandat, sans rien changer au principe de la révocation.

186. Résumons les principes du mandat dans leur application aux administrateurs.

D'après ces principes, ils ne peuvent faire que les actes qui tiennent directement à l'administration (art. 1988), ils ne peuvent aliéner, à moins que l'aliénation ne soit une exécution du mandat. Ils ne peuvent intenter une action ou y défendre qu'autant qu'elle se rattache à la gestion, et ils ont besoin d'une autorisation spéciale pour les procès qui touchent à la propriété des immeubles sociaux. Ils ne peuvent ni aliéner, ni hypothéquer les immeubles, ni transiger, ni compromettre, à moins d'un pouvoir spécial.

187. Entrons ici dans quelques détails pratiques.

Si les statuts déterminent les actes d'administration, de telle manière qu'il soit évident que l'on a voulu limiter à ces actes les pouvoirs des administrateurs, ils doivent s'y conformer et ne faire que les actes prévus et permis ; — si des actes non prévus par les statuts deviennent nécessaires au cours de la gestion, ils devront consulter les assemblées générales.

188. Mais, si les statuts ne contenaient l'indication d'aucun acte d'administration, ou s'ils en indiquaient seulement quelques-uns, comme démonstration et non à titre de limitation, il ne s'ensuivrait pas que le mode d'administration serait incomplétement déterminé, si on avait d'ailleurs bien expliqué le but de la société et la nature des opérations qui en font l'objet; car il y aurait pour les administrateurs mandat général de faire les affaires indiquées, et pour fixer les limites de ce mandat, il faudrait recourir au principe d'après lequel le mandat général ne comprend, il est vrai, que les actes d'administration (art. 1988), mais les comprend tous (art. 1989 et 1991). Il suffira donc, pour que les pouvoirs des administrateurs se trouvent complétement tracés, de bien déterminer la nature des opérations qui font l'objet de la société et le but qu'elle se propose. Le devoir des administrateurs d'une société étant d'administrer la société de manière à ce que son but soit rempli, il s'ensuit que leurs pouvoirs découlent tout naturellement de la nature des opérations et du but de la société :—ils doivent donc faire tout ce qui est nécessaire pour atteindre ce but.

189. Il arrive souvent, surtout dans les sociétés commerciales, que certains actes qui, pris isolément, sont de véritables actes d'aliénation, ne deviennent cependant, et eu égard aux opérations qui font l'objet de la société, que de simples actes d'administration. Il pourrait même se faire que des aliénations d'immeubles ne fussent que des actes d'administration, et qu'ainsi les administrateurs eussent le droit de les faire, quoique, ainsi que nous l'avons dit, un mandat spécial fût nécessaire.

190. Le mandat des administrateurs, en quelques termes qu'il soit conçu, renferme implicitement le pouvoir d'introduire en justice toutes les actions de la société relatives aux actes d'administration, à moins que ce pouvoir n'ait été expressément refusé, ou qu'il ait été subordonné à l'avis préalable des assemblées générales. L'exercice de ces actions est un acte d'administration, puisqu'il est accordé au tuteur, qui n'est qu'un administrateur (art. 464, Cod. Nap.)

191. Les administrateurs ont, à plus forte raison, le droit de défendre à toutes les actions intentées contre la société, relativement aux actes de l'administration, alors même que les statuts seraient muets sur ce point.

192. Quant au pouvoir de transiger, il n'existe qu'autant que les statuts y ont autorisé les administrateurs. En cas de silence on pourrait y pourvoir par une assemblée générale, parce qu'il s'agit d'un acte d'administration extraordinaire que les assemblées peuvent autoriser en en fixant les bases.

193. Mais il n'en serait pas de même du pouvoir de compromettre. Le compromis ne peut jamais être un acte d'administration, même extraordinaire, puisque ce n'est autre chose que la renonciation à une juridiction existante pour lui en substituer une autre, et qu'ainsi il ne peut jamais être une nécessité. Nous pensons donc que les assemblées générales ordinaires, qui ne sont que le complément naturel de l'administration, ne pourraient valablement autoriser les administrateurs à compromettre. Il faudrait une clause expresse des statuts, ou bien une assemblée extraordinaire votant sous forme de modifications statutaires.

194. Ceci nous conduit à rechercher quels sont en général les droits des assemblées ordinaires ou extraordinaires.

Sous le régime des sociétés à responsabilité limitée surtout, les statuts doivent être préparés avec le plus grand soin, et prévoir autant que possible tout ce qui est nécessaire à l'accomplissement du but social, afin d'en faire l'objet de stipulations qui élargissent la sphère d'action, sinon des administrateurs, tout au moins de l'assemblée générale.

195. Il est de principe en effet que les assemblées générales sont le complément naturel de l'administration, et qu'elles peuvent délibérer sur tous les intérêts sociaux, pourvu que les objets qui feront la matière de la délibération rentrent dans l'exécution des statuts, et n'en excèdent pas les limites. En ce cas, leurs délibérations, prises à la majorité (art. 13), sont obligatoires pour tous les associés.

196. Ainsi elles ont le droit d'imposer à l'exploitation sociale les conditions qu'elles jugent convenables ; elles peuvent à leur gré restreindre ou étendre la fabrication ; prendre, en un mot, toutes les mesures qui se rapportent à l'exécution du contrat ; quelque influence que ces mesures puissent en définitive exercer sur le fonds social, les actionnaires votant dans ces assemblées n'ont pas à craindre, comme dans la commandite, de voir leur responsabilité personnelle engagée par les résultats, quels qu'ils soient.

197. Mais toute délibération qui serait étrangère aux statuts, ou qui aurait pour résultat d'en pervertir l'application, est irrégulière et nulle.

198. Sans doute une délibération n'est pas nulle par cela seul qu'elle ne rentre pas textuellement dans la nomenclature des opérations indiquées par le pacte social, si elle tend à l'exécution sincère du contrat. Les assemblées générales ne dépassent pas leurs droits toutes les fois que, par des moyens directs ou indirects, elles vont au but que se propose la société, mais, si cette délibération a pour effet de violer les statuts ; si elle détourne le fonds social de sa destination ; si elle transforme la société, elle est radicalement nulle.

199. C'est ainsi qu'un arrêt de la chambre civile de la

Cour de cassation, du 17 avril 1855, a jugé que la majorité des actionnaires de la compagnie du chemin de fer de Dieppe à Fécamp n'avait pas eu le droit d'imposer à la minorité une modification au contrat social qui dénaturait les conditions d'existence de la société. La Cour de Paris avait jugé le contraire par arrêt du 28 janvier 1853, mais, sur le pourvoi, est intervenu l'arrêt de cassation précité qui décide :

Que les administrateurs d'une société anonyme, et même la majorité des actionnaires, réunis en assemblée générale, ne peuvent, malgré l'opposition de la minorité, changer l'objet de la société, et par exemple réduire à un seul chemin une entreprise dont l'objet indivisible était l'établissement et l'exploitation de deux chemins (Cod. Nap., 1134-1859, Cod. Nap.).

Spécialement les embranchements de Dieppe et de Fécamp sur le chemin de fer de Rouen au Havre, ayant été compris dans une seule et même concession faite à une compagnie qui a pris le titre de chemin de fer de Dieppe et Fécamp, et les conditions d'exécution imposées par le cahier des charges et les statuts étant communes aux deux embranchements, il n'a été au pouvoir, ni des administrateurs de la compagnie, ni de la majorité des actionnaires, de restreindre, malgré l'opposition d'un certain nombre d'actionnaires, habitants de Fécamp, l'entreprise sociale à l'exécution du seul embranchement de Dieppe, par le motif que l'embranchement de Fécamp était onéreux pour la société.

L'affaire renvoyée devant la Cour d'Orléans, cette Cour, par arrêt du 5 janvier 1856, a déclaré le sieur Gérente non recevable et mal fondé, et sur le nouveau pourvoi, la Cour de cassation n'a pas cassé l'arrêt d'Orléans, tout en maintenant les principes de son premier arrêt. Ce second arrêt du 19 mai 1857 décide :

Que l'actionnaire d'une entreprise de chemin de fer est fondé, dans le cas où la compagnie a méconnu ses statuts, en n'exécutant qu'une partie des embranchements dont la construction simultanée lui était imposée, à se refuser aux versements appelés, et à demander la dissolution de la société à son égard, pour arriver à la restitution des à-compte précédemment payés sur le montant de ses actions.

Toutefois si cette société, du consentement de la majorité des actionnaires, régulièrement convoqués en assemblée générale, et agissant d'après les pouvoirs reconnus par les statuts, et de plus, avec l'approbation du gouvernement, a été cédée à une autre entreprise de chemin de fer en mesure d'exécuter immédiatement tous les embranchements, la demande en dissolution de la société ne peut plus être reproduite avec fondement devant les nouveaux juges, en ce qu'elle est devenue dénuée d'intérêt.

200. Mais d'un autre côté, la Cour de Bordeaux, par arrêt du 21 décembre 1840, a jugé que l'assemblée générale pouvait autoriser les administrateurs à faire un emprunt hypothécaire, lorsque les statuts ne renfermaient aucune clause prohibitive contraire.

Et la Cour de Paris a fait de cette doctrine une application plus remarquable encore, en décidant, par arrêt du 18 juillet 1837, qu'en droit, une société anonyme n'excédait pas les limites de sa capacité en faisant un traité aléatoire, s'il rentrait dans l'exécution de ses statuts ; le pourvoi formé contre cet arrêt a été rejeté par arrêt de cassation du 9 mai 1841.

201. Il s'est introduit depuis quelques années l'usage

d'une clause, fréquemment employée aujourd'hui, et qui autorise des fusions, le cas échéant, avec d'autres compagnies. Ces clauses sont sans doute valables, ainsi que l'a jugé l'arrêt de 1857, que nous avons cité plus haut, mais nous croyons pouvoir dire qu'elles sont strictement appliquées, et dans un sens restrictif plutôt qu'étendu. — Le gouvernement notamment n'autorise les fusions, malgré la généralité des termes de la clause, qu'entre compagnies de même nature. — C'est par application de cette règle qu'il a récemment (mai 1863) refusé d'approuver et d'autoriser la fusion de la compagnie des magasins généraux avec celle des immeubles de Rivoli et avec la compagnie des ports de Marseille, malgré les délibérations favorables prises par les trois compagnies. Nous citons ce fait parce qu'il a acquis une notoriété officielle.

202. L'expérience a démontré l'utilité d'une autre clause, celle qui permet la révision des statuts par l'assemblée générale votant comme assemblée extraordinaire, et avec une majorité exceptionnelle. Cette clause était d'une application difficile pour les sociétés anonymes, parce que les modifications aux statuts ont besoin, en tout cas, de l'autorisation du gouvernement.

La loi nouvelle l'admet et la consacre par l'art. 14 en exigeant le concours d'un nombre de votants double de celui exigé pour les assemblées ordinaires.

203. Nous sommes porté à penser que cette consécration n'a pas seulement pour effet de permettre la stipulation de la faculté de révision, droit qui n'a jamais été contesté, mais qu'il résulte virtuellement de l'art. 14 que le droit existe, de par la loi, et sans qu'il soit besoin de le stipuler désormais; comme cette solution pourrait être contestée, nous conseillons d'en faire l'objet d'une clause formelle dans les statuts.

204. Mais ce pouvoir de modifier les statuts ne peut pas s'exercer sans limites. Sous prétexte de modifications aux statuts, il n'est pas permis de changer les stipulations qui touchent à l'ordre public, ou qui intéressent les tiers. Des modifications qui auraient cette portée ne seraient pas valables, même avec le concours de tous les actionnaires. C'est ce qui a été jugé par arrêts de cassation des 16 juillet 1838 et 9 mai 1841.

205. Pourrait-on rendre plus onéreuses les conditions d'admission des actionnaires aux assemblées, ou voter telle autre mesure qui amoindrirait leurs droits ou aggraverait leurs charges, tels qu'ils résultent ou de la loi ou du pacte social ?

Nous ne le pensons pas. Les stipulations qui règlent les droits des actionnaires sont commutatives, synallagmatiques et substantielles ; elles ne peuvent être altérées ni modifiées qu'avec le consentement de tous ceux qu'elles intéressent, et l'on ne pourrait pas plus écarter des assemblées les actionnaires auxquels les statuts donnent le droit de présence et de vote, qu'on ne pourrait diminuer la part afférente à leurs actions dans les bénéfices.

206. Il en serait de ces cas comme de celui où l'on voudrait imposer aux actionnaires un versement nouveau excédant leur souscription primitive. Toutes ces mesures ne peuvent être prises qu'à l'unanimité, non-seulement des membres présents, mais de tous les actionnaires, et ne pourraient être valablement décrétées sous forme de modifications aux statuts.

207. Vainement dirait-on qu'en permettant des modifications aux statuts les actionnaires se sont implicitement soumis à subir les conséquences de ces modifications. Nous répondrons qu'un pouvoir de révision, comme tous les pouvoirs généraux, ne peut s'étendre aux stipulations qui touchent à l'essence même du contrat, et que les actionnaires ne sont pas facilement présumés avoir renoncé à des droits qui ont été la condition de leur souscription. Il faudrait une clause expresse pour qu'il en pût être ainsi, et cette clause ne peut être remplacée par le pouvoir général et indéterminé de révision.

208. Après cette digression nécessaire sur les pouvoirs des assemblées générales et sur ceux des administrateurs, nous continuons à exposer les principes du mandat, applicables à ces derniers.

Les administrateurs sont tenus d'accomplir le mandat tant qu'ils en demeurent chargés, et répondent des dommages-intérêts qui pourraient résulter de son inexécution (art. 1991, Cod. Nap.).

Ils sont tenus de rendre compte de leur gestion et de faire raison à la société de tout ce qu'ils ont reçu par suite de leurs fonctions, quand même ce qu'ils auraient reçu ne serait point dû à la société (art. 1993).

Ils doivent l'intérêt des sommes qu'ils ont employées à leur usage à dater de cet emploi, et de celles dont ils sont réliquataires à compter du jour qu'ils sont mis en demeure (art. 1996).

Ils répondent de ceux qu'ils se sont substitués dans la gestion, s'ils n'ont pas reçu pouvoir de se substituer quelqu'un, ou si, laissés libres sur le choix, ils ont pris une personne notoirement incapable ou insolvable (art. 1994).

Mais ils ne contractent à raison de leur gestion aucune obligation personnelle ni solidaire, relativement aux engagements de la société, suivant l'art. 32 du Cod. comm., déclaré applicable par l'art. 1er aux sociétés à responsabilité limitée.

209. Il suit de ce principe que, quelque contrat que fassent les administrateurs, et envers quelques personnes qu'ils s'obligent dans l'intérêt de la société, leur responsabilité personnelle est à couvert. — Ce principe a été appliqué, par un arrêt de cassation du 6 mai 1835, à un avoué chargé d'occuper sur l'appel par un directeur de société anonyme. L'arrêt décide avec raison que l'avoué n'a pas d'action personnelle contre le directeur pour le paiement de ses frais.

210. Un autre arrêt tout récent de la 1re chambre de la Cour de Paris, du 15 mai 1863, dont nous donnerons le texte *infrà*, a fait une plus large application de ce principe en repoussant l'action formée par des Français contre les administrateurs français de la société anonyme des chemins de fer russes, par ce même motif qu'ils n'avaient pas contracté d'engagement personnel.

C'est aux tiers, quand ils traitent avec les administrateurs, de s'enquérir des forces de la société et de mesurer à ses ressources le crédit qu'ils veulent lui faire. La personne et la fortune de ceux-ci sont à l'abri de toute poursuite.

211. Mais cette immunité n'existe qu'autant que le mandat a été fidèlement exécuté. L'administrateur, comme tout autre mandataire, n'est inattaquable que dans son mandat. Au delà, c'est pour son compte qu'il agit et s'engage. Si la société refuse de payer, et prouve que l'engagement est étranger à ses affaires, ou excède les pouvoirs donnés par elle, les tiers auxquels échappe l'action contre la société ont un recours contre la personne avec laquelle ils ont contracté.

212. Ce recours n'existe même pas dans tous les cas.

Ainsi, lorsque le mandataire a donné à la partie avec laquelle il contracte en cette qualité une suffisante connaissance de ses pouvoirs, il n'est tenu à aucune garantie pour ce qui a été fait au delà, s'il ne s'y est personnellement soumis (art. 1997, Cod. Nap.).

213. Il a même été jugé par la 2e chambre de la Cour de Paris, arrêt du 6 décembre 1860 (*Droit,* 17 janvier 1861), qu'un gérant de société en commandite, qui avait dispensé des actionnaires du versement de leur mise, par le motif que leur souscription étant inutile à la constitution de la société, n'avait engagé ni la société dont il avait excédé le mandat, ni lui-même personnellement ; et l'arrêt infirme un jugement du tribunal de commerce qui avait condamné personnellement le gérant à garantir les actionnaires de la condamnation prononcée contre eux au profit de la société.

Voici les motifs de l'arrêt, en ce point :

« Considérant que le recours en garantie accordé par les jugements dont est appel, aux actionnaires contre Fleury Sauvage personnellement, n'est fondé ni en fait ni en droit ; que le dégagement par eux demandé et qui a été consenti par Fleury Sauvage est le résultat *d'une erreur commune;* que les actionnaires devaient savoir que ce qu'ils sollicitaient du gérant était irrégulier et nul, et que celui-ci n'avait aucun pouvoir de les délier de leurs engagements envers la société ;

« Qu'ils ont ainsi respectivement méconnu et excédé leurs droits ; que, dès lors, l'invalidité de l'acte auquel ils ont concouru ne saurait donner lieu à un recours contre Fleury Sauvage ;

« Considérant, d'ailleurs, que Delcros et consorts ne justifient point que leur position ait été aggravée par le fait de ce dégagement. »

214. Il y avait dans l'affaire ceci de remarquable : que Fleury Sauvage, fondateur et gérant de la Société des mines de Blidah, et qui avait dégagé les actionnaires, les avait lui-même poursuivis cinq ans plus tard, comme gérant de la société, qui n'était ni en faillite, ni en liquidation, et qui était restée *in bonis,* agissant en la même qualité en laquelle il avait contracté avec eux, et arguant de la nullité de son propre engagement. Dans ces circonstances, l'arrêt acquiert une plus haute gravité par l'impunité qu'il accorde au gérant foulant aux pieds son engagement personnel. La Cour a dû gémir, au point de vue de l'équité, d'avoir à protéger, par le principe de l'erreur commune, le fondateur même de la société, qui en avait seul rédigé les statuts auxquels les actionnaires avaient adhéré sans les connaître.

215. Qu'arriverait-il si, en exécutant les ordres de l'assemblée, les administrateurs avaient causé un préjudice aux tiers, par exemple, en enlevant aux créanciers le gage sur lequel ils avaient prêté ?

Cette hypothèse s'est présentée dans la société anonyme du Creusot. Des prêteurs sur hypothèque avaient vu disparaître successivement les immeubles par destination affectés au recouvrement de leurs créances. La faillite déclarée, ils ont poursuivi les administrateurs par les soins desquels la machine avait été séparée de l'immeuble et vendue, réclamant contre eux une condamnation personnelle équivalente à la perte du gage dont ils les avaient frustrés.

216. La Cour de Paris, par arrêt du 20 décembre 1839, a repoussé cette prétention par le motif que les administrateurs n'ont fait qu'exécuter les ordres que l'assemblée avait le droit de leur donner, et que les créanciers avaient eu le tort de ne pas veiller à la conservation de leur gage.

217. Cette solution n'est bonne qu'autant qu'il ne

s'agit que d'un fait portant atteinte à l'intérêt privé, et qui se concentre entre les parties. S'il s'agissait d'un crime ou d'un délit, la solidarité qui en résulte, entre le mandant et le mandataire, ne permettrait pas à ce dernier de s'abriter de son mandat pour obtenir l'impunité.

218. Il en serait de même si les actes accomplis par les administrateurs, conformément aux délibérations, étaient contraires aux statuts, dans les dispositions qui touchent à l'ordre public et à l'intérêt des tiers, en telle sorte que les garanties, sur la foi desquelles les tiers ont contracté, se trouvassent perdues. En ce cas, qu'il ne faut pas confondre avec l'espèce de l'arrêt rendu dans l'affaire du Creusot, cité *suprà*, n° 216, les administrateurs seraient certainement responsables personnellement du préjudice qu'ils auraient causé par la violation des règles qu'ils doivent respecter comme condition de leur existence. Un fait illicite (dit M. Delangle, *Traité des Sociétés*) ne s'excuse pas par un fait illicite, et les délibérations d'assemblées pourraient bien, en constatant un fait de complicité, donner plus de portée à l'action des tiers, mais elles ne protégeraient pas les administrateurs qui les auraient exécutées.

219. Nous venons de parcourir les cas dans lesquels les administrateurs peuvent être déclarés responsables, conformément aux règles du droit commun ; nous avons à rechercher, comme nous l'avons fait pour les commissaires, comment s'exercera et se répartira cette responsabilité.

220. En droit commun, lorsque le mandat est confié à plusieurs, chacun peut faire séparément tous les actes qui se rapportent à son exécution (Troplong, *du Mandat*, n° 495), et il en doit être ainsi des administrateurs, à moins que les statuts n'aient réglé l'exercice des pouvoirs d'une manière différente.

221. Il arrive fréquemment, dans les sociétés anonymes, qu'on délègue quelques administrateurs à une mission spéciale, soit temporaire, soit permanente, ou qu'on divise l'administration par comités distincts, avec un directeur pour chaque branche. Cet usage pourra être suivi dans les sociétés à responsabilité limitée, où il aura son utilité comme dans la société anonyme; — en ce cas, si le délégué commet des fautes dans la mission personnelle qu'il a reçue, il sera seul responsable, et cette responsabilité n'atteindra pas les autres administrateurs, qui sont restés étrangers à l'acte dommageable.

222. Mais lorsque la responsabilité pèse sur le conseil d'administration tout entier, seront-ils solidairement tenus?

Nous avons expliqué *suprà* que l'art. 1995, Cod. Nap., n'admet pas la solidarité entre les co-mandataires, lorsqu'il s'agit d'un mandat civil, ce qui nous a conduit à décider que les commissaires n'étaient pas solidaires.

Mais les administrateurs, à la différence des commissaires, sont des mandataires commerciaux, ayant accepté un mandat essentiellement commercial. Ils sont donc solidairement responsables, et l'art. 1995 ne leur est pas applicable.

L'art. 27 proclame lui-même cette règle dans son deuxième paragraphe, lorsqu'il s'agit du dividende non réellement acquis, il en sera de même au cas du premier paragraphe.

223. Le premier paragraphe a édicté le principe général de la responsabilité des administrateurs. — Le second paragraphe prévoit une faute spéciale, celle de la distribution de dividendes non réellement acquis.

Dans le projet primitif, cette faute était prévue par l'art. 25 qui obligeait les administrateurs à en rétablir le montant dans la *caisse sociale.*

La Commission du Corps législatif avait d'abord rejeté l'article purement et simplement ; cependant, sur l'insistance du Conseil d'État, il a été rétabli avec une rédaction qui en atténue la portée, en ce que les administrateurs ne sont plus tenus de rétablir le montant des dividendes distribués, mais seulement de réparer le préjudice causé, et en effet il est des cas où le rapport du dividende pourrait causer un préjudice irréparable pour les administrateurs et créer un injuste avantage pour des actionnaires qui auraient souvent provoqué, ou au moins approuvé la distribution dont ils auraient d'ailleurs profité.

224. Il importe de bien préciser le sens de ce paragraphe.

D'abord il n'exige pas, pour que la responsabilité soit encourue, que la distribution des dividendes non réellement acquis ait eu lieu *frauduleusement,* ni même *en connaissance de cause,* — le mot *sciemment* n'y est pas écrit, comme dans l'art. 10 de la loi de 1856.

225. Il suffit donc d'une faute grave certaine, et alors même que la bonne foi des administrateurs serait constante, la responsabilité est encourue.

La loi a dû se montrer plus sévère pour les administrateurs que la loi de 1856 ne l'a été à l'égard des membres des conseils de surveillance, parce que ce sont les administrateurs qui dressent eux-mêmes les inventaires, et qui doivent en posséder tous les éléments. On ne peut donc les assimiler à de simples surveillants étrangers à l'administration, et réduits presque toujours à ne voir que ce qu'on leur montre.

226. Mais que faut-il entendre par ces expressions : *qui d'après l'état de la société constaté par les inventaires, n'étaient pas réellement acquis ?*

La disposition ne sera-t-elle applicable que lorsque la distribution ne sera pas conforme à l'inventaire qui aura été dressé, cet inventaire fût-il inexact ; en d'autres termes, suffira-t-il qu'un inventaire défectueux semble autoriser la distribution, pour qu'elle ne donne lieu à aucune responsabilité? Non, telle n'est pas la pensée de la loi : le rapport constate que la distribution sera incriminable, soit lorsqu'elle sera faite contrairement à un inventaire régulier, soit lorsqu'elle se fondera sur un inventaire défectueux qui ne constatait pas le véritable état de la société, ainsi que doit le faire un inventaire exact et sincère; dans ce dernier cas, la faute de la distribution procède de celle qui a donné naissance à la confection vicieuse de l'inventaire. Elles se confondent; il faut donc entendre le mot *inventaire* employé dans ce paragraphe comme emportant avec lui l'idée de l'*exactitude* et de la *régularité.*

227. Il reste à déterminer le sens des mots *réellement acquis*, qui ont donné lieu à tant de controverses lors de l'application de l'art. 10 de la loi de 1856.

On a voulu, dit la commission, exprimer ainsi les bénéfices qui ne peuvent plus échapper à la société, qui ne sont plus à l'état de simple éventualité, quelle qu'en soit la vraisemblance; dont aucun coup du sort, excepté une insolvabilité imprévue ou une destruction fortuite, ne peut plus priver la société ; sans doute il ne sera pas toujours nécessaire que le bénéfice ait été encaissé, il pourra résulter d'une valeur, d'une traite, même d'une simple créance, pourvu qu'elle soit réputée bonne, et de nature, suivant les usages du commerce, à figurer à l'actif.

228. Remarquons que la responsabilité est imposée à tous les administrateurs, même à ceux qui n'auraient point personnellement concouru à la distribution illégale ; la loi a voulu que ceux qui laissent distribuer, comme ceux qui distribuent, soient également responsables.

Cela est fondé sur ce qu'un acte aussi important que la distribution des dividendes est présumé l'œuvre commune et collective de tous ceux qui sont chargés de l'administration.

229. Mais si l'un des administrateurs pensait que ses collègues se trompent sur le caractère des sommes dont ils se proposent de faire la distribution, il pourrait échapper à la responsabilité, en faisant une protestation ou acte d'opposition formelle : ce ne serait pas assez de se tenir à l'écart, de garder le silence et de s'abstenir.

230. La loi parle de dividendes non réellement acquis, elle n'a pas prononcé le mot *intérêts*. S'ensuit-il qu'on pourrait distribuer comme *intérêts* ce qu'on ne pourrait distribuer comme *dividendes?*

Et d'abord, les intérêts sont-ils autre chose que des dividendes?

Il est vrai que dans la pratique on distingue quelquefois les intérêts des dividendes, et que, dans certaines sociétés, on admet des coupons d'intérêts, qui se payent chaque année, indépendamment des coupons de dividendes, lesquels ne se payent qu'après l'apurement des comptes de l'exercice, et sur les bénéfices. Mais en doctrine et en théorie cette distinction n'a aucune valeur. Lorsqu'il n'y a pas de bénéfices dans une société, les associés ne peuvent rien se partager, pas plus sous couleur d'intérêts que sous couleur de dividendes. Ceci est un principe fondamental admis par tous les jurisconsultes et confirmé par une jurisprudence unanime.

231. Mais le pacte social ne pourrait-il pas valablement déroger à ce principe en stipulant que, chaque année, il serait payé aux actionnaires un tant pour cent, représentatif des intérêts du capital, lequel, comme les frais généraux, serait acquis, soit qu'il y ait, soit qu'il n'y ait pas de bénéfices ?

Nous savons qu'une vive controverse s'est élevée sur la validité de cette clause, mais nous sommes profondément convaincu qu'elle est parfaitement licite soit au regard de la société, soit au regard des tiers.

232. Au regard des associés, cela ne saurait faire doute. Rien ne s'oppose à ce qu'en apportant un capital, ils s'en réservent les fruits à tout événement. C'est exactement comme s'ils faisaient un apport grevé des sommes qu'ils pourraient prélever éventuellement sous forme d'intérêts, et qu'ils considèrent comme augmentant les frais généraux.

233. Et quant aux tiers, ils ont dû connaître et pu calculer par la publication de la clause relative aux intérêts, que le capital social était exposé à une réduction éventuelle de l'importance des sommes nécessaires pour le service des intérêts (bien entendu que la clause doit être publiée à peine de nullité) : donc ils n'ont dû compter que sur un capital réductible ; donc ils n'ont pas à se plaindre.

234. Cette opinion, qui est professée par M. Troplong (*Société,* n° 191), est admise aussi par le Conseil d'État, qui compte dans son sein tant d'éminents jurisconsultes, puisque dans la plupart des sociétés anonymes relatives aux chemins de fer ou à d'autres grandes entreprises, il permet le paiement des intérêts pendant l'exécution des travaux et avant toute exploitation ; — fût-elle douteuse, ce que nous ne pensons pas, on devrait encore l'adopter, parce qu'elle est propre à appeler dans les sociétés une foule de capitaux qui leur feraient défaut si les petits rentiers ne pouvaient pas espérer un service régulier d'intérêts, nécessaires souvent pour leurs besoins périodiques.

235. Un jugement du tribunal de commerce de la Seine avait annulé une clause semblable dans une société en commandite ; mais cette décision ne doit pas être suivie, et la jurisprudence est désormais fixée dans le sens de la validité, par un arrêt de cassation, chambre des requêtes, du 5 août 1862, confirmatif de deux arrêts de la Cour impériale d'Aix, du 27 mai 1861.—L'arrêt juge que les statuts d'une société en commandite peuvent stipuler le paiement semestriel d'intérêts aux actionnaires, même sans bénéfices acquis ; — qu'en conséquence ni les actionnaires, ni même les créanciers de la société ne peuvent se plaindre de cette distribution, et en rendre responsables les membres du conseil de surveillance, alors même que la société serait tombée en faillite.

236. Déjà un autre arrêt de la même Cour, du 15 janvier 1862, n'avait déclaré les membres d'un conseil de surveillance responsables du paiement d'intérêts pris sur le capital que parce que les statuts ne l'avaient pas autorisé.

237. Après avoir mis en lumière la responsabilité des administrateurs en ce qui touche la distribution de dividendes non réellement acquis, nous croyons utile de rechercher dans quelle mesure les actionnaires qui auraient touché ces dividendes pourraient être eux-mêmes responsables et tenus de les rapporter au regard des tiers.

Les actionnaires peuvent être rattachés à la question

des dividendes distribués par un double lien. D'abord comme souscripteurs obligés au versement de leur mise, ils ne peuvent la reprendre, et ils sont tenus de la rétablir lorsqu'ils l'ont reprise ; ensuite comme mandants des administrateurs, ils sont responsables des faits de leurs mandataires.

238. La question de savoir si les actionnaires, qui ont reçu des dividendes légitimement acquis au cours de la société, peuvent être recherchés plus tard par les créanciers, lorsque cette société est tombée en faillite, a été vivement débattue, mais résolue enfin dans le sens de la négative par plusieurs arrêts de cassation dont nous approuvons complétement la doctrine.—Cette solution est même implicitement confirmée par la loi de 1856 et par la loi actuelle qui n'obligent au rapport et n'incriminent que les dividendes non réellement acquis.

239. Lorsque des dividendes non réellement acquis ont été distribués, la loi rend responsables ceux qui ont fait ou laissé faire la distribution; mais là ne se borne pas le droit des tiers, ils ont aussi une action en rapport de ces dividendes contre les actionnaires, puisque leur distribution constitue une reprise, par voie indirecte, d'une partie de l'apport social, qui a fait leur garantie et leur gage (ceci bien entendu sauf l'application de la règle contraire que nous avons posée (n° 233) pour les intérêts stipulés au pacte social, et dont la clause a été portée à la connaissance des tiers).

240. Aussi un arrêt de la Cour de Rouen, du 21 juin 1862, a condamné les actionnaires d'une société en commandite, sur la poursuite du syndic de cette société mise en faillite, au rapport des dividendes indûment touchés. Et le pourvoi formé contre cet arrêt a été rejeté par arrêt de la chambre des requêtes du 3 mars 1863.

241. La Cour d'Aix, par un arrêt du 22 juillet 1862, a jugé, au contraire, que les dividendes, indûment distribués n'étaient pas sujets à répétition par les actionnaires qui les avaient reçus *de bonne foi.*

Il est vrai que le pourvoi formé contre cet arrêt a été rejeté par arrêt du même jour que le précédent ; mais il faut remarquer que le rejet est motivé sur une fin de non-recevoir, tirée de ce que le pourvoi n'avait pas été formé dans le délai de quinzaine prescrit par l'art. 582 Cod. comm., ce qui ne préjuge rien quant à la question du fond.

242. Nous ne pouvons approuver la décision de la Cour d'Aix. Les actionnaires ont reçu ce qui ne leur appartenait pas ; ils sont soumis à répétition, conformément aux règles du droit commun et à l'art. 1376, Cod. Nap., qui oblige au rapport de ce qui a été payé par erreur.

Ils y seraient également soumis par application du principe des commandites, d'après lequel la mise des actionnaires appartient tout entière aux tiers créanciers de la société.

243. La bonne foi des actionnaires ne peut rien changer à ces principes, ni justifier des paiements qui n'avaient pas de cause. — La seule conséquence qu'on puisse en tirer, c'est que, s'il y a eu mauvaise foi, les actionnaires devront les intérêts des sommes touchées, à partir de l'époque des paiements, tandis que, s'ils sont de bonne foi, ils les devront seulement à partir de la demande.

244. Quelle sera la durée de l'action qui appartient à la société ou aux tiers pour illégale répartition des dividendes ?

La Commission avait proposé de limiter à 5 ans la responsabilité des administrateurs envers les associés. — Le Conseil d'État a repoussé cette proposition qu'il considérait comme dérogatoire au droit commun, sans motif plausible de cette dérogation.

Dans la discussion au Corps législatif, l'honorable M. Jules Favre, reprenant et modifiant la proposition de la Commission, a demandé que la durée de la prescription fût fixée à 10 ans. Cette proposition a été également repoussée.

245. Il en résulte que, conformément au droit commun, en matière de mandat, la responsabilité des administrateurs, envers les associés leurs mandants, sera de 30 ans. Elle ne sera que de 5 ans envers les tiers, à partir de la dissolution régulièrement publiée, par application de l'art. 64, Cod. comm.

ART. 28.

Toute contravention à la prescription de l'art. 11 est punie d'une amende de cinquante francs à mille francs.

SOMMAIRE.

246. Infraction à la prescription de l'art. 11.
247. Tirée de l'art. 31 de l'acte anglais de 1856.

COMMENTAIRE.

246. Cet article punit d'une amende de 500 fr. à 1,000 fr. toute contravention à la prescription de l'art. 11.

C'est là une sanction nécessaire et modérée de l'utile prescription formulée par l'art. 11 qui exige deux choses : 1° l'inscription des mots : à responsabilité limitée, écrite lisiblement en toutes lettres sur les actes, factures, annonces, publications émanés de la société, avant ou après la dénomination sociale ;

2° L'énonciation du montant du capital social.

247. L'art. 31 de l'acte anglais de 1856, d'où cette disposition est tirée, punit cette contravention de 5 à 50 livres sterling, outre 5 livres sterling pour chaque jour de retard.

ART. 29.

Sont punis d'une amende de cinq cents francs à dix mille francs ceux qui, en se présentant comme propriétaires d'actions ou de coupons d'actions qui ne leur appartiennent pas, ont créé frauduleusement une majorité factice dans une assemblée générale, sans préjudice de tous dommages-intérêts, s'il y a lieu, envers la société ou envers les tiers.

La même peine est applicable à ceux qui ont remis les actions pour en faire l'usage frauduleux.

SOMMAIRE.

248. Peine nouvelle non écrite dans la loi de 1856.
249. L'article s'applique à l'actionnaire qui fausse la majorité à l'aide d'actions ajoutées aux siennes.
250. Mais suffira-t-il du fait matériel?
251. Non : l'article crée un délit, et il n'y a pas de délit sans intention perverse.
252. Même peine contre celui qui a remis les actions pour en faire l'usage frauduleux.
253. Réserve, selon le droit commun, pour les dommages-intérêts.

COMMENTAIRE.

248. Cet article édicte une peine qui n'était pas formulée dans la loi de 1856, ni même dans le projet du Gouvernement, et dont la pensée émane de l'initiative de la Commission du Corps législatif.

Il punit d'une amende de 500 à 10,000 fr. ceux qui, par des moyens frauduleux, créent dans l'assemblée générale une majorité factice.

Cet abus a pris trop d'extension, et il est trop regrettable pour qu'il n'ait pas paru sage de le prévenir en le punissant.

249. Pour qu'il y ait lieu à l'application de l'article, il faut que la manœuvre qualifiée ait été pratiquée par ceux qui se sont présentés et fait admettre dans l'assemblée comme propriétaires d'actions qui ne leur appartenaient pas, ce qui s'applique même à l'actionnaire réel qui aurait faussé la majorité à l'aide d'actions ajoutées aux siennes, et qu'il se serait procurées pour exercer une plus grande influence. Tel paraît être le texte de la loi.

250. Mais il arrive quelquefois que, sans une intention coupable, un actionnaire se fait représenter par un ami, à qui il confie ses actions au porteur. — L'ami se présente comme propriétaire, pour éviter les embarras d'une procuration. En ce cas, si cette présence influe sur la majorité, ce qui aura presque toujours lieu, y aura-t-il nécessairement lieu à l'application de la pénalité ?

251. Non : l'art. 29 crée un délit, et tout délit suppose une intention coupable. Les juges auront le droit et le devoir de rechercher cette intention, et, si la bonne foi du possesseur des actions ressort de cet examen, il ne peut être condamné.

252. Le second paragraphe de l'art. 29 veut qu'on applique la même peine à ceux qui ont remis les actions pour en faire l'usage frauduleux ; ce qui confirme ce que nous venons de dire, puisque le propriétaire n'est punissable qu'autant qu'il a remis ses actions dans une pensée coupable, et pour créer *frauduleusement* une majorité factice.

Donc, s'il n'y a eu qu'un acte de complaisance, ni le propriétaire des actions, ni celui qui se serait présenté à l'assemblée comme leur possesseur, ne sauraient être condamnés.

253. La loi réserve avec raison les dommages-intérêts qui pourraient être dus à la société ou aux tiers pour reparation du préjudice causé par le fait illicite. C'est de droit commun.

ART. 30.

L'émission d'actions faite en contravention à l'art. 3 est punie d'un emprisonnement de huit jours à six mois et d'une amende de cinq cents francs à dix mille francs, ou de l'une de ces peines seulement.

La négociation d'actions ou coupons d'actions faite contrairement aux dispositions du même art. 3 est punie d'une amende de cinq cents francs à dix mille francs.

Sont punies de la même peine toute participation à ces négociations et toute publication de la valeur desdites actions.

ART. 31.

Sont punis des peines portées par l'art. 405 du Code pénal, sans préjudice de l'application de cet article à tous les faits constitutifs du délit d'escroquerie :

1° Ceux qui, par simulation de souscriptions ou de versements, ou par la publication faite de mauvaise foi de souscriptions ou de versements qui n'existent pas ou de tous autres faits faux, ont obtenu ou tenté d'obtenir des souscriptions ou des versements;

2° Ceux qui, pour provoquer des souscriptions ou des versements ont, de mauvaise foi, publié les noms de personnes désignées, contrairement à la vérité, comme étant ou devant être attachées à la société à un titre quelconque;

3° Les administrateurs qui, en l'absence d'inventaires ou au moyen d'inventaires frauduleux, ont opéré ou laissé opérer, sciemment et sans opposition, la répartition de dividendes non réellement acquis.

SOMMAIRE.

254. Reproduction des art. 11, 12 et 13 de la loi de 1856.

255. Arrêt de cassation du 8 juin 1861, qui interprète la loi dans un sens libéral.

256. Autre arrêt de la même Cour, du 11 août 1859, qui a jugé que les infractions aux art. 11 et 12 constituent des contraventions et non des délits.

257. Prescriptions de l'art. 31.

258. Renvoi au commentaire de la loi de 1856, pour l'applicabilité de la loi aux sociétés étrangères.

259. Arrêt de cassation, du 14 décembre 1860, qui applique la loi à une société étrangère, et dont le siége social est à l'étranger.

260. Le paragraphe 3 exige, pour l'application de la pénalité, que les administrateurs aient opéré ou aient laissé opérer *sciemment* la répartition.

261. Il est tiré de l'art. 13 de la loi de 1856, mais avec addition du mot *sciemment*.

262. Deux conditions sont nécessaires pour qu'il y ait lieu à l'application de l'article.

263. Si les administrateurs ont été de bonne foi, s'ils ont cru à l'exis-

tence d'inventaires et à des bénéfices acquis, il y a faute pouvant motiver l'application de l'art. 27, mais il n'y a pas de délit.

264. A plus forte raison si les administrateurs se sont conformés à une clause des statuts.

265. Texte d'un arrêt de la Cour de Paris, du 18 août 1860, qui l'a jugé ainsi.

COMMENTAIRE.

254. Ces articles sont empruntés presque littéralement à la loi de 1856, et sont la reproduction des art. 11, 12 et 13 de ladite loi.

Les mêmes peines doivent atteindre les mêmes faits, quelles que soient d'ailleurs les sociétés à l'occasion desquelles ils ont eu lieu.

L'art. 30 contient la sanction nécessaire des prescriptions relatives à l'émission et à la négociation des actions.

Que faut-il entendre par émission et négociation, et à partir de quel moment ce fait délictueux est-il consommé?

255. Un arrêt de la chambre criminelle de la Cour de cassation, du 8 juin 1861, rendu dans l'affaire de la société du bois de Boulogne, proclame, sur ces points complexes, des principes utiles à méditer.

Il résulte de cet arrêt :

1° Que le fait d'avoir créé des actions au porteur, avant leur entière libération, et le fait d'avoir invité le public à souscrire des actions d'une coupure de moins de 500 fr. alors que le capital social était supérieur à 200,000 fr. ne sont punissables qu'autant que la société a été définitivement constituée par la déclaration du gérant, ou par le commencement des opérations sociales et que les actions ont été réellement émises;

2° Que la rédaction des statuts sociaux, l'appel au public, les versements partiels opérés par les premiers souscripteurs, sont des actes préliminaires qui préparent la constitution de la société, mais qui, soit ensemble, soit séparément, ne sauraient équivaloir à cette constitution elle-même ;

3° Que, de même, la simple délivrance de certificats de versements nominatifs et provisoires, annonçant que les titres seront délivrés aux souscripteurs, dans les dix jours de la clôture de la souscription, ne peut être assimilée à une émission d'actions ;

Pourquoi l'arrêt rejette le pourvoi du ministère public contre un arrêt de la Cour impériale de Paris, chambre correctionnelle, du 21 août 1860.

Nous ne pouvons qu'approuver cette libérale interprétation de la loi.

256. Cependant la même Cour, par un arrêt antérieur, du 11 août 1859 (*Droit*, 12 août) avait jugé que les infractions aux art. 11 et 12 constituent des contraventions et non des délits, et qu'en conséquence les juges ne peuvent les absoudre sous prétexte de bonne foi. — Cette solution nous paraît fort grave et un peu dure. Si elle devait définitivement prévaloir dans la jurisprudence, il faudrait l'admettre pour l'art. 30 de la loi nouvelle ;—néanmoins elle n'infirmerait pas l'opinion que nous avons exprimée (n° 251) pour un cas différent.

257. L'art. 31 punit des peines de l'art. 405 du C. pén., c'est-à-dire des peines applicables à l'escroquerie :

1° Les simulations et publications dolosives de souscriptions et de versements ;

2° Les publications mensongères des noms des personnes désignées, contrairement à la vérité, comme étant attachées à la société dans le but d'obtenir des souscriptions ou des versements ;

Ces manœuvres, d'un caractère analogue à celle qui constitue l'escroquerie, quoiqu'elles n'en réunissent pas tous les éléments essentiels, ont semblé mériter une égale répression.

258. Nous avons examiné avec détails, dans notre commentaire de la loi de 1856, les questions qui naissaient des prescriptions édictées par les art. 11, 12 et 13 de ladite loi. Tout ce que nous avons dit à ce sujet s'applique aux art. 30 et 31, qui ne font que les reproduire. Nous renvoyons également à la théorie que nous avons développée sur l'applicabilité de ces textes aux sociétés étrangères, et nous pouvons ajouter que, sur ce dernier point, nos solutions n'ont pas été infirmées par la jurisprudence.

259. Un arrêt de cassation, du 14 décembre 1860, a rejeté le pourvoi formé par le sieur Teinturier contre un arrêt de la Cour de Paris du 7 juin 1860, lequel arrêt applique l'art. 13 de la loi de 1836 aux fondateurs de la société des mines de Rossdoff.

Il résulte de cet arrêt que, bien qu'une société en commandite par actions ait été constituée à l'étranger, que l'acte ait été passé à l'étranger et publié conformément à la loi de ce pays, bien que le siége social et l'objet de l'exploitation soient à l'étranger; néanmoins, cette société a pu être considérée comme française alors qu'il est constaté que toutes les actions ou obligations ont été placées en France. (Solution conforme au n° 140 de notre commentaire.)

260. Le paragraphe 3 punit des peines portées à l'art. 405, Cod. pénal, les administrateurs qui, en l'absence d'inventaires ou au moyen d'inventaires frauduleux, ont opéré ou laissé opérer *sciemment et sans opposition* la répartition de dividendes non réellement acquis.

261. Cette disposition est tirée de l'art. 13 de la loi de 1856 qui l'applique aux gérants. Elle a ajouté à cet article le mot *sciemment*, afin qu'il fût bien compris qu'elle innocentait la bonne foi, sans laquelle il ne peut jamais y avoir de délit; elle a ajouté aussi les mots *sans opposition* pour faire entendre que ceux des administrateurs qui se seraient opposés à la distribution sont à l'abri des poursuites. Déjà, dans l'art. 27, la loi les avait exonérés de l'action en dommages-intérêts; à plus forte raison sont-ils irréprochables au point de vue du délit, qui suppose toujours une intention coupable.

262. Pour que les administrateurs soient punissables, il faut le concours de ces deux conditions : 1° qu'il n'y ait pas d'inventaire, ou que les inventaires soient frauduleux; 2° que les dividendes distribués ne soient pas réellement acquis ; mais s'il existait des inventaires qui ne fussent pas frauduleux, le seul fait d'avoir distribué des bénéfices non réellement acquis ne serait pas passible de la peine prononcée par notre article.

263. D'un autre côté, ce que la loi punit, c'est la distribution de dividendes non réellement acquis, lorsque cette distribution se fait en l'absence d'inventaires. Nous ne partageons pas l'opinion qui veut que, dans ce cas, le gérant ou les administrateurs soient punissables, même lorsqu'ils seraient de bonne foi ; la loi a pris soin de rappeler par le mot *sciemment* le principe tutélaire qui domine toute matière pénale, à savoir qu'il n'y a ni crime ni délit sans intention coupable. Si les administrateurs sont de bonne foi ; s'ils ont cru à l'existence d'inventaires qui, par suite de circonstances extraordinaires, n'existaient pas; s'ils ont cru à des bénéfices réellement acquis : dans ces deux cas, leur bonne foi les protége, il y aura eu faute donnant lieu à l'application de l'art. 27, mais il n'y a pas de délit, nous persistons dans l'opinion émise sur ce point, nº 151 de notre commentaire.

264. Nous avons établi (nº 235) la validité de la clause qui permet le paiement d'intérêts pris sur le capital, et alors même qu'il n'y a pas de bénéfices ; à plus forte raison faut-il dire que les administrateurs qui, en conformité de cette clause, auraient payé ces intérêts, ne seraient pas passibles des peines de l'art. 31.

265. Un arrêt de la Cour de Paris, chambre correctionnelle, du 18 août 1860 (*Droit*, 30 août), l'a jugé expressément ; voici son motif textuel :

« Considérant que la loi de 1856, qui prohibe la répartition des dividendes faussement représentés comme acquis, n'étend pas cette prohibition aux intérêts promis par le pacte social et distribués aux actionnaires par le gérant, sans mauvaise foi qui lui soit imputable. »

C'est un point désormais fixé par la jurisprudence, et sur lequel le doute n'est plus permis, en présence des deux arrêts de cassation que nous avons cités plus haut.

ART. 32.

L'art. 463 du Code pénal est applicable aux faits prévus par la présente loi.

SOMMAIRE.

266. Vice de rédaction de l'article. Il ne peut s'agir des *faits* prévus par la loi, mais seulement de ceux punis correctionnellement.
267. Nouvelle rédaction de l'art. 463, Cod. pén., suivant la loi du 13 mai 1863.
268. Compétence des tribunaux français à l'égard des sociétés étrangères.
269. Historique de la question.
270. Loi belge du 14 mars 1855.
271. Loi française du 30 mai 1857.

272. Arrêt de cassation du 1er août 1860, qui modifie la jurisprudence antérieure, par application de la loi de 1857.

273. Arrêt de la Cour de Paris, du 15 mai 1863, qui applique la même règle, en se déclarant incompétente pour connaître d'une action dirigée contre la compagnie des chemins de fer russes. — Texte de l'arrêt.

274. Cet arrêt repousse aussi les conclusions subsidiaires prises contre les administrateurs français.

275. Sociétés *limitées* établies en Angleterre par acte du 14 juillet 1856.

276. Traité international entre la France et l'Angleterre, du 15 mai 1862.

277. Arrêt de la Cour de Rennes, du 20 juin 1862, qui se déclare incompétente pour connaître de la demande d'un Français contre une compagnie *limitée*.

278. Déplorables conséquences de l'arrêt de la Cour de Paris.

279. Il faut se hâter d'y remédier, en étendant à tout le monde commerçant le bénéfice de la loi faite pour la Belgique.

280. Pourvoi, dans l'intérêt de la loi, contre l'arrêt de Rennes. — Réquisitoire du procureur général. — Texte de l'arrêt qui casse. 19 mai 1863.

COMMENTAIRE.

266. Cet article déclare l'art. 463, Cod. pénal, applicable aux *faits* prévus par la présente loi.

Il y a évidemment ici un vice de rédaction qui doit être le résultat de l'inattention : cela tient à ce qu'on a reproduit la rédaction du projet primitif, sans s'apercevoir que cette rédaction ne s'appliquait qu'aux faits délictueux prévus par l'art. 28 à la fin duquel le paragraphe était placé.

Mais la pensée est aussi manifeste que l'erreur : il ne peut s'agir de tous les faits prévus par la loi, puisque ces faits ne constituent pas tous des délits, mais seulement de ceux qui peuvent être modifiés par l'art. 463 sur les circonstances atténuantes, c'est-à-dire de ceux qui donnent lieu à l'application de peines correctionnelles.

267. Cet article 463 a été remanié par la loi du 13 mai 1863.

Voici comment le dernier paragraphe a été modifié :

Si la peine prononcée par la loi, soit à raison de la nature du délit, soit à raison de l'état de récidive du prévenu, est un emprisonnement dont le minimum ne soit pas inférieur à un an, ou une amende dont le minimum ne soit pas inférieur à 500 fr., les tribunaux pourront réduire l'emprisonnement sans qu'en aucun cas il puisse être au-dessous des peines de simple police.

Cette disposition enlève aux tribunaux la faculté que leur avait conférée le Code pénal de 1810 et la loi de 1832, de réduire la peine à une simple amende; et les oblige, lorsque le minimum déterminé par la loi est d'une année, à ne pas abaisser la peine au-dessous de six jours d'emprisonnement.

---

268. En terminant ce commentaire, il nous paraît utile d'examiner une question grave qui, sans toucher directement à la loi commentée, s'y rattache cependant comme application et comme suite.

Nous voulons parler de la compétence des tribunaux français à l'égard des sociétés anonymes ou autres, fondées à l'étranger, pour les contestations auxquelles peuvent être mêlés les nationaux.

Nous avons, dans notre commentaire de l'art. 11 de la loi de 1856, établi la compétence des tribunaux français pour les pénalités encourues par les sociétés étrangères lorsque les infractions ont été commises en France. Mais il reste à rechercher si la justice française serait compétente pour statuer sur les débats purement civils, naissant des contrats ou quasi-contrats intervenus entre des Français et ces sociétés.

Cette question tire son opportunité des conventions diplomatiques et des décrets récents rendus sur la matière, et son intérêt grandit chaque jour avec le nombre toujours croissant de sociétés étrangères qui forment des établissements ou des succursales en France, après y avoir puisé le plus souvent les capitaux nécessaires à leur fonctionnement.

269. Un historique rapide de la question est nécessaire pour en faire comprendre les difficultés.

La jurisprudence avait généralement admis les sociétés anonymes étrangères à ester en justice en France, lorsqu'un arrêt des sections réunies de la Cour de cassation de Belgique, rendu en 1849, fixa en sens contraire la jurisprudence jusque-là incertaine de ce pays, en refusant aux sociétés anonymes françaises le droit de plaider en Belgique.

Les deux pays durent s'émouvoir des conséquences d'une pareille jurisprudence, et particulièrement la Belgique, qui pouvait être exposée à des représailles ; ce qui amena la convention annexée au traité de commerce du 27 février 1854, convention par laquelle le gouvernement belge s'engagea à présenter aux chambres, dans le délai d'un an, un projet de loi qui autoriserait les sociétés anonymes françaises à ester en justice en Belgique, conformément aux lois du pays, moyennant réciprocité de la part de la France.

270. Cette promesse a été accomplie par la loi belge du 14 mars 1855, dont l'art. 1er autorise les associations anonymes commerciales, industrielles ou financières françaises, à exercer tous leurs droits et à ester en justice en Belgique, toutes les fois que les associations de même nature, légalement établies en Belgique, jouiront des mêmes droits en France.

De son côté, la France dut provoquer une loi qui, plus immuable que la jurisprudence, réaliserait la condition de réciprocité imposée par la loi belge.

271. Cette loi, promulguée le 30 mai 1857, est ainsi conçue :

« Art. 1er. — Les sociétés anonymes et les autres associations commerciales industrielles ou financières, qui sont soumises à l'autorisation du gouvernement belge, et qui l'ont obtenue, peuvent exercer leurs droits et ester en justice en France, en se conformant aux lois de l'Empire.

« Art. 2. — Un décret impérial, rendu au Conseil d'État, peut appliquer à tous autres pays le bénéfice de l'art. 1er. »

Les dispositions de cette loi, et particulièrement l'art. 2, devaient amener cette conséquence malheureusement peu entrevue par ses auteurs, que la jurisprudence favorable qui admettait à ester en justice les sociétés étrangères, se verrait forcée de leur retirer ce bénéfice.

272. Et, en effet, la Cour de cassation, par un arrêt du 1er août 1860, modifiant sa jurisprudence antérieure, a décidé qu'une société anonyme suisse n'a pu actionner des Français en France, par application de la loi du 30 mars 1857 relative à la Belgique.

273. Et tout récemment, la Cour impériale de Paris, 1re chambre, par arrêt du 15 mai 1863, rendu conformément aux conclusions de M. Oscar de Vallée, avocat général, a appliqué le même principe à la compagnie des chemins de fer russes, assignée, en exécution de contrat, par des Français.

En voici les motifs remarquables :

« Considérant, en fait, que la compagnie des chemins de fer

russes n'a pas été autorisée à s'établir en France dans la forme prévue par la loi du 30 mai 1857 ;

« Considérant qu'avant cette loi, et d'après les principes généraux du droit, il pouvait être décidé que les sociétés anonymes régulièrement établies étaient admissibles à plaider en France, comme toutes les autres personnes civiles constituées dans leur pays ;

« Mais que la loi de 1857 a mis fin à un tel état de choses ; que, par ses dispositions, le législateur s'est déclaré implicitement contre le droit desdites sociétés d'ester en justice devant les tribunaux français ; qu'il a fait cette déclaration, soit en donnant aux sociétés belges une autorisation qui eût été inutile si la législation antérieure l'avait suffisamment conférée, soit et surtout, en décidant, par l'art. 2 de la loi, qu'un décret impérial pourrait appliquer à tous les autres pays le bénéfice de l'autorisation d'ester en justice ;

« Considérant qu'en présence d'une telle disposition de loi, les tribunaux qui aujourd'hui admettraient de plein droit à plaider devant eux les sociétés anonymes étrangères, commettraient un véritable empiétement sur l'autorité souveraine à laquelle a été réservé le droit exclusif de prononcer cette admissibilité ;

« Considérant qu'on ne peut se dissimuler les inconvénients de toute nature que présente l'existence de compagnies qui ont un conseil résidant à Paris, des actions cotées officiellement à la Bourse, et toute une existence publique et considérable en France, et qui se trouvent cependant en dehors de la juridiction des tribunaux du pays ; que c'est là une situation anormale et compromettante pour bien des intérêts français, mais qu'il n'appartient pas à l'autorité judiciaire d'y pourvoir. »

274. L'arrêt repousse aussi les conclusions subsidiaires des demandeurs dirigées contre les membres français du conseil d'administration de la société, par le motif qu'ils n'ont contracté qu'en cette qualité, et, qu'aux termes des statuts bien connus des demandeurs, ces administrateurs ne contractaient pas d'engagement personnel.

C'est ainsi qu'une loi, faite pour favoriser l'établissement en France des sociétés étrangères, a produit, par l'imprévoyance de ses dispositions, un résultat tout opposé.

Mais ce n'est pas tout, et, par une autre conséquence tirée de la même loi, on est allé jusqu'à dénier le droit d'ester en justice en France, à d'autres sociétés que les sociétés anonymes.

275. Un acte du 14 juillet 1856 a admis en Angleterre les sociétés *Limited*, qui sont constituées sous des formes analogues à la loi que nous venons de commenter.

Depuis le traité de commerce entre la France et l'Angleterre, un grand nombre de ces sociétés ont établi des succursales en France, et c'est même le principal motif qui a porté le Gouvernement français à introduire cette quatrième forme de société chez nous.

276. Un traité international du 15 mai 1862, devançant la nouvelle loi, « accorde à toutes les compagnies et autres « associations commerciales ou financières, constituées « ou autorisées suivant les lois particulières à l'un des « deux pays, la faculté d'exercer tous leurs droits, et « d'ester en justice devant les tribunaux, soit pour intenter « une action, soit pour y défendre, dans toute l'étendue « des États et possessions de l'autre puissance, sans autre « condition que de se conformer aux lois desdits États et « possessions. »

Le Gouvernement, dans l'exposé des motifs de la loi des sociétés à responsabilité limitée, déclare que l'effet de cette convention sera de permettre aux sociétés anglaises *Limited* d'avoir en France une existence légale, etc.

Hélas ! on avait oublié la malencontreuse loi de 1857, et compté sans elle !

277. Un arrêt de la Cour de Rennes du 20 juin 1862, 2e chambre, a dénié à un Français le droit d'appeler en garantie une compagnie anglo-française *Limited*, par des motifs que l'on retrouvera ci-après dans le réquisitoire du procureur général à la Cour de cassation.

Le motif de cet arrêt, fondé sur ce que la société *Limited* serait une sorte de société anonyme non autorisée en France, disparaît depuis la promulgation de la loi sur les sociétés à responsabilité limitée.

Mais, celui tiré de ce que la convention internationale de 1862 n'a pas été suivie du décret impérial rendu en Conseil d'État, exigé par l'art. **2** de la loi du 30 mars 1857, et qui doit la rendre obligatoire ; ce motif, disons-nous, quoique mal fondé à notre avis, ne manque pas de gravité, et il est à remarquer qu'il a été formulé malgré l'opinion contraire exprimée par le Gouvernement dans le projet de loi qui, antérieur de deux mois à l'arrêt rendu, n'a pas dû rester inconnu de la Cour de Rennes, ce qui ajoute à l'importance de sa décision.

A quelque solution qu'on s'attache de préférence, il suffit qu'il y ait divergence bien constatée entre le Gouvernement et la magistrature, pour qu'il y soit porté remède le plus promptement possible par un décret délibéré et promulgué conformément à la loi de 1857.

Ce décret rassurera les intérêts français et anglais engagés dans les sociétés *Limited*, et que l'arrêt de la Cour de Rennes a profondément alarmées.

Mais là ne doit pas se borner l'intervention du Gouvernement.

278. L'arrêt de la Cour de Paris, motivé dans le sens des remarquables conclusions de M. l'avocat général, appelle et réclame une autre satisfaction que la justice se déclare impuissante à donner. Nous assistons au séduisant spectacle de sociétés à capitaux considérables qui se constituent dans toutes les régions de l'Europe : en Angleterre, en Russie, en Turquie, en Allemagne, en Italie, en Hollande, en Suisse. Les capitaux français y concourent presque partout pour la plus grande part. — Le patrimoine de plusieurs milliers de familles françaises s'y trouve donc engagé. Rien ne les a empêchées d'y entrer, et aucune entrave n'a contrarié la formation de ces sociétés, qui ont pu valablement faire souscrire et encaisser les épargnes de la France. Ces sociétés ont aussi fait chez nous des milliers de contrats ; et, lorsque cette masse d'actionnaires et de contractants veulent s'adresser à la justice de leur pays pour réclamer l'exécution des obligations contractées par ces sociétés, on les repousse, et la justice refuse de les écouter, par application d'une loi spéciale faite pour protéger les sociétés anonymes voulant plaider en Belgique ! ! !

279. Singulière et déplorable inconséquence. — Puisque la loi est ainsi faite, il faut se hâter, sinon de supprimer cet article 2, siége et cause de tout le mal, ce qui éloignerait trop la satisfaction, mais au moins d'étendre, par décret, à tout le monde commerçant, le bénéfice de la loi restreinte à la Belgique. — Si l'on attend que la réciprocité ait été stipulée par des traités particuliers à chaque nation, on ajournera indéfiniment une réforme de la plus immédiate urgence. Il appartient à la France, ainsi qu'elle l'a fait par la loi du 14 juillet 1819, et plus récemment en matière de propriété littéraire, de devancer l'étranger dans la voie du bien, afin de forcer par un bel exemple les autres nations à nous suivre. Un décret du 22 juillet 1863, devançant nos réflexions, vient d'accorder au royaume des Pays-Bas la même faveur qu'à la Belgique et à l'Angleterre, pour ses sociétés anonymes et autres associations.

280. Nous avions écrit ces réflexions lorsque nous avons eu la satisfaction d'apprendre que, sur l'ordre de M. le garde des sceaux, un pourvoi dans l'intérêt de la loi avait été formé contre l'arrêt précité de la Cour de Rennes, et que cet arrêt avait été cassé par arrêt du 19 mai 1863.

La gravité des questions soulevées par le pourvoi nous porte à reproduire *in extenso* la réquisition de M. le procureur général Dupin, qui est un traité complet sur la matière, en même temps que l'arrêt rendu conformément à ces conclusions.

Réquisitoire de M. Dupin, procureur général.

Le procureur général impérial près la Cour de cassation expose que, agissant en vertu de l'art. 88 de la loi du 27 ventôse an VIII, et sur l'invitation de S. Exc. le garde des sceaux, il requiert, dans l'intérêt de la loi, l'annulation d'un arrêt rendu par la Cour de Rennes, le 26 juin 1862, dans les circonstances suivantes :

Une société anglo-française à responsabilité limitée, constituée en Angleterre, suivant acte public du 15 mars 1860, avait fondé à Saint-Gaudens (Haute-Garonne) un établissement pour la fabrication des porcelaines.

Au mois de janvier 1861, cette compagnie ayant refusé de prendre livraison à Bordeaux d'un chargement de terre que le sieur Chevaleau, négociant à Neuvy-sur-Loire, lui avait expédié de Nantes, par l'entremise des paquebots, dont le siége est à Nantes, la société des paquebots assigna le sieur Chevaleau devant le tribunal de commerce de cette ville, en paiement du prix de transport.

Appelée en garantie par Chevaleau, la compagnie anglo-française ne comparut point, et un jugement par défaut, du 8 avril 1861, la condamna à garantir, libérer et indemniser Chevaleau des condamnations prononcées contre lui au profit des paquebots de l'Ouest.

Le 10 octobre suivant, un jugement du même tribunal la débouta, faute de comparaître, de l'opposition formée par elle au jugement du 8 avril.

Appel de ces deux décisions fut interjeté par la compagnie anglo-française, qui en demanda l'annulation en se fondant sur ce qu'elle n'était point justiciable, même comme défenderesse, des tribunaux français, par la raison qu'elle n'avait pas été autorisée à ester en justice en France.

Sur cet appel, la Cour impériale de Rennes rendit l'arrêt dont voici les termes :

« Considérant, en droit, que la loi française ne reconnaît que trois espèces de sociétés de commerce proprement dites, et parfaitement distinctes entre elles : les sociétés en nom collectif, les sociétés en commandite et les sociétés anonymes, qui sont soumises à des formalités particulières ;

« Considérant que les sociétés anonymes françaises ne peuvent exister qu'avec l'autorisation du Gouvernement ;

« Considérant qu'aux termes de la loi du 30 mai 1857 et nonobstant l'art. 14 du Cod. Nap., qui ne concerne que les individus ou les personnes physiques, non les personnes civiles étrangères, les sociétés anonymes et toutes autres associations commerciales, industrielles ou financières établies en pays étranger, ne peuvent ester en justice en France que tout autant que, régulièrement constituées et autorisées par leur propre gouvernement, elles en ont obtenu la faculté du Gouvernement français par un décret impérial rendu en Conseil d'État ;

« Considérant en fait que la compagnie anglaise appelante, qui, d'après son titre et ses déclarations géminées et par un privilége qui n'appartiendrait même point aux sociétés françaises, aurait emprunté les éléments de sa constitution tout à la fois à la commandite et aux sociétés anonymes, ne justifie pas d'abord, par la représentation de ses statuts ou autres documents authentiques, de son existence légale en Angleterre, et que, dans tous les cas, elle n'a pas été autorisée soit d'une manière générale, soit d'une manière spéciale, à procéder en justice devant les tribunaux français ;

« Considérant que si une convention internationale, conclue le 30 avril 1862, entre la France et l'Angleterre, et publiée au *Bulletin des lois* le 17 mai suivant, a reconnu à toutes les compagnies et associations commerciales régulièrement constituées et autorisées dans l'un des deux pays à ester réciproquement en justice, soit en demandant, soit en défendant devant les tribunaux de l'un et de l'autre, il n'apparaît pas que cette convention, qui ne peut avoir d'effet jusqu'ici qu'entre les hautes parties contractantes, ait été suivie du décret impérial qui, aux termes de l'art. 2 de la loi du 30 mai 1857, doit la rendre obligatoire pour les citoyens et pour les Tribunaux ;

« Et que, d'un autre côté, cette convention postérieure à l'instance actuelle et aux faits qui y ont donné lieu ne saurait avoir d'effet rétroactif, particulièrement dans une procédure complète et terminée par jugement ;

« Considérant que, dans ces circonstances, la compagnie anglaise appelante, qui a son siége à Londres, n'a pu être valablement assignée même en garantie devant les tribunaux français, qui sont incompétents pour la juger, et que cette incompétence, qui tient aux pouvoirs mêmes et aux attributions de la magistrature et conséquemment à l'ordre public, n'a pu être couverte par le consentement des parties ou leurs conclusions au fond ;

« Considérant enfin que la possession par ladite compagnie d'un établissement à Saint-Gaudens n'a pu donner aux juges français, dans aucun ressort ni à aucun degré, un principe de juridiction envers une association qui n'a pas d'existence civile en France ;

« Considérant qu'en statuant comme il l'a fait, même par défaut, contre ladite compagnie, par les jugements appelés des 8 avril et 13 novembre 1861, le tribunal de commerce de Nantes a excédé ses pouvoirs, et que, par suite, lesdits jugements sont frappés d'une nullité radicale et absolue ;

« La Cour,

« Dit mal et incompétemment jugé ; bien appelé ;

« Met l'appellation et ce dont est appel au néant ;

« Déclare nuls et de nul effet envers la compagnie appelante les deux jugements appelés, qui seront, quant à elle, comme non avenus ; *renvoie l'intimé à se pourvoir comme il avisera.* »

Il résulte de la copie certifiée d'un exploit d'huissier que l'arrêt de la Cour de Rennes a été signifié au sieur Chevaleau, à la requête de la compagnie anglo-française établie à Saint-Gaudens, le 18 août 1862, et des renseignements pris au greffe de la Cour de cassation, qu'aucun pourvoi n'a été formé contre cet arrêt dans le délai légal.

M. le garde des sceaux, en nous transmettant avec les pièces l'expédition de l'arrêt de la Cour de Rennes, nous fait connaître l'intérêt, en quelque sorte d'ordre public, qui s'attache à cette affaire.

« M. le ministre des affaires étrangères, nous écrit Son Excellence, et comme lui M. le ministre du commerce, se sont émus de la doctrine que consacre cet arrêt, et je me suis convaincu, par la lecture des pièces ci-jointes, qu'il importe de faire en cette matière et dans l'intérêt de la loi rétablir les vrais principes par un arrêt de la Cour suprême. »

Nous pensons, avec S. Exc. le garde des sceaux et avec ses deux collègues, que l'arrêt de la Cour de Rennes est entaché de graves erreurs qui doivent le faire tomber sous la censure de la Cour suprême.

Discussion.

L'arrêt attaqué, en refusant de reconnaître la force exécutoire du traité du 30 avril 1862, a méconnu les principes constitutionnels qui régissent les traités passés entre la France et les nations alliées, et, sous ce rapport, il a commis une grave infraction, qui sera l'objet du principal moyen de cassation.

Mais, dans l'hypothèse même où s'est placée la Cour de Rennes, c'est-à-dire en admettant, contrairement aux vrais principes, que la convention du 30 avril ne fût pas obligatoire dans l'espèce qui lui était soumise, l'arrêt aurait encore méconnu un des principes les plus importants de notre droit civil et commis un véritable déni de justice : *Cette proposition formera l'objet d'un second moyen de cassation.*

Premier moyen de cassation.

« Violation de l'art. 6 de la Constitution du 14 janv. 1852 ;

« De l'art. 3 du sénatus-consulte du 30 décembre même année et de l'art. 11 du Code Napoléon ;

« Fausse application de la loi du 30 mai 1857 et violation de la convention internationale passée entre la France et l'Angleterre le 30 avril 1862, sanctionnée et promulguée le 17 mai même année. »

C'est sur la question de savoir si cette convention du 30 avril 1862 était applicable à la cause, que se concentre l'intérêt du pourvoi et que doit principalement porter la discussion.

Cette convention est conçue dans les termes les plus explicites :

« Les hautes parties contractantes déclarent reconnaître mutuellement à toutes les compagnies et autres associations commerciales, industrielles ou financières constituées et autorisées suivant les lois particulières à l'un des deux pays, la faculté d'exercer tous leurs droits et d'ester en justice devant les tribunaux, soit pour intenter une action, soit pour y défendre. »

La Cour de Rennes, par les motifs transcrits plus haut, a refusé, dans l'espèce, force obligatoire à cette convention.

Lorsqu'il s'agit de l'application des principes constitutionnels qui régissent les rapports de la France avec les autres puissances, c'est à la pensée gouvernementale qui a présidé au règlement de ces rapports qu'il appartient sans doute d'en préciser le sens et la véritable portée ; nous risquerions d'affaiblir les hautes et graves considérations par lesquelles M. le garde des sceaux justifie le premier moyen de cassation, si, au lieu de les reproduire exactement, nous prétendions y substituer d'autres développements.

Voici donc, sur ce point, le texte même de la lettre ministérielle :

« Aux yeux de la Cour de Rennes, ce traité, même après sa publication, en vertu du décret du 17 mai, n'aurait eu d'effet qu'entre les hautes parties contractantes (quel effet ?) parce qu'il n'a pas été suivi du décret impérial qui, aux termes de l'art. 2 de la loi du 30 mai 1857, doit le rendre obligatoire pour les citoyens et pour les tribunaux.

« Tout me paraît ici erreur et confusion :

« L'Empereur tient des art. 6 de la Constitution du 14 janvier 1852 et 3 du sénatus-consulte du 30 décembre suivant, combinés avec l'art. 11 du Code Napoléon, le pouvoir de régler par des traités les droits civils qui seront respectivement accordés aux sujets des puissances contractantes. C'est ainsi qu'ont été conclus en 1828 le traité avec la Suisse, en 1846 le traité avec le grand-duché de Bade, qui rendent les jugements exécutoires dans les États respectifs, sans autre formalité que le visa de l'agent diplomatique ; c'est ainsi encore que se contractent tous les jours les traités relatifs à l'extradition.

« Mais une condition essentielle est attachée à tous les traités, c'est celle de la réciprocité.

« Or, quel a été, en présence de cette prérogative constitutionnelle de l'Empereur, l'objet de la loi du 30 mai 1857 ?

« Pendant de longues années, les tribunaux d'un pays voisin, confiants dans la jurisprudence des tribunaux français, qui reconnaissaient aux sociétés anonymes belges le droit d'ester en justice, sans autre règle que celle de l'art. 14 du Code Napoléon, avaient admis sans difficulté les sociétés anonymes françaises à jouir du même privilége ; mais intervint, en 1849, un arrêt de la Cour de cassation de Belgique qui refusa aux compagnies françaises le droit qu'elle leur avait reconnu jusqu'alors. Et plus tard, une loi de 1855 leur accorda ce droit, mais sans condition de réciprocité.

« En vain on fit valoir que la jurisprudence française n'avait jamais dénié ce droit aux compagnies belges, les tribunaux de ce pays persistèrent à écarter toute action intentée par une compagnie anonyme française. Il fallut bien céder à ces exigences, et c'est alors qu'intervint la loi du 30 mai 1857.

« Elle a eu pour objet, dans son art. 1er, de donner aux tribunaux belges la satisfaction qu'ils demandaient, et de proclamer législativement le principe dont la jurisprudence ne leur paraissait pas être une garantie assez certaine.

« Puis, par son art. 2, elle a donné à l'Empereur le pouvoir qu'il n'avait pas, celui d'apprécier, dans l'intérêt du développement des affaires industrielles et des relations internationales, s'il était bon, même sans exiger la réciprocité, d'assurer aux compagnies étrangères, et sous forme de décret, le droit d'ester en justice et d'y poursuivre judiciairement l'exécution des conventions auxquelles elles étaient parties.

« Ainsi la loi de 1857 a élargi les pouvoirs du souverain, bien loin de les restreindre ; elle n'a voulu assurément lui enlever aucun des droits qu'il tenait de la constitution. Or, c'est là l'erreur dans laquelle est tombée la Cour de Rennes.

« Elle a confondu deux ordres de choses absolument différents : l'exercice du pouvoir de l'Empereur par la voie diplomatique au moyen de traités, et l'exercice de ce même pouvoir par la voie administrative au moyen de décrets. Elle n'a pas vu que le souverain était resté le maître de choisir, suivant les circonstances, la voie la plus simple et la mieux appropriée à la situation respective des Etats.

« M. le ministre des affaires étrangères explique très-bien dans sa lettre pour quels motifs, au regard des sociétés anglaises, la voie du traité a été préférée à celle

12.

ouverte par la loi de 1857. Je ne puis que m'en référer sur ce point à cette dépêche de mon collègue.

« En Angleterre, le nombre des sociétés soumises à l'approbation du gouvernement et très-restreint. La forme des sociétés à responsabilité limitée y domine.

« La loi de 1857 ne les comprenait pas dans ses dispositions, et d'ailleurs des difficultés d'application, en quelque sorte matérielles, se présentaient ; un traité pouvait facilement en triompher. Voilà pourquoi le traité du 30 avril 1862 a été signé ; sa rédaction, plus élastique, règle tous les droits et prévoit toutes les espèces. Il suffit de rapprocher son texte de celui de la loi de 1857 pour s'en convaincre ; le décret qui l'a promulgué lui a donné force exécutoire, et désormais, entre la France et l'Angleterre, c'est non plus la loi de 1857, mais le traité de 1862 qui doit servir de règle aux tribunaux. (Voir, sur ce point, une note de M. Duvergier, Collection des lois de 1862, p. 120.)

« Un fait assez singulier est d'ailleurs exposé par le rapport ci-joint de M. le procureur général près la Cour de Rennes, et ressort des conclusions signifiées par les parties devant cette Cour : c'est que la compagnie anglo-française elle-même ne plaidait point le système consacré par l'arrêt. Elle reconnaissait à la convention de 1862, promulguée par ce décret du 17 mai suivant, le caractère d'une loi applicable dans l'avenir ; mais elle prétendait qu'intervenue postérieurement à l'instance et même aux jugements rendus les 8 avril et 10 octobre 1861, déférés par appel à la Cour de Rennes, ce traité ne pouvait, par un effet rétroactif, lui être utilement opposé.

« On retrouve la trace de ce moyen dans le considérant suivant de l'arrêt : « Que, d'un autre côté, cette con-

« vention postérieure à l'instance actuelle et aux faits qui « y ont donné lieu ne saurait avoir d'effet rétroactif, par- « ticulièrement dans une procédure complète et terminée « par jugement. »

« Cette théorie, fût-elle vraie, ne saurait protéger l'arrêt.

« Premièrement, en effet, elle n'est que subsidiaire, et la Cour ne l'a relevée dans sa sentence et par une sorte de parenthèse qu'après avoir amplement développé la théorie contre laquelle je m'élève et dont, dans l'intérêt de la loi, il y a lieu de demander la condamnation à la Cour de cassation. En réalité, les deux motifs se confondent.

« Deuxièmement, mise en demeure par les conclusions prises au fond par toutes les parties, de statuer par voie d'évocation, elle s'y est refusée sans autre motif que celui de l'incompétence absolue des tribunaux français en pareille circonstance.

« Troisièmement, et cette objection me paraît péremptoire, décider que le traité de 1862 ne pouvait être appliqué sans violation du principe de non-rétroactivité, c'était placer les parties sous l'empire de la loi antérieure. Or, quelle était cette loi? D'après l'arrêt, c'était celle du 30 mai 1857, et c'est en réalité et toujours en vertu de cette loi qu'elle déclare l'action non recevable; de sorte que la Cour s'égare dans un cercle vicieux et que l'admission de ce moyen subsidiaire la ramène forcément à sa thèse principale, c'est-à-dire à l'application de la loi de 1857 à une compagnie étrangère, qui, par la nature de la constitution, ne lui était pas soumise, c'est-à-dire à une fausse application de cette loi. L'arrêt ne pourrait donc échapper par ce moyen à la cassation.

« Mais est-il vrai de dire que le principe de la non-rétroactivité des lois fût engagé ? En fait, d'abord le procès n'était point terminé, puisque les jugements de 1861 étaient susceptibles d'appel, et que c'était la compagnie anglaise elle-même qui, condamnée par les juges de première instance, relevait appel et saisissait les tribunaux non-seulement du moyen d'incompétence, mais même de ses conclusions au fond.

« Et d'ailleurs, est-ce ainsi qu'il faut entendre la loi de non-rétroactivité ? Sur quel principe repose-t-elle ? Sur le respect des droits acquis. Or, avant le traité de 1862, aucune loi n'interdisait aux Français de poursuivre en justice, pour l'exécution des obligations contractées en France, les sociétés anglaises à responsabilité limitée ; l'art. 14, Cod. Nap., sainement interprété par la jurisprudence, leur reconnaissait au contraire ce droit ; et s'il est démontré que la loi de 1857 n'était pas applicable à ces sociétés anglaises, il est évident que le traité de 1862, utile pour établir entre les deux pays la loi de la réciprocité, n'a fait que consacrer, pour les sociétés anglaises dans leurs rapports avec la France, un état de choses reconnu par une jurisprudence constante fondée sur l'art. 14, Cod. Nap. Dès lors, le traité n'a pu porter aucune atteinte aux droits acquis par ces sociétés, et il était loisible aux Français d'en invoquer le bénéfice, même au cours d'une instance commencée avant sa promulgation.

« Tels sont les motifs qui me paraissent devoir entraîner la cassation de l'arrêt de la Cour de Rennes ; cet arrêt a faussement appliqué la loi du 3 mai 1857, et il a méconnu les pouvoirs conférés au souverain par l'art. 6 de la Constitution du 14 janvier 1852.

« Il importe, dans une matière qui touche aux intérêts

les plus considérables et à la sûreté des rapports internationaux, de ne laisser aucun doute sur le sens et la portée de la loi de 1857 et du traité de 1862; jamais il ne parut plus opportun d'user des droits que l'art. 88 de la loi du 27 ventôse an VIII donne au ministre de la justice, de déférer à la Cour de cassation une décision entachée d'erreur et de nullité. »

Deuxième moyen de cassation.

1° Violation de l'art. 14 du Code Napoléon;

2° Déni de justice (art. 4 du Code Napoléon).

§ 1er. — *Violation de l'art. 14 du Code Napoléon.*

Par une dérogation nécessaire au principe que personne ne doit être distrait de ses juges naturels et à la règle *Actor sequitur forum rei*, l'art. 14 du Code Napoléon déclare « que l'étranger, même non résidant en France, pourra être cité devant les tribunaux français pour l'exécution des obligations par lui contractées en France avec un Français. »

Un principe d'intérêt général commandait cette dérogation. La loi française ne pouvait abandonner à l'appréciation de juges étrangers et peut-être à des dénis de justice les droits des Français qui auraient contracté en France avec des étrangers.

La Cour de Rennes a refusé de leur faire l'application de cette disposition à la cause qui lui était soumise.

S'est-elle fondée sur ce qu'il ne s'agissait pas dans l'espèce d'une obligation contractée par un étranger envers un Français, ou sur cette autre circonstance que cette obligation n'aurait pas été contractée en France?

Non ! Elle s'est fondée sur des motifs tout à fait distincts des conditions de l'art. 14.

Ces motifs se résument dans les trois arguments suivants :

1° L'art. 14 du Code Napoléon ne concerne que les individus ou les personnes physiques et non les personnes civiles étrangères ; et la société de Saint-Gaudens ne serait qu'une personne civile étrangère ;

2° Cette compagnie, qui ne justifiait pas d'ailleurs de son existence en Angleterre, n'ayant pas été autorisée légalement en France, les tribunaux français ne pouvaient avoir juridiction, nonobstant les termes de l'art. 14, sur une société dépourvue de toute existence ;

3° L'incompétence des tribunaux français étant dans ces circonstances d'ordre public, elle n'a pu être couverte par le consentement des parties ou leurs conclusions au fond.

Ces arguments sont tous trois entachés d'erreurs manifestes.

Reprenons-les successivement.

Premier argument de la Cour de Rennes.

« L'art. 14 du Code Napoléon ne concerne que les individus ou les personnes physiques, et non les personnes civiles étrangères. »

Où la Cour de Rennes a-t-elle puisé cette distinction ?

En lisant avec quelque attention cet art. 14, la Cour de Rennes aurait vu que son texte même repousse sa prétendue distinction.

En effet, l'art. 14 n'impose pas au Français qui a traité avec un étranger l'obligation de poursuivre l'étranger en France ; c'est une faculté que le législateur lui accorde et à laquelle il peut renoncer en poursuivant l'étranger dans son pays.

S'il choisit cette voie, il actionnera l'étranger, soit comme personne physique, soit comme personne civile ou morale.

Or, que fait l'art. 14? Modifie-t-il la qualité de la personne engagée envers les Français? En aucune façon, il ne fait que donner au Français le choix de la juridiction, soit étrangère, soit française.

Quant à l'étranger défendeur, il reste en France évidemment ce qu'il serait devant les tribunaux de son pays, une personne physique ou une personne morale, c'est-à-dire une société.

Telle est la véritable et la seule interprétation de l'article 14.

La même induction se tire de l'art. 15 du même Code; cet article, qui établit une juste réciprocité, a été conçu dans le même esprit que l'art. 14. Le droit que ce dernier article donne au Français qui a traité en France avec un étranger, l'art. 15 le donne à l'étranger qui a traité en pays étranger avec un Français.

Or, si le mot *étranger* dans l'art. 14 ne comprend que les personnes physiques et non les personnes civiles, par voie de conséquence un étranger qui aura traité en pays étranger avec le représentant avoué d'une société française, ne pourra, nonobstant les termes si explicites de l'art. 15, poursuivre cette société en France, puisque cette société sera, non une personne physique, mais une personne civile.

Au reste, la Cour suprême a proscrit, par un arrêt du 1er août 1860, que nous citons plus bas, cette distinction entre les personnes physiques étrangères comparaissant en justice et les sociétés étrangères personnes civiles ou morales.

Le premier argument de la Cour de Rennes est donc évidemment sans valeur.

Deuxième argument de la Cour de Rennes.

« Les tribunaux français ne peuvent avoir juridiction, nonobstant les termes de l'art. 14, sur une société non autorisée en France et par suite dépourvue de toute existence légale de France. »

Le système erroné de la Cour de Rennes reposant principalement sur cet argument, notre discussion pour le combattre et rétablir les vrais principes dans une matière aussi importante comportera quelques développements d'une certaine étendue.

Mais, avant de nous y livrer, nous devons appeler l'attention de la Cour sur ce point qu'il ne s'agissait pas d'une société anonyme proprement dite, mais d'une société à responsabilité limitée qui, en Angleterre, n'est soumise à aucune autorisation du Gouvernement.

La Cour de Rennes semble reconnaître elle-même que c'était là une société toute particulière, c'est-à-dire une compagnie qui, *d'après son titre et ses déclarations géminées et par un privilége qui n'appartient même pas aux sociétes françaises*, avait emprunté les éléments de sa constitution tout à la fois à la commandite et aux sociétés anonymes.

Cette société n'excipait pas de son défaut d'autorisation en Angleterre ; elle affirmait au contraire, d'après la loi anglaise, son existence légale en Angleterre.

Si donc la Cour suprême pensait qu'il est suffisamment constaté au procès que cette société n'est pas une société anonyme, mais une société ayant en Angleterre comme en France une existence légale, sans avoir besoin d'autorisation, tout le système de la Cour de Rennes croulerait faute de base, et son arrêt devrait être annulé par cette raison décisive.

Mais comme la Cour pourrait penser que l'arrêt de Rennes n'est pas assez explicite sur ce point et qu'il a raisonné comme s'il s'agissait dans l'espèce d'une société anonyme, nous allons discuter l'argument à ce point de vue et démontrer qu'il serait encore sans valeur et renfermerait une grave erreur judiciaire.

Une question identique, quant à l'application des principes généraux du droit, s'est présentée plusieurs fois devant les tribunaux en ce qui concerne les communautés religieuses non *légalement autorisées*.

Ces communautés, comme les sociétés anonymes, ne peuvent exister qu'autant qu'elles ont été autorisées par un décret impérial. Il suffit pour se convaincre que la question soulevée à l'égard des communautés religieuses défenderesses était bien celle que s'est posée la Cour de Rennes relativement aux sociétés étrangères non autorisées, de comparer le motif sur lequel se fonde cette Cour avec celui sur lequel s'appuyait le jugement du tribunal de la Seine, du 3 avril 1857, dans l'affaire Guerry.

« Attendu, porte ce jugement, qu'il s'agit dans l'espèce d'une congrégration religieuse dont l'établissement n'est pas autorisé; qu'elle n'a donc *aucun caractère légal;* que n'ayant pas d'existence civile, elle ne pourrait être reçue à former une action judiciaire et que par cela même elle ne peut être appelée *en justice ni conséquemment y être représentée*, etc. »

Cette doctrine a été énergiquement condamnée par la Cour suprême :

« Attendu qu'une communauté religieuse non autorisée, si elle n'a pas d'*existence légale* et si elle ne présente aucun des caractères d'une véritable *personne civile*, constitue cependant entre ceux qui ont concouru à sa formation une *société de fait*, nécessairement responsable vis-à-vis des *tiers*, des engagements par elle pris, soit que ces engagements résultent de *contrats* ou de *quasi-contrats*, soit à plus forte raison s'ils dérivent de *délits* ou de *quasi-délits*...; qu'autrement la communauté non autorisée, à raison même du vice de sa constitution et parce qu'elle se serait soustraite, contrairement au vœu de la loi, à la surveillance du Gouvernement, échapperait dans sa *personne collective* et dans les individualités dont elle se compose à toute action de la part des tiers engagés avec elle ou lésés par sa faute ; qu'elle obtiendrait ainsi des immunités à bon droit refusées aux sociétés régulièrement organisées ou aux communautés religieuses reconnues et qui se sont soumises à la tutelle de l'État ; qu'un privilége aussi exorbitant *blesserait également l'ordre public, la morale et la loi*, etc., etc. » (Arrêt du 30 décembre 1857, Sirey, 58, 1, 285.)

Toutes ces raisons ne s'appliquent-elles pas à l'action qui était intentée par un tiers contre la société anglo-française de Saint-Gaudens ? Ne constituait-elle pas, dans tous les cas, une *société de fait* nécessairement responsable vis-à-vis des tiers des engagements par elle pris, et par suite soumise pour le jugement à la juridiction des tribunaux français en conformité de l'art. 14 ?

Quoi de plus contraire à l'*ordre public*, à la *morale* et

à la loi, pour reprendre les paroles mêmes de la Cour suprême, que le système consacré par la Cour de Rennes ?

A-t-elle bien pu poser en principe, comme l'observe M. le garde des sceaux, « qu'une société étrangère même irrégulièrement constituée d'après la loi du pays où elle s'est formée, mais qui possède en France un établissement commercial important, des immeubles dans lesquels s'exerce son industrie, un représentant officiel qui traite avec les tiers, un administrateur dont les pouvoirs sont si bien définis, qu'il se nomme et se met en scène lorsqu'il croit nécessaire de faire valoir ses droits en justice, ne puisse être actionnée *comme défenderesse* et pour l'exécution, au moins sur les biens de France, des obligations commerciales qu'elle a contractées avec des Français ? »

Posons quelques hypothèses qui pourraient parfaitement se réaliser, et nous verrons ressortir plus éclatantes encore l'illégalité et l'immoralité du système que nous combattons.

Et d'abord, une compagnie établie comme celle de Saint-Gaudens, et dans les conditions relevées par M. le garde des sceaux, pourra, dans le système de la Cour de Rennes, se jouer impunément de ses engagements les plus sacrés, au mépris de ce principe d'éternelle justice que *nemo cum alterius detrimento locupletari debet,* elle pourra se refuser à payer même le *salaire* de ses ouvriers et de ses agents, qui s'adresseront vainement aux tribunaux du pays !

Un des préposés de la même compagnie commet un homicide par maladresse ou imprudence dans les fonctions qui lui ont été confiées ; il pourrait, aux termes de l'art. 319 du Code pénal, être puni d'un emprisonnement de trois mois à deux ans et d'une amende de 50 fr. à 600 fr.

Mais si une veuve, si des enfants plongés dans la misère par la mort d'un mari ou par celle d'un père, réclament de leur côté des dommages-intérêts en vertu du 3e § de l'art. 1384 du Code Napoléon contre cette société établie en France et riche d'immeubles et de capitaux, celle-ci leur répondra qu'elle n'est pas légalement autorisée en France ; que, par suite, elle ne peut être citée devant les tribunaux français comme civilement responsable des faits de ses préposés ? Et les tribunaux français, se fermant d'eux-mêmes devant la veuve et les orphelins auxquels ils doivent justice, consacreront cette étrange, cette inique prétention.

On ne peut évidemment échapper à ces conséquences inadmissibles qu'en appliquant aux sociétés de fait les principes que la Cour suprême a appliqués aux communautés religieuses non autorisées.

La loi et la jurisprudence commerciale contrediraient-elles cette doctrine de la Cour de cassation sur les sociétés de fait ?

Bien loin de là, elles la mettent au contraire en lumière.

Et d'abord, quant aux sociétés anonymes :

Ces sociétés, qui, aux termes de l'art. 37 du Code de commerce, n'existent légalement, comme les communautés religieuses, nous le rappelons, que par le décret impérial qui les autorise, constituent néanmoins, tant qu'elles n'ont pas été autorisées, de même que les communautés, *des societés de fait*, « nécessairement responsables vis-à-vis des tiers, des engagements pris par elles. »

La jurisprudence de la Cour suprême et des Cours impériales est tellement formelle sur ce point, qu'elle nous dispense de citer les auteurs, qui sont également unanimes.

Et non-seulement les sociétés anonymes non autorisées forment, jusqu'à leur liquidation, une *société de fait*, mais elles sont liées par leur contrat social et par leurs statuts.

C'est ce que la Cour a reconnu par des arrêts d'une date déjà très-ancienne et par d'autres tout à fait modernes.

« Attendu, lit-on dans un arrêt du 11 décembre 1823, au rapport de M. Rousseau, qu'il s'agissait d'une association commerciale (1), qui, *bien qu'elle n'ait pas été autorisée par le Gouvernement*, a eu néanmoins *une existence de fait ;* qu'une société, jusqu'à sa liquidation définitive, demeure gouvernée par les principes et les lois qui régissent le contrat social ; qu'ainsi les intérêts ont pu être fixés à 6 p. 100, etc., etc. »

« Attendu, porte un autre arrêt de la même Cour, que l'arrêt déclare, en fait, que toutes les clauses de l'acte d'association lui impriment le caractère d'une société anonyme qui, quoiqu'elle n'ait pas existé légalement, *faute d'avoir été approuvée par le Gouvernement*, n'en croyait pas moins être exécutée entre les associés, etc. (Arrêt du 21 juin 1826, chambre des requêtes). »

Les mêmes principes se retrouvent dans un arrêt de la chambre civile du 20 août 1859 :

« Attendu que l'arrêt attaqué, loin de décider qu'en cas de nullité d'une société anonyme pour défaut d'autorisation du Gouvernement, les rapports d'intérêts nés de *l'association de fait*, ayant existé entre les parties, ne devaient pas être réglés d'après leurs conventions, *a recherché au contraire quelles étaient les conventions*, etc. »

(1) C'était une compagnie d'assurance contre l'incendie, qui s'était formée à Paris.

On peut voir dans le même sens des arrêts de la même Cour qui jugent : 1° que l'acte renfermant un projet de statuts d'une société anonyme, bien que non encore approuvée par le Conseil d'État, n'en est pas moins soumis au droit d'enregistrement établi pour les actes de société (arrêt du 13 mai 1859 ; Sirey, 59, 1, 695) ; 2° des arrêts des 19 mars et 13 mai 1862, qui décident que, lorsque des sociétés qui ont fonctionné pendant un certain temps sont annulées, il peut y avoir lieu à régler les conséquences de l'association ou *communauté de fait* qui a existé antérieurement à l'annulation demandée ou prononcée (Sirey, 62, 1, 285).

Quant aux sociétés en nom collectif, la même doctrine repose même sur un texte formel : « Ces formalités seront observées, dit l'art. 42, à *peine de nullité,* à l'égard des intéressés, mais le défaut d'aucune d'elles ne pourra être opposé à *des tiers* par les associés. »

L'assimilation des sociétés anonymes non autorisées avec les communautés religieuses dépourvues également de l'autorisation du Gouvernement est donc complète, et si le défaut d'autorisation n'a pu, bien qu'elles n'existassent pas légalement, empêcher de les traduire en justice, il doit en être de même pour une société étrangère citée en conformité de l'art. 14 du Code Napoléon.

Nous ne pouvons nous dispenser d'examiner, en finissant, un arrêt récent de la chambre des requêtes du 1er août 1860, qui touche par plusieurs points à la question qui nous occupe.

Cet arrêt juge que les sociétés anonymes étrangères, quoique régulièrement constituées dans le pays où elles ont leur siége, ne sont pas recevables à exciper de la disposition de l'art. 15, Cod. Nap., pour ester en France, si elles n'ont pas été autorisées par le gouvernement français.

Mais une différence capitale existe entre l'espèce de cet arrêt et l'espèce qui était soumise à la Cour de Rennes.

Dans l'espèce de l'arrêt de la Cour de Rennes, la société étrangère actionnée par le demandeur français, en conformité de l'art. 14 Cod. Nap., était *défenderesse*.

Dans l'espèce de l'arrêt du 1er août 1860, la société franco-suisse actionnait un Français, en vertu du droit qu'elle prétendait puiser dans l'art. 15 Cod. Nap. : elle était donc *demanderesse*.

Or, le principe qui a présidé à la rédaction de l'art. 14 n'est pas entièrement le même que celui qui a dicté l'article 15.

Dans l'art. 14, le législateur ne donne pas un droit au Français, car le droit à la justice du pays lui appartient par cela seul qu'il est Français ; c'est une dette de la souveraineté française envers lui ; l'art. 14 ne fait autre chose qu'enlever à l'étranger, dans un intérêt de protection pour les sujets français, une exception d'incompétence qu'il aurait pu puiser dans sa qualité d'etranger.

Dans l'art. 15, au contraire, le législateur, en ouvrant à l'étranger les tribunaux français, lui accorde véritablement un droit qu'il n'avait pas, car la souveraineté française ne doit pas la justice aux étrangers ; on comprend dès lors que l'exercice de ce droit soit subordonné à certaines conditions ; que le Français poursuivi par l'étranger ait le droit de lui dire : Mais qui êtes-vous ? existez-vous réellement en France ? Si je plaide avec vous et si vous perdez, me trouverai-je en face d'une personne civile ou seulement d'un fantôme ?

Mais ce langage, comprendrait-on qu'un étranger,

qu'une société étrangère établie en France, y ayant son siége, ses relations, y possédant des immeubles comme la société de Saint-Gaudens, cette société vînt exciper devant les tribunaux français de son incapacité, de la faute qu'elle a commise en n'observant pas les règlements que la loi française lui impose, pour obliger les tribunaux français à repousser un regnicole et à lui refuser la justice qui lui est due en sa qualité de Français?

Ne serait-ce pas tourner contre le Français les garanties mêmes que la loi a prises en sa faveur, ainsi que le reconnaît l'arrêt du 1er août 1860 :

« Attendu que la disposition de l'art. 37 Cod. comm. a pour but de protéger les regnicoles contre les dangers d'entreprises hasardeuses et mal conduites, etc., etc. »

L'application que la Chambre des requêtes a refusé de faire de l'art. 15 Cod. Nap. à une société anonyme étrangère non autorisée en France, mais demanderesse, laisse donc entière la thèse que nous avons établie quant aux mêmes sociétés défenderesses soumises aux prescriptions de l'art. 14 même Code.

Troisième argument de l'arrêt attaqué.

« L'incompétence des tribunaux français étant dans ces circonstances d'ordre public, cette incompétence n'a pu être couverte par le consentement des parties ou leurs conclusions au fond. »

C'est en effet un principe hors de toute discussion que le juge français peut refuser de connaître d'une contestation entre étrangers, lors même que ceux-ci consentent à être jugés par lui ; la raison en est que les tribunaux français, « *institués pour rendre la justice aux Français* peuvent, sauf les cas particuliers autorisés par la loi, s'abstenir de la connaissance des contestations qui s'élèvent entre les étrangers, et cela lors même que ceux-ci par leur consentement formel, se soumettraient à leur juridiction, puisque l'on ne peut, l'on ne doit imposer aux juges francais, par la volonté des plaideurs étrangers, l'obligation de juger qu'ils ne tiennent pas de la loi » (Arrêt de la Cour suprême, du 2 avril 1833, Sir. 33. 1, 435).

Mais lorsqu'il s'agit d'un Français actionnant, pour une obligation contractée envers lui en France, un étranger, comment le juge français pourrait-il repousser le consentement de l'étranger et refuser *d'office* justice au Français à qui il la doit.

Nous ne connaissons qu'un seul cas où les Tribunaux français puissent et même doivent se dispenser de connaître d'une contestation relative à une obligation contractée en France par un étranger envers un Français; c'est lorsque cet étranger est un *Etat étranger* ayant contracté par un de ses représentants en France une obligation envers un Français; mais la Cour suprême a déduit les motifs de cette exception à l'article 14, dans son célèbre arrêt du 22 janvier 1849.

Tous ces motifs se résument dans cette grande considération « *que l'indépendance réciproque des États* est l'un des principes les plus universellement reconnus du droit des gens, et que de ce principe il résulte qu'un Gouvernement ne peut être soumis, pour des engagements qu'il contracte, à la juridiction d'un État étranger. »

En quoi l'affaire dont il s'agit se rattachait-elle au droit public ou au droit des gens?

En quoi l'indépendance de la nation anglaise se trouve-t-elle compromise par le jugement qu'un Tribunal français était appelé à porter sur des intérêts purement privés, qui allaient se débattre entre un Français et une société anglaise ?

Cette prétention d'ajouter à la juridiction française en invoquant le droit des gens, lorsqu'il s'agit d'une obligation contractée par un étranger envers un Français, n'a jamais été admise par les auteurs ni par les Cours souveraines.

Ainsi le bateau à vapeur le *Phénix*, appartenant à une Compagnie française, ayant été, par suite d'un abordage accidentel, coulé bas dans les eaux d'Angleterre par le steamer anglais le *Britannia*, la Compagnie française cita la Compagnie anglaise devant le Tribunal de commerce du Havre pour la faire condamner à payer la somme de 700,000 francs, montant de l'estimation du *Phénix*.

La Compagnie anglaise proposa un déclinatoire fondé sur l'incompétence des Tribunaux français.

Ce déclinatoire fut repoussé par le Tribunal du Havre, et, sur l'appel, par la Cour de Rouen (arrêt du 6 février 1841, Sir. 41, 11, 129), il y eut pourvoi qui fut rejeté par la Cour de cassation, en ces termes :

« Attendu que cette affaire, où il ne s'agit que *d'intérêts privés*, est régie non par les principes généraux du droit des gens, mais par les règles positives du Droit civil français, etc., etc. » (arrêt du 13 octobre 1842, Chambre des requêtes. — Sir. 43, 1, 16).

Ainsi les trois arguments dans lesquels se résume tout le système de la Cour de Rennes, sur le point qui nous occupe, ne sauraient soutenir un examen sérieux, et la violation de l'article 14 du Code Napoléon nous paraît rigouvernement démontrée.

§ 2. — *Déni de justice.*

La Cour de Rennes, après avoir déclaré qu'aucune des dispositions des lois et traités invoqués n'avait pu donner, *dans aucun ressort ni à aucun degré*, juridiction aux Tribunaux français pour statuer sur l'affaire qui lui était soumise, et déclaré, par suite, son incompétence absolue et radicale, renvoie le demandeur *à se pourvoir comme il avisera.*

En statuant ainsi, la Cour de Rennes a commis un déni de justice.

La première dette de la souveraineté envers les citoyens est la justice. C'est pour les magistrats préposés par le souverain pour la distribuer en son nom un devoir si impérieux, que leur refus est érigé en délit par l'art. 485 du Code pénal.

Est-ce à dire que les juges n'ont pas le droit de se refuser à juger s'ils reconnaissent qu'ils sont incompétents? Assurément non.

Les magistrats n'ont mission de juger que les contestations que la loi a placées dans leurs attributions.

S'ils reconnaissent que le litige ne rentre pas en effet dans leurs attributions, soit parce qu'ils ne sont pas les juges du domicile du défendeur, soit parce que, juges civils, on les a saisis d'une affaire commerciale ou d'une affaire correctionnelle, ils pourront et devront même se déclarer incompétents.

Mais, dans ce cas, le justiciable n'en éprouve aucun dommage; il suffira, pour qu'il obtienne justice, qu'il s'adresse au juge compétent.

Et si le nouveau Tribunal, saisi par suite de la déclaration d'incompétence du premier Tribunal, se déclarait lui-même incompétent, il n'y aurait pas encore déni de justice, lors même que les deux décisions seraient passées en force de chose jugée, car la Cour suprême, saisie par voie de règlement de juges, annulant dans ce cas l'une des décisions par laquelle le juge aurait à tort déclaré son incompétence, déterminerait elle-même cette incompétence et, renvoyant devant la juridiction qu'elle reconnaîtrait devoir connaître de l'affaire, rendrait ainsi à la justice son cours interrompu.

Est-ce ainsi qu'a procédé dans l'espèce la Cour de Rennes? S'est-elle déclarée incompétente parce qu'une autre juridiction était appelée par la loi à connaître de l'affaire?

Non, elle se déclare incompétente, parce qu'elle dénie juridiction au Tribunaux français pour statuer sur l'affaire *dans aucun ressort ni à aucun degré.* Ainsi la Cour de Rennes ferme à un Français réclamant justice en France, les portes des Tribunaux français. Elle tombe ainsi dans la faute que l'article 4 du Code Napoléon érige en délit.

Elle refuse de juger, sous prétexte de l'insuffisance de l'article 14, qui ne comprendrait pas, selon elle, les sociétés étrangères parmi les personnes qu'il est permis au Français de poursuivre en France.

Elle refuse encore de juger, sous prétexte de l'insuffisance du même article, en ce qu'il ne s'étendrait pas à une société étrangère non autorisée en France, lorsqu'elle aurait dû, par voie d'interprétation doctrinale, comme l'a fait la Cour de cassation à l'égard des communautés religieuses non autorisées, décider qu'il suffit que des sociétés de cette nature soient établies en France, y possèdent un établissement et forment ainsi une personnalité certaine et saisissable pour fournir matière à une assignation et devenir l'objet d'une poursuite.

Le renvoi du demandeur à se pourvoir *comme il avisera*, qui termine l'arrêt, fait-il disparaître le déni de justice ?

Mais ce renvoi le fait ressortir, au contraire, car il est dérisoire.

La Cour n'a pu entendre renvoyer le demandeur à se pourvoir en France, puisqu'elle déclare qu'aucune juridiction, dans aucun ressort ni à aucun degré, ne lui est ouverte en France.

A-t-elle entendu le renvoyer devant les Tribunaux anglais ?

Mais si les Tribunaux français sont institués pour rendre la justice aux nationaux, les Tribunaux étrangers sont également institués dans les mêmes conditions, et s'il leur plaît de se déclarer incompétents, le Français subira encore un déni de justice contre lequel tout moyen de recours lui sera fermé ?

Et, en admettant même qu'il obtienne justice des Tribunaux étrangers, il lui devient impossible, en présence de la doctrine de l'arrêt de la Cour de Rennes, de ramener le jugement à exécution en France.

En effet, il est de principe et de jurisprudence que les jugements étrangers ne peuvent être mis à exécution en France qu'autant qu'ils ont été révisés contradictoirement.

Le Français demandeur serait donc obligé, pour obtenir cette révision, d'assigner en France la société étrangère, qui ne manquerait pas sur cette instance d'exciper de son défaut d'autorisation et de son incapacité de se faire représenter en France conformément à la jurisprudence de la Cour de Rennes.

Le déni de justice existe donc dans toutes les hypothèses.

Dans ces circonstances et par ces considérations :

Vu la lettre de S. Exc. le garde des sceaux, en date du 28 novembre 1862 ;

L'art. 88 de la loi du 27 ventôse an VIII, la loi du 30 mai 1857, la convention internationale du 30 avril 1862, publiée le 17 mai suivant :

Vu les art. 4 et 14 du Code Napoléon,

Vu enfin toutes les pièces du procès,

Nous requérons pour l'Empereur, qu'il plaise à la Cour casser et annuler, dans l'intérêt de la loi, l'arrêt dénoncé, et ordonner qu'à la diligence du procureur général, l'arrêt à intervenir sera imprimé et transcrit sur les registres de la Cour impériale de Rennes.

Fait au parquet, le 9 février 1863.

Le procureur général,
DUPIN.

La cause ayant été portée à l'audience publique de la chambre civile, le mardi 19 mai 1863, la Cour, après avoir entendu M. le conseiller FAUCONNEAU-DUFRESNE en son rapport, et le procureur général en ses réquisitions et conclusions, et après en avoir immédiatement délibéré, a rendu l'arrêt suivant :

La Cour,

Vu le réquisitoire ci-dessus et l'art. 88 de la loi du 27 ventôse an VIII ;

Vu aussi la convention internationale du 30 avril 1862, l'art. 2 de la loi du 30 mai 1857, les art. 14 et 4 du Code Napoléon ;

Sur le premier moyen :

Attendu que la convention conclue entre la France et l'Angleterre le 30 avril 1862, sanctionnée et promulguée le 17 mai suivant, est devenue exécutoire en France par le fait de cette promulgation et, par suite, obligatoire pour les citoyens et les tribunaux français à partir de la même époque; qu'il n'importe qu'elle n'ait pas été suivie du décret mentionné en l'art. 8 de la loi du 30 mai 1857; qu'en effet, cette loi spéciale ne peut s'appliquer que dans les cas pour lesquels elle a été faite, c'est-à-dire lorsque l'Empereur, usant du pouvoir qu'elle lui confère, estime qu'il y a lieu d'autoriser administrativement et par décret les sociétés anonymes commerciales, industrielles et financières d'un pays étranger, à exercer leurs droits et à ester en justice en France, mais non pas lorsque, comme dans le cas de la convention du 30 avril 1862, il règle, en vertu de sa prérogative constitutionnelle, avec un souverain étranger, par voie diplomatique et au moyen d'un traité, quels seront les droits civils dont jouiront à l'avenir et réciproquement les sujets des puissances contractantes;

D'où il suit qu'en refusant d'appliquer dans le litige qui lui était soumis la convention internationale du 30 avril 1862, sous le prétexte qu'elle n'avait pas été suivie du décret mentionné en l'art. 2 de la loi du 30 mai 1857, l'arrêt dénoncé a violé et faussement appliqué la convention et l'art. 2 de la loi ci-dessus visés;

Sur le deuxième moyen:

Attendu qu'aux termes de l'art. 14 du Code Napoléon, les tribunaux français sont compétents pour connaître des obligations contractées en France par des étrangers envers des Français; que cette disposition, dans sa généralité, s'applique aussi bien aux personnes physiques qu'aux personnes morales, aux individus qu'aux sociétés; qu'en admettant que la société anglo-française, *défenderesse* dans la cause, dût être considérée comme une société anonyme en justifiant de l'autorisation qui lui serait nécessaire pour avoir une existence légale en France, elle n'aurait pas cessé, comme association de fait, d'y être responsable de ses engagements envers les Français avec lesquels elle aurait contracté et, par suite, de rester nécessairement soumise, quant aux obligations résultant de ses engagements, à la juridiction des tribunaux français; qu'il n'a été ni expressément ni implicitement dérogé à ces principes par la loi du 30 mai 1857;

Qu'ainsi, et alors même que la convention du 30 avril 1862 n'aurait pas été applicable dans la cause, la Cour impériale de Rennes, en refusant de connaître de la demande de Chevaleau, citoyen français, contre la compagnie anglo-française de Saint-Gaudens, et en déclarant, en outre, qu'aucun tribunal en France n'était compétent, à quelque degré que ce fût, pour statuer sur un tel litige, aurait encore violé l'art. 14 du Code Napoléon ci-dessus visé, et commis un déni de justice;

Par ces motifs,

Casse et annule, dans l'intérêt de la loi seulement, l'arrêt rendu par la Cour impériale de Rennes, le 26 juin 1862; ordonne que le présent arrêt sera imprimé et transcrit sur les registres de la Cour impériale de Rennes, à la diligence du procureur général près la Cour de cassation;

Ainsi jugé et prononcé à l'audience publique de la Cour de cassation, chambre civile, le mardi 19 mai 1863.

FORMULE-TYPE.

ACTE DE SOCIÉTÉ A RESPONSABILITÉ LIMITÉE.

Par devant M^{e}...,

Ont comparu :

MM.

Lesquels ont dit que, par décret impérial en date du , M. , l'un d'eux, a été autorisé, tant en son nom personnel, qu'au nom des autres comparants, co-propriétaires de terrains, situés à , à établir et exploiter sur lesdits terrains, en se conformant aux lois et décrets sur la matière, des magasins généraux, avec salles de ventes publiques, conformément au plan annexé audit décret;

Que l'intention des comparants est de fonder une *société à responsabilité limitée* pour les constructions à faire sur lesdits terrains, et leur appropriation à l'établissement des magasins généraux dont l'exploitation sera faite par la société, conformément au décret d'autorisation.

Pourquoi ils ont dressé, ainsi qu'il suit, les statuts de ladite société, qui ne deviendra définitive qu'après l'accomplissement de toutes les conditions prescrites par la loi du 23 mai 1863.

TITRE Ier.

FORMATION ET OBJET DE LA SOCIÉTÉ. — DÉNOMINATION. — SIÉGE. — DURÉE.

ART. 1er.

Il est formé, entre les comparants et tous les propriétaires des actions ci-après créées, une société à responsabilité limitée, ayant pour objet :

1° La construction et l'exploitation, selon les conditions prévues par la loi, des magasins généraux, entrepôts, salles de vente, autorisés par le décret du ;

2° La vente ou la location de la partie des terrains qui seront ci-après apportés à la société, et qui ne seraient pas nécessaires à l'établissement et à l'exploitation des magasins généraux; ou de tous autres terrains dont la société pourrait devenir propriétaire par voie d'échange.

ART. 2.

La société, outre son titre légal de société à responsabilité limitée, prend la dénomination de Compagnie des magasins généraux de .

ART. 3.

Cette société a son siége à Paris.

ART. 4.

La durée de la société est fixée à 40 ans, qui commencent à courir du jour de sa constitution définitive, sauf les cas de dissolution anticipée ou de prorogation ci-après prévus.

ART. 5.

La constitution définitive de la société n'aura lieu qu'après la souscription de la totalité des actions en numéraire, ci-après émises, et le versement du quart desdites actions; qu'après l'approbation, par l'assemblée générale, de la valeur des apports, et la nomination et l'acceptation des membres devant composer le Conseil d'administration, et des commissaires; le tout, conformément aux art. 4, 5 et 6 de la loi du 23 mai 1863. Jusque-là, la société n'est que provisoire, et les engagements des comparants et des souscripteurs sont purement conditionnels.

TITRE II.

APPORT.

Art. 6.

Les comparants apportent à la société :

1° Les terrains ;

(Description exacte. — Établissement de propriété.)

2° Le droit résultant du décret du , autorisant l'établissement des magasins généraux, et leur exploitation aux clauses et conditions énoncées audit décret ;

3° Les travaux d'études, plans et documents que les parties ont fait dresser en vue de la présente société.

Conditions de l'apport :

Le prix des terrains, celui des plans et travaux, et les autres avantages résultant de l'autorisation, sont fixés à la somme de 3 millions, payables en actions libérées, que les comparants se partageront entre eux dans les proportions qui leur conviendront. — Cette estimation sera soumise à l'assemblée générale délibérant dans les conditions et les formes de l'art. 5 de la loi du 23 mai 1863. — Si les parties ne pouvaient s'entendre, lors de la seconde réunion prescrite par ledit article, les présentes seraient considérées comme non avenues.

TITRE III.

FONDS SOCIAL. — ACTIONS.

Art. 7.

Le fonds social se compose :

1° De 6,000 actions libérées, et représentant les biens, valeurs et apports énumérés dans l'art. 6 ;

2° D'une somme de 2 millions à provenir des souscriptions de 4,000 actions qui seront émises au prix de 500 fr. l'une.

Ensemble 10,000 actions donnant droit chacune à un dix-millième de l'actif social et de ses produits.

ART. 8.

Ces actions seront délivrées, savoir :

Les 6,000, représentant l'apport, après la mise en possession des terrains cédés à la société, et l'accomplissement des formalités de la purge.

Les 4,000 actions de capital, après le versement des deux cinquièmes. Jusque-là, des certificats provisoires, constatant les versements, seront remis aux souscripteurs, pour être échangés contre des titres définitifs.

ART. 9.

Chaque souscripteur reste responsable du montant total des actions par lui souscrites. Il ne pourra, sous aucun prétexte, être soumis à aucun autre versement.

ART. 10.

Les titres provisoires et les titres définitifs sont extraits d'un registre à souche, frappés du timbre sec de la société, et revêtus de la signature de deux administrateurs ou d'un administrateur et d'un employé délégué à cet effet par le Conseil d'administration.

ART. 11.

Les titres sont nominatifs jusqu'à paiement intégral des actions. Leur négociation ne peut avoir lieu avant le versement des deux cinquièmes. — La négociation s'opère par un transfert sur les registres de la société, signé par le cédant et le cessionnaire, et l'un des administrateurs. — Mention de ce transfert est faite sur le titre.

ART. 12.

Après leur libération, les actions sont nominatives ou au porteur, au choix de l'ayant droit. — Dans le premier cas, la cession s'opère comme il a été dit art. 11. — Dans le second cas, elle s'opère par la simple tradition du titre.

ART. 13.

Le Conseil d'administration pourra autoriser le dépôt et la

conservation des titres dans la caisse sociale ; il déterminera la forme des certificats de dépôt ; le mode de leur délivrance ; les frais auxquels le dépôt pourra être assujetti, et les garanties dont l'exécution de cette mesure doit être entourée dans l'intérêt de la société et des actionnaires.

Art. 14.

Les droits et obligations attachés à l'action suivent le titre dans quelques mains qu'il passe. — La possession de l'action emporte de plein droit adhésion aux statuts.

Art. 15.

Toute action est indivisible à l'égard de la société qui n'en reconnaît aucun fractionnement. Tous les co-propriétaires indivis d'une action sont tenus de se faire représenter auprès de la société par une seule et même personne.

Les héritiers ou ayants cause d'un actionnaire ne peuvent, pour quelque motif que ce soit, provoquer l'apposition des scellés sur les biens et valeurs de la société, ni s'immiscer, en aucune manière, dans son administration ; ils doivent, pour l'exercice de leurs droits, s'en rapporter aux inventaires sociaux et aux délibérations de l'assemblée générale.

Art. 16.

En cas de perte d'un titre nominatif, la Compagnie ne peut être tenue d'en délivrer un nouveau, que moyennant caution, conformément aux art. 151, 152 et 155 Cod. com.

Le nouveau titre sera délivré trois mois seulement après que la déclaration de perte aura été insérée dans deux journaux d'annonces légales.

TITRE IV.

COMPTES ANNUELS. — DIVIDENDES. — FONDS DE RÉSERVE. — AMORTISSEMENT.

Art. 17.

Il sera dressé, au 31 décembre de chaque année, un inventaire général de l'actif et du passif de la société. Cet inventaire sera soumis à l'assemblée générale des actionnaires dans sa réunion annuelle.

ART. 18.

Les produits de l'entreprise serviront à acquitter les dépenses d'entretien et d'exploitation, les frais d'administration, l'intérêt et l'amortissement des emprunts, s'il en avait été contracté, et généralement toutes les charges sociales.

ART. 19.

Après l'acquittement des charges mentionnées dans l'article précédent, il sera opéré, chaque année, un prélèvement destiné à constituer un fonds de réserve pour les dépenses extraordinaires ou imprévues, ce prélèvement ne pourra être inférieur au vingtième des bénéfices nets.

Lorsque la réserve aura atteint le chiffre de 500,000 francs, le prélèvement pourra être suspendu ; il reprendra son cours aussitôt que le fonds de réserve sera descendu au-dessous de ce chiffre.

ART. 20.

Le paiement des dividendes se fait annuellement aux époques fixées par le Conseil d'administration.

Dans le cas où il résulterait des comptes arrêtés au 30 juin de chaque année, que la situation des affaires et les bénéfices acquis permettent la distribution d'un dividende provisoire, une première répartition pourra avoir lieu sur le dividende annuel, en vertu d'une décision de l'assemblée générale, convoquée spécialement à cet effet.

Tout dividende qui n'est pas réclamé dans les cinq ans de son exigibilité est acquis à la société, conformément à l'article 2277, Cod. Nap.

TITRE V.

CONSEIL D'ADMINISTRATION.

ART. 21.

La société est administrée par un conseil d'administration de 11 membres.

ART. 22

Chaque administrateur doit être propriétaire de cinquante actions.

Ces actions sont affectées à la garantie de la gestion ; elles sont nominatives, inaliénables ; frappées d'un timbre indiquant l'inaliénabilité, et déposées dans la caisse sociale.

ART. 23.

Les administrateurs sont nommés par l'assemblée générale, au scrutin individuel et secret.

La première nomination des administrateurs aura lieu dans la première assemblée générale qui suivra la vérification des apports et après l'accomplissement des conditions de souscription des actions et de versement du quart du capital.

Le procès-verbal de la séance constate l'acceptation des administrateurs présents à l'assemblée, conformément à l'art. 6 de la loi du 23 mai 1863.

ART. 24.

Les fonctions des administrateurs durent six ans ; ils sont rééligibles. Leur remplacement s'opère, dans l'ordre fixé par un tirage au sort qui a lieu dans l'assemblée générale ordinaire, et à raison de deux administrateurs par an.

ART. 25.

En cas de décès, démission ou empêchement d'un membre du conseil d'administration, il est pourvu à son remplacement par l'assemblée générale.

Toutefois, si le nombre des administrateurs se trouvait réduit au-dessous de 8, dans l'intervalle de deux assemblées générales, il serait pourvu provisoirement, par le conseil d'administration, aux nominations nécessaires pour que le nombre des membres du conseil soit maintenu à 8.

L'assemblée générale, lors de sa première réunion, procède à l'élection définitive.

L'administrateur ainsi nommé en remplacement d'un autre, ne reste en exercice que jusqu'à l'époque où doivent expirer les fonctions de celui qu'il remplace.

ART. 26.

Chaque année, le conseil nomme parmi ses membres un président et un vice-président.

En cas d'absence du président et du vice-président, le conseil désigne, pour chaque séance, celui des membres présents qui doit en remplir les fonctions.

Le président et le vice-président peuvent toujours être réélus.

ART. 27.

Le conseil d'administration se réunit aussi souvent que l'intérêt de la société l'exige, et au moins deux fois par mois.

La présence de 5 membres est nécessaire pour la validité des délibérations.

ART. 28.

Les délibérations sont prises à la majorité des membres présents. En cas de partage, la voix du président est prépondérante.

Nul ne peut voter par procuration dans le sein du conseil.

ART. 29.

Les délibérations sont constatées par des procès-verbaux inscrits sur un registre et signées par le membre qui aura présidé la délibération.

Les copies ou extraits de ces délibérations à produire en justice, ou ailleurs, sont certifiés par le président du conseil, ou le membre qui en remplit les fonctions.

ART. 30.

Le conseil d'administration est investi des pouvoirs les plus étendus pour l'administration et la gestion de la société.

Il fixe les dépenses générales de l'administration.

Il passe et autorise les marchés de toute nature ; les achats de terrains et immeubles nécessaires à l'exécution des opérations énumérées en l'art. 1er.

Il autorise les achats des machines, engins, et généralement de tous les objets nécessaires à l'exploitation.

Il autorise tous les achats et ventes d'objets mobiliers.

Il autorise la revente des terrains et bâtiments jugés inutiles à la société et touche les prix de vente, pourvu que le prix de ces immeubles ne dépasse pas 300,000 fr. pour chaque opération.

Il autorise tous baux et locations, activement et passivement.

Il autorise toutes mainlevées d'opposition ou d'inscription hypothécaire ainsi que tous désistements de privilége, avec ou sans paiement.

Il exerce toutes actions judiciaires tant en demandant qu'en défendant; il passe tous traités, transactions, compromis.

Il autorise tous retraits, transferts et aliénations de fonds, rentes et valeurs appartenant à la société; il donne toutes quittances.

Il détermine le placement des fonds disponibles et règle l'emploi de la réserve.

Il arrête les règlements relatifs à l'organisation du service et à l'exploitation des établissements sociaux.

Il nomme ou révoque tous chefs de service, employés et agents; détermine leurs attributions, fixe leur traitement, et, s'il y a lieu, le chiffre de leur cautionnement; il en autorise la restitution.

Il fixe et modifie, soit les tarifs, soit leur mode de perception, et fait les transactions y relatives.

Il arrête les comptes qui doivent être soumis à l'assemblée générale.

Il fait un rapport à l'assemblée générale des actionnaires sur les comptes et sur la situation des affaires sociales.

Il peut, avec l'autorisation de l'assemblée générale, contracter tous emprunts par voie d'émission d'obligations ou autrement.

Enfin, il gère généralement toutes les affaires, et pourvoit à tous les intérêts de la société.

ART. 31.

Le conseil d'administration peut déléguer à un ou plusieurs de ses membres, des pouvoirs généraux et spéciaux, et pour une ou plusieurs affaires déterminées.

Il peut aussi conférer à un ou plusieurs de ses membres, des pouvoirs permanents pour les affaires courantes.

Enfin, il peut conférer à une ou plusieurs personnes, même étrangères au conseil d'administration, les pouvoirs que rendraient nécessaires l'expédition des affaires et la bonne direction de l'entreprise, et spécialement la direction de l'un ou de plusieurs établissements sociaux.

ART. 32.

Les transferts de rentes et effets publics appartenant à la société ; les actes d'acquisition, de vente et d'échange des propriétés immobilières de la société ; les mandats sur la banque et sur tous les dépositaires de fonds de la société ; les transactions, marchés, et généralement tous actes portant engagement de la part de la compagnie, doivent être signés par deux administrateurs, à moins d'une délégation expresse du conseil à un seul administrateur.

ART. 33.

Les administrateurs recevront un jeton de présence dont la valeur et la forme seront réglées par l'assemblée générale.

ART. 34.

Les administrateurs ne contractent, à raison de leur gestion, aucune obligation personnelle ni solidaire, relativement aux engagements de la société. Ils ne répondent que de l'exécution de leur mandat.

ART. 35.

Il est interdit aux administrateurs de prendre ou de conserver un intérêt direct ou indirect dans une opération quelconque, faite avec la société ou pour son compte, à moins qu'ils n'y soient autorisés par l'assemblée générale pour certaines opérations spécialement déterminées.

COMMISSAIRES.

ART. 36.

Il est institué un commissariat composé de trois personnes ; les commissaires sont nommés dans la première assemblée générale de la société, immédiatement après les administrateurs, et dans les mêmes formes.

Ils peuvent être pris en dehors des actionnaires.

Leurs fonctions durent un an ; ils peuvent être réélus.

En cas de refus ou d'empêchement d'un des commissaires nommés, il sera procédé à son remplacement par ordonnance du président du tribunal de commerce, à la requête de tout intéressé.

ART. 37.

Les commissaires sont chargés de faire un rapport à l'assemblée générale sur la situation de la société, sur le bilan et sur les comptes présentés par les administrateurs. Copie de ce rapport doit être adressée à chacun des actionnaires connus, quinze jours au moins avant la réunion de l'assemblée, et en outre déposée au greffe du tribunal de commerce.

Les commissaires ont le droit, toutes les fois qu'ils le jugent convenable, dans l'intérêt social, de prendre communication des livres ; d'examiner les opérations de la société, et de convoquer l'assemblée générale.

Il doit leur être remis tous les trois mois un état résumant la situation active et passive de la société.

ART. 38.

Les commissaires recevront un jeton de présence ou une rémunération dont l'importance sera réglée par l'assemblée générale.

TITRE VI.

ASSEMBLÉE GÉNÉRALE.

ART. 39.

L'assemblée générale, régulièrement constituée, représente l'universalité des actionnaires.

ART. 40.

L'assemblée générale se réunit chaque année avant le 1er avril ; elle se réunit en outre extraordinairement toutes les fois que cela est utile, sur la convocation des administrateurs ou des commissaires.

ART. 41.

Est de droit membre de l'assemblée générale, tout titulaire ou porteur de 10 actions.

Nul ne peut représenter un actionnaire s'il n'est actionnaire lui-même. La forme des pouvoirs est déterminée par le conseil d'administration.

ART. 42.

L'assemblée générale est régulièrement constituée lorsque les actionnaires présents ou représentés réunissent dans leurs mains le quart au moins du capital social.

Si l'assemblée ne réunit pas ce nombre, il est procédé à une nouvelle convocation, au moins à 15 jours d'intervalle.

Les délibérations prises dans cette seconde réunion sont valables, quelle que soit la portion du capital social représentée; mais elles ne peuvent porter que sur les objets mis à l'ordre du jour de la première réunion.

ART. 43.

Les convocations aux assemblées ordinaires et extraordinaires sont annoncées par un avis inséré 15 jours à l'avance dans deux des grands journaux d'annonces légales de Paris. Cet avis doit faire connaître le but et l'objet de la convocation

ART. 44.

Les délibérations qui ont pour objet :

La création d'emprunts à long terme ;

Des traités d'annexion ou de fusion avec d'autres compagnies ;

La modification des statuts ;

L'augmentation du fonds social;

La prorogation ou la dissolution anticipée de la société,

Ne peuvent être valablement prises qu'avec le concours d'actionnaires réunissant au moins la moitié du capital social.

ART. 45.

Les actions sont déposées au siége social 5 jours avant celui où doit avoir lieu la réunion ; il est remis à chaque déposant une carte personnelle mentionnant le nombre d'actions déposées et le nombre de voix auquel ce dépôt donne droit.

ART. 46.

L'assemblée générale est présidée par le président du conseil d'administration, et, en cas d'empêchement, par le vice-président, et, à défaut de celui-ci, par le plus âgé des membres du conseil.

Les deux plus forts actionnaires présents remplissent les fonctions de scrutateur; le secrétaire est désigné par le bureau.

ART. 47.

L'assemblée générale entend le rapport du conseil d'administration sur les affaires sociales, et ensuite le rapport des commissaires;

Elle discute les comptes et les approuve s'il y a lieu;

Elle fixe les dividendes sur la proposition du conseil;

Elle nomme les administrateurs et commissaires;

Elle statue sur les propositions d'acquisitions et d'aliénations d'immeubles;

Elle autorise les émissions d'obligations;

Enfin, elle prononce souverainement, en se renfermant dans les limites des statuts sur tous les intérêts de la société, et confère au conseil d'administration les pouvoirs nécessaires pour les cas qui n'auraient pas été prévus.

ART. 48.

Les délibérations de l'assemblée sont prises à la majorité des voix des membres présents ou représentés.

Chaque actionnaire a droit à autant de voix qu'il a de fois dix actions, sans toutefois que le même actionnaire puisse avoir plus de dix voix, soit par lui-même, soit comme fondé de pouvoirs.

ART. 49.

Les délibérations prises conformément aux statuts obligent tous les actionnaires, même absents ou dissidents.

Elles sont constatées par des procès-verbaux signés par tous les membres du bureau, ou au moins par la majorité d'entre eux.

ART. 50.

Une feuille de présence demeure annexée, ainsi que les pouvoirs, à la minute du procès-verbal de l'assemblée générale. Cette feuille est signée par chaque actionnaire en entrant en séance.

ART. 51.

La justification à faire au regard des tiers des délibérations de l'assemblée, résulte des copies ou extraits certifiés conformes par le président du conseil d'administration.

TITRE VII.

MODIFICATIONS AUX STATUTS. — DISSOLUTION. — LIQUIDATION.

ART. 52.

Si l'expérience faisait reconnaître la convenance d'apporter des changements ou des modifications aux présents statuts, l'assemblée générale est autorisée à y pourvoir avec les conditions de majorité fixées art. 44.

ART. 53.

A l'expiration de la société ou en cas de dissolution anticipée, l'assemblée générale règle le mode de liquidation et nomme les liquidateurs.

Les liquidateurs pourront, en vertu d'une délibération de l'assemblée, faire à une autre société le transport des droits, actions et obligations de la société dissoute.

La nomination des liquidateurs met fin aux pouvoirs des administrateurs. Ceux de l'assemblée générale continuent jusqu'à l'apurement des comptes de la liquidation.

TITRE VIII.

CONTESTATIONS.

ART. 54.

Dans le cas de contestations, tout actionnaire devra faire élection de domicile à Paris, et toutes notifications et assignations seront valablement faites au domicile par lui élu, sans avoir égard à la distance du domicile réel.

A défaut d'élection de domicile, cette élection aura lieu de plein droit, pour les notifications judiciaires, au parquet du procureur impérial près le tribunal de 1re instance de la Seine.

Le domicile élu entraînera attribution de juridiction aux tribunaux compétents de la Seine.

DISPOSITIONS TRANSITOIRES.

ART. 55.

Les premières assemblées générales, qui doivent statuer sur l'apport et sur la nomination des administrateurs, devront réunir la moitié au moins des actions en numéraire. Chaque action donnera droit à une voix.

Les fondateurs et ceux qui ont fait l'apport ou stipulé des avantages sujets à approbation, n'ont pas voix délibérative en ce qui touche le vote relatif à l'approbation de la valeur de l'apport.

ART. 56.

Dans la quinzaine de la constitution de la société, les administrateurs feront les dépôts, transcriptions et publications légales prescrits par les art. 8 et 9 de la loi de 1863. — Tout porteur d'une expédition ou d'un extrait des présentes est autorisé à y procéder en leur nom.

PROJET DE LOI

Concernant les sociétés à responsabilité limitée, précédé du décret de présentation et de l'exposé des motifs.

EXPOSÉ DES MOTIFS

DU PROJET DE LOI SUR LES SOCIÉTÉS A RESPONSABILITÉ LIMITÉE.

Le Code de commerce reconnaît l'existence et règle l'organisation de trois espèces de sociétés : les sociétés en nom collectif, les sociétés anonymes et les sociétés en commandite.

Celles-ci peuvent se subdiviser en deux classes : les sociétés en commandite ordinaires ou à parts d'intérêt, et les sociétés en commandite par actions.

Le projet qui vous est présenté a pour objet l'établissement d'une nouvelle espèce de société.

L'art. 1er en indique le caractère principal, en disant qu'aucun de ses membres n'est tenu au delà de sa mise, et qu'elle n'est point cependant soumise à l'examen et à l'approbation du Gouvernement.

Ainsi, elle diffère des sociétés en nom collectif, dans lesquelles tous les associés sont solidairement tenus et sur tous leurs biens du paiement des dettes sociales; des sociétés en commandite, en ce qu'elle n'a point de gérant indéfiniment responsable envers des tiers ; enfin des sociétés anonymes, puisqu'elle se constitue par la seule volonté de ceux qui la composent.

Pour donner une idée complétement exacte des considérations qui ont déterminé le Gouvernement à vous proposer d'introduire dans notre législation cette forme nouvelle d'association commerciale, il n'est pas inutile de rappeler quelques circonstances qui ont exercé sur sa résolution une certaine influence.

Les dispositions du titre III du livre Ier du Code de commerce ont longtemps assuré une protection efficace aux intérêts industriels et commerciaux engagés dans les nombreuses sociétés qui se sont formées sous leur empire. Elles ont paru concilier la liberté qu'il faut laisser aux conventions privées et les garanties que réclame l'intérêt public.

Mais, à une époque récente, des désordres dont il était impossible de contester la gravité se sont manifestés; le Gouvernement s'en est ému, vous avez éprouvé la même impression et reconnu comme lui la nécessité de combattre un système de fraude qui menaçait de prendre chaque jour plus d'extension et de produire des effets plus fâcheux.

C'est de cette communauté de vues, de cet accord de sentiments entre le Gouvernement et le Corps législatif qu'est née la loi du 17 juillet 1856.

Vous savez quel a été son but. Elle a voulu écarter le dol de la constitution des sociétés en commandite par actions, organiser une surveillance sérieuse des actes de la gérance, punir des faits moralement aussi coupables que ceux qui constituent l'escroquerie ou l'abus de confiance et contre lesquels nos lois pénales ne contenaient point de dispositions répressives; elle a voulu, par l'ensemble de ces mesures, défendre les actionnaires contre leurs propres entraînements, les protéger contre des manœuvres souvent grossières, mais dont une extrême crédulité a plus d'une fois rendu le succès facile.

Les résultats ont exactement répondu à ces intentions. Les combinaisons frauduleuses, déconcertées par de sages précautions, intimidées par la perspective d'un juste châtiment, ont à peu près disparu. Mais on a cru pouvoir signaler, à côté de ces bons effets de la loi, des conséquences regrettables. On a prétendu qu'elle avait dépassé le but et que, si elle avait empêché les mauvais desseins de réussir, elle avait arrêté l'exécution des projets honnêtes.

Ces critiques se sont renouvelées plusieurs fois et, dans quelques occasions, avec assez d'autorité pour que le Gouvernement ait cru devoir en faire l'objet d'un sérieux examen.

Il s'est convaincu, par une nouvelle étude des dispositions de la loi de 1856, rapprochées des applications qu'elles ont reçues devant les tribunaux, qu'elles avaient, en prévenant les entreprises de la fraude, laissé aux associations loyales toute la liberté désirable, qu'elles avaient déterminé avec clarté les fonctions des membres des conseils de surveillance et celles des gérants, en imposant aux uns et aux autres, conformément aux règles du droit commun, la responsabilité inhérente à la nature de leurs attributions; que les pénalités qu'elles prononçaient s'appliquaient avec justice à des faits coupables et nuisibles, sciemment et volontairement accomplis; qu'enfin, si on avait vu le nombre des sociétés en commandite par actions diminuer, il ne fallait ni s'en étonner, ni s'en plaindre; que c'était un résultat prévu et même espéré, auquel d'ailleurs avaient contribué, dans une certaine mesure, les événements politiques et la situation économique qui en a été la conséquence.

Si donc les observations sur lesquelles a été appelée l'attention du Gouvernement s'étaient bornées à remettre en question la sagesse et l'utilité des dispositions de la loi du 17 juillet 1856, nous n'aurions point à soumettre à votre appréciation un projet de loi relatif aux sociétés de commerce. Mais les principes qui sont la base de notre législation sur les associations commerciales ont été contestés dans quelques-unes de leurs applications, dont les jurisconsultes et les économistes s'accordaient à faire l'apologie et dont l'utilité semblait démontrée par une longue expérience.

Ainsi, le mécanisme ingénieux des sociétés en commandite par actions, au moyen duquel les efforts de l'intelligence et du travail s'unissent à la puissance des capitaux, et qui a produit de si excellents effets, n'a point échappé à la critique.

Les sociétés en commandite sont, a-t-on dit, formées de deux éléments distincts toujours en présence, souvent en état de lutte : la gérance, investie d'un pouvoir absolu pour l'administration des affaires sociales, et la commandite, condamnée à une inaction presque complète.

Si, a-t-on ajouté, les commanditaires se renferment dans la stricte légalité, leurs intérêts sont à la merci d'un gérant infidèle ou incapable; ils ne peuvent ni lui donner l'impulsion qui leur paraît bonne, ni résister à sa direction s'ils la croient mauvaise. Les assemblées générales sont réduites à l'examen rétrospectif des faits accomplis; toute délibération, tout acte qui sort des limites qui leur sont imposées peut constituer une immixtion et donner naissance à la redoutable responsabilité établie par les art. 27 et 28, Cod. comm.

Si, au contraire, les conventions statutaires restreignent les pouvoirs de la gérance, si elles en transportent une partie à l'assemblée générale, elles ont un double inconvénient; elles ne font point disparaître les dangers de l'immixtion, car il ne dépend pas de la volonté des parties de déroger à une disposition protectrice des droits des tiers, et le gérant dépouillé de son autorité se trouve dans une position singulière; il reste exposé à la responsabilité d'actes qui ne sont pas émanés de sa libre initiative.

Le régime des sociétés anonymes a aussi trouvé des détracteurs.

On le sait, les sociétés anonymes ne peuvent exister, aux termes de l'art. 37 du Code de commerce, qu'avec l'autorisation de l'Empereur et avec son approbation pour l'acte qui les constitue.

Nécessairement, a-t-on dit, l'instruction qui précède le décret d'autorisation exige un certain temps; elle entraîne des lenteurs toujours funestes au succès des entreprises commerciales.

Des justifications, dont la nature et l'étendue ne sont point déterminées, doivent être fournies soit à l'administration, soit au Conseil d'État, dont sans cela l'examen serait inutile et même impossible.

L'autorisation peut être retirée, s'il apparaît que la société s'écarte des statuts qui ont été approuvés.

Ainsi sa formation et sa durée ne dépendent pas de la seule volonté de ses membres; elle est placée en dehors du principe de la liberté des conventions.

Enfin, si cette forme spéciale peut convenir à de vastes associations ayant pour objet l'exécution ou l'exploitation de grands travaux d'utilité publique ou d'autres entreprises semblables, elle est évidemment inapplicable aux opérations ordinaires du commerce.

Dans ces appréciations du régime des sociétés en commandite par actions et des sociétés anonymes, il y a des remarques judicieuses et des faits bien observés; mais il faut reconnaître qu'elles présentent un caractère évident d'exagération.

Dans la réalité, les sociétés en commandite par actions ne sont point tour à tour livrées au pouvoir despotique d'un gérant ou gouvernées par les caprices d'une assemblée. Une longue expérience a démontré que la conciliation entre l'autorité de la gérance et les droits de la commandite n'est ni aussi difficile, ni aussi rare qu'on a paru le penser. Certainement on peut affirmer que les sociétés dans lesquelles règne une parfaite harmonie sont beaucoup plus nombreuses que celles qui sont troublées par des dissensions intérieures, et cela se comprend très-bien lorsqu'on ramène à leur juste mesure les conséquences de l'antagonisme qui existe entre les éléments de la société en commandite.

Sans doute, l'administration appartient exclusivement au gérant, et l'intérêt de la société, comme les principes du droit, veulent qu'il soit libre dans l'exercice de ses pouvoirs; mais aux commanditaires appartiennent la surveillance et le contrôle de ses actes; la loi leur défend seulement d'intervenir dans les opérations de la gestion. La difficulté que présente en théorie la détermination précise du point où finit la surveillance et commence la gestion, tend à disparaître dans la pratique. La sagesse des tribunaux a donné sur ce point des solutions aussi nombreuses et aussi variées que les espèces qui les ont provoquées. Réunies, elles forment aujourd'hui un corps de doctrine qui est un guide assuré pour les jurisconsultes et pour les commerçants.

Pour les sociétés anonymes, il convient d'abord de rappeler les raisons qui rendent nécessaire l'autorisation du Gouvernement.

En matière d'obligations conventionnelles, il y a un principe fondamental qu'exprime avec autant de précision que de force l'axiome : *Qui s'oblige, oblige le sien*, qui est également consacré, et presque dans les mêmes termes, par les art. 2092 et 2093 du Code Napoléon.

Ainsi, quand un engagement est formé, il faut qu'il s'exécute; et tous les biens de celui qui l'a contracté sont affectés à cette exécution. Dans les sociétés en commandite, la règle est respectée. Si les commanditaires ne sont tenus que jusqu'à concurrence de leurs mises, c'est parce qu'ils se sont bornés à promettre de verser leurs fonds entre les mains du gérant, qui, personnification de la société, contracte avec les tiers et, par suite, est tenu envers eux, non-seulement sur tous les biens de la société, mais aussi sur tous les siens. Dans les sociétés anonymes, ce sont les associés réunis qui s'engagent personnellement, puisque les administrateurs ne sont que leurs mandataires. Les associés devraient donc être tenus sur tous leurs biens des obligations sociales. C'est par dérogation au droit commun, par une faveur spéciale, que la responsabilité est limitée aux sommes formant l'ensemble des mises sociales. Mais cette exception s'explique par cette considération que l'autorité publique, protectrice des intérêts généraux, s'est assurée que la société est loyalement constituée, qu'elle a un capital suffisant, et qu'elle n'a en vue que des opérations honorables.

Pour obtenir l'autorisation qui leur est nécessaire, les sociétés anonymes n'ont ni longs délais à subir, ni grandes difficultés à vaincre. On leur demande de présenter des souscriptions sérieuses, un capital convenable, des apports sincères, c'est-à-dire des garanties pour la société contre ses administrateurs, et pour les tiers contre la société.

Toutes les sociétés dans lesquelles on trouve sous ces différents rapports des sûretés satisfaisantes obtiennent avec la même facilité et la même promptitude l'approbation de leurs statuts. Jamais la pensée de faveur, de concession de privilége n'entre dans l'appréciation qui précède le décret d'autorisation et dans les motifs qui déterminent à le rendre.

Après avoir réduit à leur juste valeur les reproches et les critiques, après avoir rétabli la vérité des faits et restitué aux différentes espèces d'associations aujourd'hui existantes le caractère propre à chacune d'elles, le Gouvernement a soumis au plus consciencieux examen l'importante question de savoir si, dans l'intérêt de l'industrie et du commerce, il était opportun d'ajouter aux trois formes de sociétés qui sont reconnues par les lois en vigueur, une société ayant une forme et une organisation différentes.

Le projet qui vous est présenté est le résultat de délibérations, dans lesquelles les théories juridiques, l'expérience des praticiens, les principes de l'économie sociale et les progrès de la législation chez les nations voisines ont été consultés et mis à profit.

Le premier article, nous l'avons déjà fait remarquer, caractérise très-nettement le régime nouveau.

Il déclare qu'on pourra former des associations qui, sous le nom de *sociétés à responsabilité limitée*, ne seront point soumises à l'autorisation exigée pour les sociétés anonymes, et dans lesquelles, néanmoins, aucun des associés ne sera tenu au delà de sa mise.

Les avantages et les facilités que présente ce système frappent au premier coup d'œil.

C'est la liberté pour la constitution de la société, la liberté pour son administration, avec la limitation de la responsabilité individuelle à la mise de chaque associé, et de la responsabilité collective au fonds social.

Il serait difficile de proposer des combinaisons meilleures pour les associés et plus séduisantes pour les capitaux.

Mais la sollicitude du législateur ne doit pas s'attacher d'une manière exclusive à ce qui peut favoriser les sociétés au moment de leur formation et attirer les sommes nécessaires à la constitution du fonds social; sa vue doit s'étendre plus loin, embrasser les divers intérêts qui peuvent se trouver en opposition avec ceux des associés et accorder à tous une égale protection.

Or, il faut en convenir, la confiance publique serait souvent trompée s'il était permis à tous ceux qui en auraient la pensée, de former des associations qui ne seraient soumises à aucun contrôle, à aucune règle spéciale, à aucune condition particulière, et qui pourraient contracter des engagements sans autre garantie qu'un capital, la plupart du temps insuffisant.

Si l'on tolère que les obligations des sociétés anonymes n'aient pour gage que le montant des mises sociales, c'est parce que, on ne saurait trop insister sur ce point, une légitime présomption de sagesse et de bonne foi s'attache à des statuts qui ont obtenu l'approbation de l'autorité souveraine.

Le projet tend au même but en employant des moyens différents. Il ne place point la garantie des tiers dans un examen préalable du contrat social; il laisse à la volonté des parties plus d'indépendance. Mais, pour empêcher la fraude ou l'imprudence d'abuser de la liberté qu'il accorde, il impose des conditions à la constitution des sociétés, il prescrit pour leur administration des règles auxquelles elles devraient, dans leur intérêt bien entendu, se soumettre de leur propre mouvement.

En s'engageant dans cette voie, on avait un double écueil à éviter, l'excès de précaution et l'insuffisance de garantie. L'un rendrait impossible la formation des sociétés, l'autre ne donnerait point au public la sécurité nécessaire, et par cela même écarterait la confiance et le crédit.

Les dispositions dont nous allons présenter l'analyse vous paraîtront, nous osons l'espérer, se maintenir, entre ces extrémités opposées, dans les bornes de la modération, et donner aux intérêts de toute nature la satisfaction qu'ils ont droit de demander.

Il importe, avant tout, que personne ne puisse être trompé sur la valeur et l'étendue des garanties qu'offriront les sociétés à responsabilité limitée. Le meilleur moyen pour prévenir les erreurs, c'est d'obliger les associations de ce genre à proclamer elles-mêmes, dans tous les actes par lesquels elles manifestent leur existence, leur nature spéciale.

L'article 2 leur impose ce devoir et punit toute infraction d'une amende de 50 fr. à 1,000 fr.

Lorsque le nouveau régime sera entré dans les mœurs commerciales, peut-être pourra-t-on se relâcher de cette sévérité; mais, dans les premiers temps, il faut s'armer de rigueur contre ceux qui, par un calcul frauduleux, ou même seulement par négligence, laisseraient ignorer aux tiers leur situation exceptionnelle.

Si la disposition est fidèlement observée, elle empêchera qu'il ne s'élève de légitimes réclamations. Des créanciers ne seront point autorisés à se plaindre de l'insuffisance des ressources affectées à leur paiement, lorsque, sur leur titre même, ils auront lu la mention que ces ressources étaient limitées au capital de la société ; que, par conséquent, ils n'avaient aucun droit sur les biens personnels des associés.

Après avoir dit que ce salutaire avertissement sera donné et répété toutes les fois que l'occasion pourra s'en présenter, le projet s'occupe des règles spéciales qui doivent présider à la constitution de la société et des conditions auxquelles est subordonnée sa validité.

Il exige d'abord le concours de dix personnes au moins, et il ne permet pas que le capital social soit inférieur à 200,000 fr., ou supérieur à dix millions.

Il était indispensable de renfermer ainsi dans certaines limites le nombre des associés et le capital social.

Les sociétés à responsabilité limitée ont un objet sur lequel il ne faut pas se méprendre et dont on ne doit pas souffrir qu'elles s'écartent ; elles sont instituées pour favoriser, dans l'intérêt des opérations ordinaires du commerce et de l'industrie, les associations de capitaux.

Or, une société entre moins de dix associés sera, la plupart du temps, fondée sur les convenances personnelles de ceux qui voudront l'établir, et pour les satisfaire ils pourront employer la forme de la société en nom collectif ou de la société en commandite.

Lorsqu'une somme inférieure à 200,000 fr. sera assez considérable pour fournir l'aliment nécessaire aux opérations sociales, les procédés qui sont maintenant en usage seront assez puissants pour constituer un pareil capital.

Enfin, s'il s'agit de travaux ou de spéculations auxquels il soit indispensable de consacrer un capital supérieur à dix millions, on sera évidemment en dehors des opérations d'intérêt privé, objet habituel de l'activité commerciale ou industrielle, et l'on devra recourir, soit à la société anonyme, soit à la société en commandite par actions.

Aux termes de l'art. 31 du Code de commerce, les sociétés anonymes sont administrées par des mandataires à temps, révocables, associés ou non, salariés ou gratuits.

L'article 7 du projet reproduit cette disposition, en exigeant toutefois que les administrateurs soient pris parmi les associés et qu'ils soient propriétaires, par portions égales, du dixième au moins du capital social.

Pour la société, comme pour les tiers, il est très-important que l'administration ne puisse être confiée qu'à ceux qui sont personnellement intéressés au succès de l'entreprise; et pour que cette obligation ne soit pas éludée, il a fallu fixer non-seulement la part du capital social qui doit appartenir aux administrateurs réunis, mais aussi celle dont chacun d'eux doit être individuellement propriétaire.

Ce ne sont point là les seules dispositions qui soient relatives à la constitution de la société ; il en est d'autres non moins importantes, qui sont contenues dans les art. 4, 5, 6, 9, 10, 11, 12 et 13. Mais celles-ci sont empruntées à la loi du 17 juillet 1856, dans la partie qui n'a trouvé que des approbateurs. Nous devons donc nous borner à en indiquer la substance, en ayant soin de signaler les modifications que la différence des deux espèces de sociétés a rendues nécessaires.

L'art. 4 détermine le chiffre des actions ou des coupons d'actions, eu égard au chiffre du capital social.

Il ne permet de constituer la société qu'après la souscription de la totalité du capital social, et le versement du quart au moins du capital qui consiste en numéraire.

Il veut que cette souscription et ce versement soient constatés par une déclaration des fondateurs faite par acte notarié.

Le sens du mot *fondateurs* n'est point déterminé par un texte formel. Mais dans la pratique personne ne se méprendra sur les personnes qu'il désigne. Une société, surtout une société nombreuse, ne se forme point par le consentement spontané de tous ses membres; l'idée première appartient toujours à une ou à quelques personnes qui, après l'avoir mûrie, cherchent à la propager. Elles sollicitent et obtiennent des adhésions, elles fondent véritablement la société.

Le vœu de la loi est que les fondateurs soient associés. Le premier titre ne peut convenir qu'à ceux qui ont droit au second. Un individu qui par ses soins parviendrait à déterminer un certain nombre de capitalistes, de commerçants ou d'industriels à former une société à laquelle il resterait étranger, ne serait qu'un agent, un intermédiaire; on ne pourrait lui donner le titre de fondateur et considérer comme digne de quelque confiance sa déclaration que le capital est souscrit en entier et que le quart a été versé.

Les art. 5 et 6 reproduisent sans modifications des dispositions qui déterminent l'époque où les actions peuvent cesser d'être nominatives, et le moment où elles deviennent négociables; ils règlent aussi la durée de la responsabilité des souscripteurs, et le mode de vérification des apports qui ne consistent pas en numéraire, ou des avantages particuliers accordés à l'un des associés.

Les art. 9, 10, 11 et 13 appliquent aux actes constitutifs des sociétés à responsabilité limitée les formalités qui sont prescrites par les art. 42, 43, 44 et 46, Cod. comm., pour donner de la publicité aux actes de société en général.

Mais il a paru nécessaire d'introduire dans ces articles quelques légers changements.

Ainsi, l'art. 42, Cod. comm., fait courir de *la date* des actes de société le délai de quinzaine dans lequel ils doivent être publiés. Cela ne pouvait être autrement pour les sociétés qui sont constituées du jour même où les actes sont signés, mais lorsque la constitution de la société est subordonnée à des conditions dont l'accomplissement est nécessairement postérieur au contrat, la date du contrat ne peut être le point de départ du délai de quinzaine; c'est évidemment le jour de l'accomplissement des conditions.

Le second paragraphe de l'art. 9 est explicite à cet égard.

Au nombre des énonciations que doit contenir l'extrait dont la publication est ordonnée, la mention que : *la société est à responsabilité limitée*, est prescrite comme l'une des plus importantes.

Une première sanction est écrite dans l'art. 11, qui déclare nulle toute société constituée contrairement aux règles précédentes. Le même article désigne ceux à l'égard desquels la nullité est prononcée et ceux qui ne peuvent l'opposer aux tiers, et il emploie les expressions : *intéressés* et *associés*, dont se sert l'art. 42, Cod. comm., et dont la jurisprudence a depuis longtemps fixé le sens.

En outre, l'art. 12 fait peser sur les administrateurs les conséquences de l'annulation ; il les oblige à payer les créanciers qui seraient lésés par suite de la nullité prononcée et réserve aux associés leurs recours pour le cas où ils éprouveraient aussi quelque préjudice.

Cette responsabilité résulte, pour les administrateurs, de leur qualité même et des devoirs qu'elle leur impose.

Ils sont nommés, aux termes de l'art. 8, aussitôt que la souscription totale du capital social et le versement du quart sont constatés dans la forme prescrite par le troisième paragraphe de l'art. 4.

En entrant en fonctions, leur premier soin doit être de vérifier si les dispositions des art. 3, 4, 5, 6, 7 et 8 ont été observées ; ils doivent ensuite remplir les formalités de publication, conformément aux art. 9 et 10.

Ce sont des devoirs dont l'accomplissement est facile et dont par conséquent l'inexécution n'est point excusable.

Si ceux qui acceptent les fonctions d'administrateurs ne les remplissent pas ou les remplissent mal, s'ils compromettent par là les intérêts des tiers ou ceux de leurs coassociés, il est juste qu'ils réparent le préjudice qu'a causé leur négligence.

A l'art. 13 s'arrêtent les dispositions relatives à l'établissement de la société, et à l'art. 14 commencent celles qui tracent les règles de l'administration.

La direction et la surveillance des affaires sociales sont confiées, avec des attributions et des obligations diverses, aux administrateurs, à l'assemblée générale et à des commissaires spéciaux nommés chaque année.

Les administrateurs sont élus par l'assemblée générale ; ils ne peuvent l'être pour plus de six ans : mais ils sont toujours rééligibles, sauf stipulation contraire (art. 14).

Ce délai de six ans suffit pour maintenir dans le sein de l'administration l'uniformité de vues et l'esprit de suite si utiles pour la bonne direction des affaires ; d'un autre côté, les actionnaires ne sont pas privés de la faculté de remplacer ceux des administrateurs qui ne leur paraissent pas devoir être conservés.

Le projet ne s'explique point sur les pouvoirs généraux des administrateurs ; il se réfère à cet égard au droit commun. Mais il indique avec précision certaines obligations auxquelles ils sont assujettis et certains actes qui leur sont interdits.

Premièrement, ils sont tenus de dresser chaque année le bilan de la situation active et passive de la société, de le présenter avec leurs comptes à l'assemblée générale, d'en solliciter et d'en obtenir l'approbation, de faire publier et afficher le bilan dans la quinzaine et de mettre à la disposition de chaque associé une copie ou un exemplaire tant du bilan approuvé que du rapport des commissaires (art. 18 et 21).

En second lieu, il n'est pas permis aux administrateurs de prendre ou de conserver un intérêt direct ou indirect dans une opération quelconque faite avec la société ou pour son compte.

Il fallait éviter qu'ils fussent placés entre leur intérêt et celui de la société ; c'eût été une situation délicate, dans laquelle l'intérêt de la société aurait pu souvent être mal défendu et quelquefois ouvertement sacrifié.

Troisièmement enfin, défense est faite aux administrateurs de distribuer ou de laisser distribuer des dividendes non réellement acquis (art. 25).

La sanction naturelle d'une semblable disposition consiste dans l'obligation de rétablir dans la caisse de la société les sommes qui en ont été indûment retirées.

Dans quelques occasions, cette restitution pourra ne pas être la réparation entière du préjudice causé soit à des tiers, soit aux associés; les administrateurs seront obligés de la compléter.

Plus cette responsabilité peut être grave, plus il est nécessaire de bien caractériser la contravention qui lui donne naissance.

D'abord, la responsabilité doit-elle être imposée à tous les administrateurs, même à ceux qui n'auraient point personnellement concouru à la distribution illégale ?

La question est clairement résolue par l'art. 25. Il déclare qu'en règle générale, les administrateurs qui laissent distribuer sont, comme ceux qui distribuent, tenus solidairement de la restitution et des dommages-intérêts.

Cela est fondé sur ce qu'un acte aussi important que la distribution des dividendes est présumé l'œuvre commune et collective de tous ceux qui sont chargés de l'administration.

Si l'un des administrateurs pense que ses collègues se trompent sur le caractère des sommes dont ils se proposent de faire la distribution, il doit s'y opposer. Ce ne serait pas assez de se tenir à l'écart, de fermer les yeux, de garder le silence, de s'abstenir. Un acte formel d'opposition est nécessaire pour repousser la responsabilité.

Il ne faut pas non plus se méprendre sur la portée de ces mots : *Dividendes non réellement acquis.*

Il ne suffit pas que des opérations engagées fassent concevoir des espérances qui paraissent presque des certitudes, ni même que des conventions faites, des marchés conclus, constituent des droits véritables, des créances positives. Les résultats probables des entreprises, les effets des conventions et des traités, ne sont pas encore des bénéfices qu'on puisse distribuer. Si on en fait la répartition avant qu'ils soient effectivement réalisés, avant que la caisse sociale ait reçu les sommes qui en sont la représentation, c'est sur le capital social qu'est pris ce qui est donné aux actionnaires sous le nom de dividendes ; c'est là ce que les administrateurs ne peuvent faire sans se compromettre.

Au surplus, l'art. 26, par une disposition générale, décide que toutes les fois que la société ou des tiers auront éprouvé un dommage par suite d'infractions à la loi ou de fautes, imputables aux administrateurs, ceux-ci en devront la réparation. C'est le droit commun, c'est notamment la règle à laquelle sont soumis tous les mandataires par les art. 1991 et 1992, Cod. Nap.

Le projet contient quelques dispositions essentielles sur la composition des assemblées générales, sur la portion de capital qui doit y être représentée, selon l'importance des objets de leurs délibérations, et sur leur périodicité.

Il se borne à poser le principe que les résolutions sont prises à la majorité des voix; mais il ne décide point si tout actionnaire, ne fût-il porteur que d'une seule action, aura le droit de prendre part aux délibérations; il laisse aux statuts de chaque société le soin de résoudre la question et de fixer non-seulement le nombre d'actions nécessaire pour être admis dans l'assemblée, mais aussi le nombre de voix que doit avoir chaque actionnaire, eu égard au nombre d'actions dont il est porteur.

Une règle uniforme et immuable n'aurait pas été sans de graves inconvénients, en présence de sociétés si diverses, soit par leur composition, soit par leur importance, soit par le nombre des associés, soit par la valeur des actions (art. 15, 16 et 17).

Il était indispensable d'organiser un système de contrôle des opérations de l'administration et de sa comptabilité. Il y est pourvu de la manière suivante.

Des commissaires nommés chaque année par l'assemblée générale sont chargés de l'examen préalable du bilan et des comptes dressés par les administrateurs, et l'assemblée générale ne peut valablement délibérer, lorsqu'ils lui sont présentés, que sur le rapport des commissaires. Sans cette instruction préliminaire, les votes ne seraient pas suffisamment éclairés.

Les commissaires ont droit, toutes les fois qu'ils le jugent convenable dans l'intérêt social, de prendre communication des livres, d'examiner les opérations de la société et de convoquer l'assemblée générale.

Si ces pouvoirs ne leur étaient pas conférés, ils seraient dans l'impossibilité de rendre à la société le service qu'elle doit attendre de leur intervention; ils n'atteindraient pas le but pour lequel la loi les institue.

Leur mission est d'ailleurs clairement déterminée; elle constitue un mandat, mais un mandat renfermé dans des limites assez restreintes et dont, au surplus, l'étendue et les effets sont réglés par les principes du droit commun (art. 21, 22 et 23).

Deux articles placés sous les numéros 19 et 20 prescrivent des mesures qui sont déjà adoptées dans beaucoup de sociétés, et qui ont paru devoir être aussi avantageuses pour les associés que profitables aux tiers. L'un ordonne de faire annuellement sur les bénéfices nets un prélèvement qui est affecté à la formation d'un fonds de réserve, et qui cesse d'être obligatoire lorsque la réserve a atteint le quart du capital social; l'autre déclare qu'en cas de perte des trois quarts du capital social, la dissolution de la société doit être prononcée soit par une délibération de l'assemblée générale, soit par une décision judiciaire; il fait un devoir aux administrateurs de provoquer la dissolution, et reconnaît à tout intéressé le droit de la demander.

Le fonds de réserve établit une sage et prévoyante compensation entre les résultats de la bonne et de la mauvaise fortune; il emprunte au présent au profit de l'avenir; il est un motif de confiance pour les tiers, une ressource et un élément de crédit pour la société.

La dissolution, obligée, quand les trois quarts du capital social sont perdus, empêchera les gens honnêtes de s'aveugler sur leur situation et de courir à une ruine complète; elle empêchera surtout de tromper le public par une apparence de vie, lorsque, dans la réalité, la société ne peut plus exister.

Presque toutes ces dispositions, aussi bien celles qui concernent les administrateurs que celles qui sont relatives aux assemblées générales, aux commissaires, au fonds de réserve et aux effets de la perte d'une partie notable du capital social, sont empruntées aux statuts des sociétés anonymes et des sociétés en commandite qui sont le mieux constituées. Elles doivent donc être considérées bien moins comme imposées par l'autorité du législateur que comme l'expression de la volonté probable des parties intéressées.

Les contraventions et les délits, qui sont prévus par les articles 27 et 28, sont précisément ceux que punissent les articles 11, 12 et 13 de la loi du 17 juillet 1856. Les mêmes peines doivent atteindre les mêmes faits, quelles que soient d'ailleurs les associations, à l'occasion desquelles ils ont lieu; spécialement, les administrateurs des sociétés à responsabilité limitée qui, en l'absence d'inventaires ou au moyen d'inventaires frauduleux, distribuent des dividendes non réellement acquis, ne peuvent échapper au châtiment, qui, en pareil cas, atteint les gérants des sociétés en commandite par actions.

Si même la loi devait faire une distinction, ce serait contre les premiers qu'elle pourrait s'armer d'une sévérité plus grande.

Le dernier article a pour but de rendre moins dispendieux

les procès dans lesquels se trouvent souvent engagés un grand nombre d'associés ayant un intérêt commun.

C'est une faveur qu'il était juste d'accorder aux nouvelles sociétés, puisqu'elle a été déjà accordée aux sociétés en commandite par actions. Le Gouvernement ne négligera jamais l'occasion de donner à l'esprit d'association les moyens légitimes de se développer.

La législation anglaise sur les sociétés de commerce a reçu depuis quelques années d'importantes modifications.

Autrefois la règle générale était que dans toutes les sociétés, même dans celles qui n'avaient point révélé leur existence par des manifestations publiques, chaque associé, lorsque sa qualité était constatée, était tenu sur tous ses biens de la totalité des dettes sociales.

Aujourd'hui, par une transition un peu brusque, dans le plus grand nombre des associations, moyennant l'accomplissement de certaines formalités et en se soumettant à des conditions déterminées, chaque associé n'est tenu que jusqu'à concurrence de sa mise.

Pour arriver à cette situation, il y a nécessité de faire enregistrer l'acte de société dans un bureau spécial, mais aucune autorisation n'est exigée.

Ce régime a, avec celui que nous vous proposons d'inaugurer, de nombreuses analogies, et si vous adoptez le projet qui vous est présenté, les deux législations seront semblables, autant que le permettent les différences qui existent entre les institutions, les mœurs, le caractère national et les conditions économiques des deux pays.

D'ailleurs, vous le savez, un traité récent entre la France et l'Angleterre (1) « accorde à toutes les compagnies et au- « tres associations commerciales ou financières constituées « ou autorisées suivant les lois particulières à l'un des deux « pays, la faculté d'exercer tous leurs droits et d'ester en « justice devant les tribunaux, soit pour intenter une action, « soit pour y défendre, dans toute l'étendue des États et

---

(1) Il porte la date du 15 mai 1862.

« possessions de l'autre puissance, sans autre condition que « de se conformer aux lois desdits États et possessions. »

L'effet de cette convention sera de permettre aux sociétés anglaises, à responsabilité limitée, d'avoir en France une existence légale, d'y faire toutes les opérations, en vue desquelles elles auront été établies, d'y jouir de tous les avantages qui résultent de l'organisation spéciale, dont nous avons essayé d'indiquer le mécanisme.

Cette circonstance nous semble donner au projet un caractère d'opportunité manifeste. Les commerçants, les industriels français n'ont-ils pas le droit de demander que notre législation leur assure, pour se procurer des capitaux au moyen des associations, toutes les ressources, toutes les facilités dont jouissent leurs puissants et habiles voisins? Ne sont-ils pas aussi autorisés à repousser les objections qu'on pourrait opposer à l'établissement en France des sociétés nouvelles, en citant les bons résultats qu'elles ont déjà produits en Angleterre, et en faisant remarquer qu'il serait aussi injuste qu'inconséquent de permettre aux sociétés à responsabilité limitée d'origine britannique, de fonctionner en France et de proscrire celles qui seraient nées sur le territoire national?

La loi qui est soumise à vos délibérations n'aura point pour effet, dans la pensée du Gouvernement, de substituer la forme d'association qu'elle autorise aux autres espèces de sociétés aujourd'hui existantes. Celles-ci ont aussi leurs avantages; les garanties qu'offrent, dans les sociétés en nom collectif, la responsabilité de tous les associés, dans les sociétés en commandite, la présence du gérant, dans les sociétés anonymes, l'approbation du Gouvernement, pourront, en beaucoup d'occasions, leur faire accorder la préférence. La société nouvelle viendra prendre sa place à côté des autres; elle ne doit pas avoir plus de prétentions. Mais elle sera certainement un moyen de plus, et un moyen efficace, pour donner à l'esprit d'association de la puissance et de l'activité; à l'industrie et au commerce de la force et de la confiance.

Nous espérons que vous partagerez notre conviction, et que vous adopterez le projet qui vous est présenté par le Gouvernement comme réalisant une amélioration incontestable dans une partie importante de la législation commerciale.

Signé à la minute :

Le conseiller d'État, rapporteur,
DUVERGIER.

Les commissaires du Gouvernement sont :
MM. VUILLEFROY, président de section.
SUIN, DUVERGIER, conseillers d'État.

Certifié conforme :
Le conseiller d'État,
Secrétaire général du Conseil d'État,
Signé : F. BOILAY.

PROJET DE LOI

Sur les sociétés à responsabilité limitée.

ART. 1er.

Il peut être formé, sans l'approbation et l'autorisation exigées pour les sociétés anonymes par l'art. 37 du Code de commerce, des sociétés dans lesquelles aucun des associés n'est tenu au delà de sa mise.

Ces sociétés prennent le titre de : *Sociétés à responsabilité limitée.*

Elles sont soumises aux dispositions des art. 29, 30, 32, 33, 34, 36 et 40 du Code de commerce.

ART. 2.

Dans tous les actes, factures, enseignes, annonces, publications et autres documents émanés des sociétés à responsabilité limitée, la dénomination sociale doit toujours être précédée ou suivie immédiatement de ces mots écrits en toutes lettres : *Sociétés à responsabilité limitée.*

Toute contravention à la présente disposition est punie d'une amende de 50 à 1,000 fr.

ART. 3.

Le nombre des associés dans les sociétés à responsabilité limitée ne peut être au-dessous de dix.

Le capital ne peut être inférieur à 200,000 fr. Il ne peut excéder 10 millions.

Est nulle toute stipulation ayant pour effet de diminuer le capital social au-dessous de 200,000 fr. ou de l'augmenter au-dessus de 10 millions, soit par des modifications apportées aux statuts, soit par des émissions de nouvelles séries d'actions.

ART. 4.

Les sociétés à responsabilité limitée ne peuvent diviser leur capital en actions ou coupons d'actions de moins de 100 fr., lorsque ce capital n'excède pas 200,000 fr., et de moins de 500 fr. lorsqu'il est supérieur.

Elles ne peuvent être définitivement constituées qu'après la souscription de la totalité du capital social, et le versement du quart au moins du capital qui consiste en numéraire.

Cette souscription et ces versements sont constatés par une déclaration des fondateurs, faite par acte notarié.

A cette déclaration sont annexés la liste des souscripteurs, l'état des versements faits par eux et l'acte de société.

ART. 5.

Les actions des sociétés à responsabilité limitée sont nominatives jusqu'à leur entière libération.

Les souscripteurs d'actions sont, nonobstant toute stipulation contraire, responsables du montant total des actions par eux souscrites.

Les actions ou coupons d'action ne sont négociables qu'après le versement des deux cinquièmes.

ART. 6.

Lorsqu'un associé fait, dans une société à responsabilité limitée, un apport qui ne consiste pas en numéraire, ou stipule à son profit des avantages particuliers, l'assemblée générale des actionnaires fait apprécier la valeur de l'apport ou la cause des avantages stipulés.

La société n'est définitivement constituée qu'après approbation dans une réunion ultérieure de l'assemblée générale.

Les associés qui ont fait l'apport ou stipulé des avantages soumis à l'appréciation et à l'approbation de l'assemblée générale, n'ont pas voix délibérative.

ART. 7.

La société à responsabilité limitée est administrée par des mandataires à temps, révocables, associés, salariés ou gratuits.

Les administrateurs doivent être propriétaires, par parts égales, d'un dixième au moins du capital social.

Les actions formant ce dixième sont affectées à la garantie de la gestion des administrateurs.

Elles sont nominatives, inaliénables, frappées d'un timbre indiquant l'inaliénabilité et déposées dans la caisse sociale.

ART. 8.

Les administrateurs sont nommés par une assemblée générale convoquée à la diligence des fondateurs, postérieurement à l'acte qui constate la souscription du capital social et le versement du quart du capital qui consiste en numéraire.

La même assemblée nomme, pour la première année, les commissaires dont il est question dans l'art. 21.

ART. 9.

Un extrait de l'acte de société, de l'acte constatant la souscription du capital et le versement du quart, et des délibérations prises par l'assemblée générale dans les cas prévus par les art. 6 et 8, sera déposé, transcrit, publié et affiché suivant le mode et dans le délai prescrits par l'art. 42 du Code de commerce.

Ce délai ne court que du jour de la nomination des administrateurs par la première assemblée générale, ou, dans le cas prévu par l'art. 6, du jour de la délibération de l'assemblée générale qui a vérifié la valeur de l'apport ou la cause des avantages stipulés au profit de l'un des associés.

ART. 10.

L'extrait doit contenir :

Les noms, prénoms, qualités et demeures des administrateurs, ceux de tous les souscripteurs d'actions et le nombre d'actions souscrites par chacun ;

La désignation de la société ;

La mention qu'elle est *à responsabilité limitée.*

Il doit énoncer, en outre, le montant du capital social, tant en numéraire qu'en autres objets ;

La somme des versements opérés ;

La quotité à prélever sur les bénéfices pour composer le fonds de réserve ;

L'époque où la société doit commencer et celle où elle doit finir.

L'extrait est signé par les notaires qui ont reçu l'acte de

société et l'acte constatant les souscriptions du capital social et le versement du quart. .

ART. 11.

Est nulle et de nul effet, à l'égard des intéressés, toute société à responsabilité limitée constituée contrairement aux dispositions des art. 3, 4, 5, 6, 7 et 8.

Cette nullité ne peut être proposée aux tiers par les associés.

ART. 12.

Lorsque la société est annulée aux termes de l'article précédent, les administrateurs sont responsables solidairement et par corps envers les tiers de la totalité des dettes sociales, sans préjudice des droits des actionnaires.

La même responsabilité solidaire peut être prononcée contre ceux des associés dont les apports ou les avantages n'auraient pas été vérifiés et approuvés conformément à l'art. 6.

ART. 13.

Tous actes et délibérations ayant pour objet la modification des statuts, la continuation de la société au delà du terme fixé pour sa durée, la dissolution avant ce terme et le mode de liquidation, sont soumis aux formalités prescrites par les art. 9 et 10, sous les peines établies dans les art. 11 et 12.

ART. 14.

Les administrateurs ne peuvent être nommés pour plus de six ans.

Ils sont toujours rééligibles, sauf stipulation contraire.

ART. 15.

Les assemblées générales doivent être composées d'un nombre d'actionnaires représentant la moitié du capital social, lorsqu'elles délibèrent :

Sur l'objet indiqué dans l'art. 6;

Sur la nomination des premiers administrateurs dans le cas prévu par l'art. 8;

Sur les modifications aux statuts;

Sur des propositions de continuation de la société au delà du terme fixé pour sa durée, ou de dissolution avant ce terme, et sur le mode de liquidation.

Lorsque l'assemblée délibère sur l'objet indiqué dans l'art. 6, le capital social, dont la moitié doit être représentée, se compose seulement des apports non soumis à la vérification.

Un nombre d'actionnaires représentant le quart du capital social suffit pour la validité des délibérations des assemblées générales qui sont convoquées pour procéder à la vérification et à l'approbation des comptes, ou pour délibérer sur les opérations sociales et sur les mesures nécessaires à la marche de la société.

Si, dans le cas prévu par le paragraphe précédent, l'assemblée ne réunit pas le nombre d'actionnaires qui y est indiqué, une nouvelle assemblée générale est convoquée, et elle délibère valablement, quel que soit le nombre des actionnaires présents.

Art. 16.

Dans toutes les assemblées générales, les délibérations sont prises à la majorité des voix.

Les statuts déterminent le nombre d'actions nécessaire pour être admis dans l'assemblée et le nombre de voix appartenant à chaque actionnaire, eu égard au nombre d'actions dont il est porteur.

La feuille de présence contient les noms et domicile des actionnaires et le nombre d'actions dont chacun d'eux est porteur.

Art. 17.

Il est tenu au moins une assemblée générale chaque année.

Art. 18.

Toute société à responsabilité limitée doit dresser, au moins une fois par an, le bilan de sa situation active et passive.

Ce bilan est présenté à l'assemblée générale.

ART. 19.

Il est fait annuellement, sur les bénéfices nets, un prélèvement d'un dixième au moins, affecté à la formation d'un fonds de réserve.

Ce prélèvement cesse d'être obligatoire lorsque le fonds de réserve a atteint le quart du capital social.

ART. 20.

En cas de perte des trois quarts du capital social, dûment constatée, la dissolution de la société doit être prononcée par l'assemblée générale ou par les tribunaux.

Les administrateurs sont tenus de la provoquer; tout intéressé peut en faire la demande.

Il en est de même lorsque six mois se sont écoulés depuis l'époque où le nombre des associés a été réduit à moins de dix.

ART. 21.

L'assemblée générale annuelle désigne un ou plusieurs commissaires chargés de faire un rapport à l'assemblée générale suivante sur le bilan exigé par l'art. 18 et sur les comptes des administrateurs.

En cas d'empêchement ou de refus d'un ou de plusieurs des commissaires nommés par l'assemblée générale, ils sont remplacés par ordonnance du président du tribunal de commerce du siége de la société, à la requête de tout intéressé, les administrateurs dûment appelés.

La délibération contenant approbation du bilan et des comptes est nulle si elle n'a été précédée du rapport des commissaires.

Dans la quinzaine de la date de la réunion de l'assemblée qui a approuvé le bilan, il est publié au *Moniteur* et dans l'un des journaux désignés pour la publication des actes de société, dans l'arrondissement où la société a son siége principal. Il est, en outre, affiché, pendant l'exercice suivant, d'une manière apparente, au siége social.

Tout actionnaire a le droit de se faire remettre un exemplaire ou de se faire délivrer une copie du bilan et du rapport des commissaires.

ART. 22.

Les commissaires ont droit, toutes les fois qu'ils le jugent convenable dans l'intérêt social, de prendre communication des livres, d'examiner les opérations de la société et de convoquer l'assemblée générale.

ART. 23.

L'étendue et les effets de la responsabilité des commissaires envers la société sont déterminés d'après les règles générales du mandat.

ART. 24.

Il est interdit aux administrateurs de prendre ou de conserver un intérêt direct ou indirect dans une opération quelconque faite avec la société ou pour son compte.

ART. 25.

Les administrateurs qui distribuent ou laissent distribuer, sans opposition, des dividendes qui ne sont pas réellement acquis, sont tenus solidairement d'en rétablir le montant dans la caisse de la société, sans préjudice de plus amples dommages-intérêts, s'il y a lieu, envers les tiers ou les associés.

ART. 26.

Les administrateurs sont responsables, conformément aux règles du droit commun, soit envers la société, soit envers les tiers, de tous dommages-intérêts résultant des infractions aux dispositions de la présente loi et des fautes par eux commises dans leur gestion.

ART. 27.

L'émission d'actions ou de coupons d'actions d'une société constituée contrairement aux dispositions des art. 3 et 4 de la présente loi est punie d'un emprisonnement de huit jours à six mois et d'une amende de 500 fr. à 10,000 fr., ou de l'une de ces peines seulement.

La négociation d'actions ou coupons d'actions, dont la valeur ou la forme serait contraire aux dispositions des art. 4 et 5 de la présente loi ou pour lesquels le versement des deux cinquièmes n'aurait pas été fait conformément à l'art. 5, est punie d'une amende de 500 fr. à 10,000 fr.

Sont punies de la même peine toute participation à ces négociations et toute publication de la valeur desdites actions.

ART. 28.

Sont punis des peines portées par l'art. 405 du Code pénal, sans préjudice de l'application de cet article à tous les faits constitutifs du délit d'escroquerie :

1° Ceux qui, par simulation de souscriptions ou de versements ou par la publication faite de mauvaise foi des souscriptions ou de versements qui n'existent pas ou de tous autres faits faux, ont obtenu ou tenté d'obtenir des souscriptions ou des versements ;

2° Ceux qui, pour provoquer des souscriptions ou des versements, ont, de mauvaise foi, publié les noms des personnes désignées contrairement à la vérité, comme étant ou devant être attachées à la société à un titre quelconque ;

3° Les administrateurs qui, au moyen d'inventaires frauduleux, ont opéré entre les actionnaires la répartition de dividendes non réellement acquis à la société.

L'article 463 est applicable aux faits prévus par le présent article.

ART. 29.

Des associés, représentant le vingtième du capital social, peuvent, dans un intérêt commun, charger, à leurs frais, un ou plusieurs mandataires d'intenter une action contre les administrateurs, à raison de leur gestion, sans préjudice de l'action que chaque associé peut intenter individuellement en son nom personnel.

Ce projet de loi a été délibéré et adopté par le Conseil d'État, dans ses séances des 30 avril, 8 et 14 mai 1862.

Le Ministre, Président du Conseil d'État,
Signé : J. BAROCHE.

Le Conseiller d'État,
Secrétaire général du Conseil d'État,
Signé : F. BOILAY.

RAPPORT

Fait au nom de la commission (1) chargée d'examiner le projet de loi concernant les sociétés à responsabilité limitée, par M. du Miral, député au Corps législatif.

Messieurs,

Le projet de loi sur les sociétés à responsabilité limitée dont, depuis la session dernière, vous nous avez confié le difficile examen, a, vous le savez, pour objet la création d'une forme nouvelle d'association de capitaux, pour but le développement de la production et de la richesse de la France. Il a donné lieu, dès son apparition, à des appréciations diverses, à des critiques contradictoires; on l'a attaqué d'un côté comme une dérogation irréfléchie à un des principes fondamentaux de notre droit; la responsabilité indéfinie qui garantit l'exécution des engagements, comme une innovation inutile et dangereuse. On lui a reproché, en sens contraire, un excès de sévérité et un abus de réglementation de nature à rendre son application impossible.

Placés en face d'opinions aussi divergentes, nous avons, au début de nos travaux, exprimé le désir que les tribunaux et les chambres de commerce fussent consultés; leurs avis, favorables en général au principe du projet de loi, nous ont été, pour son étude, d'un utile secours.

La rédaction définitive que nous vous présentons aujourd'hui, d'accord avec le Conseil d'État, après de longues dis-

---

(1) Cette Commission est composée de MM. Le Clerc d'Osmonville, *président*; Josseau, *secrétaire;* Roy-Bry, Du Miral, Arman, Ollivier (E.), Werlé, Aymé, de Belleyme.

Les conseillers d'État, commissaires du Gouvernement, chargés de soutenir la discussion du projet de loi, sont MM. Vuillefroy, *président de section;* Suin et Duvergier, *conseillers d'État.*

cussions, a été, dans une notable partie, empruntée au contre-projet élaboré par votre Commission; elle est, dans son ensemble, comme vous le pressentez, le résultat de concessions réciproques que la nature du sujet rendait, pour ainsi dire, inévitables.

Le caractère distinctif de la société à responsabilité limitée, que nous vous proposons d'établir, est facile à déterminer.

C'est, dans la réalité, une société anonyme dispensée de l'autorisation du Gouvernement et dans laquelle les garanties inhérentes à cette autorisation sont remplacées par une réunion de règles destinées à protéger les actionnaires et les tiers. Les associés peuvent donc administrer sans être obligés indéfiniment, comme dans la société en nom collectif, sans avoir à redouter, comme dans la société en commandite, les dangers de l'immixtion; cette forme nouvelle leur offre tous les motifs de sécurité qu'ils pourraient rencontrer dans une société anonyme proprement dite, en même temps qu'elle leur évite les lenteurs ou les difficultés de l'autorisation gouvernementale. A ce premier point de vue, il est évident que cette innovation doit être accueillie avec faveur et qu'elle peut efficacement contribuer au résultat qu'on en espère.

Est-il vrai qu'elle mérite en sens contraire les reproches qui lui ont été adressés?

C'est sans doute une règle sage de notre droit que celle en vertu de laquelle tous les biens de celui qui s'oblige répondent de l'exécution de son engagement; mais c'est aussi un principe non moins certain de notre législation que les conventions sont la loi des parties. Or, le tiers qui contracte avec une société à responsabilité limitée est averti que l'engagement pris envers lui ne peut être exécuté que sur le capital social. Ce ne sera point là, du reste, une nouveauté dans nos Codes. Il en est de même en ce qui concerne les commanditaires dans les sociétés en commandite et tous les associés dans les sociétés anonymes; les principes du droit ne sont donc aucunement compromis par l'adoption du projet.

On objecte vainement que, dans la société en commandite, le gérant est tenu sur tous ses biens; cette obligation indéfinie du gérant ne fait pas disparaître le caractère limité de l'obligation des commanditaires. Il n'y a, du reste, dans la société anonyme, aucun membre qui soit tenu indéfiniment, et on ne saurait dire que l'engagement indéfini des sociétaires y soit remplacé par l'autorisation du Gouvernement; car cette garantie, purement morale, est d'un ordre tout différent.

Comment d'ailleurs, ne pas admettre comme équivalentes au décret d'autorisation de la société anonyme proprement dite les règles établies par la loi elle-même pour la société dont nous nous occupons ?

Ce qu'il importe vraiment de rechercher, c'est si cette nouvelle forme de société, en principe et sauf examen détaillé des diverses dispositions du projet, est dangereuse ou inutile.

Les adversaires du principe du projet lui trouvent un double danger.

Ils supposent d'abord qu'il sera pour les spéculateurs téméraires un moyen facile de se lancer dans des opérations aventureuses et de tenter, avec la certitude de ne pas excéder une perte minime, la chance de bénéfices considérables au détriment de la morale, de la fortune publique et de ceux avec lesquels ils traiteront; mais ils oublient que les tiers seront avertis de la nature, de la portée de l'engagement qui sera contracté envers eux; qu'ils connaîtront la quotité du capital qui seul leur servira de garantie; que les moyens de publicité les plus efficaces seront employés pour les protéger. La limitation de la responsabilité existe aussi dans les sociétés anonymes autorisées et ne rend pas ces sociétés plus téméraires; cette limitation ne fait pas disparaître l'intérêt qu'ont les sociétaires à conserver leur capital; il est rare qu'on puisse trouver un moyen de gagner beaucoup en risquant peu; le résultat qu'on redoute ne pourrait s'obtenir qu'à l'aide des moyens frauduleux, dont l'emploi sera sévèrement puni; la responsabilité indéfinie des gérants est loin, d'ailleurs, de l'avoir toujours prévenu dans les sociétés en commandite.

Ils se préoccupent ensuite de la concurrence que les sociétés nouvelles vont faire aux commerçants qui agissent individuellement avec leurs propres capitaux, ou aux sociétés en nom collectif, et prévoient une perturbation commerciale comme conséquence probable de leur développement trop rapide.

Cette seconde appréhension ne nous semble pas mieux fondée que la première.

Les commerçants, dont le crédit entier, dont la fortune entière sont engagés, qui se consacrent exclusivement à une affaire, conserveront habituellement la supériorité et l'avantage dans la lutte qu'ils auraient à soutenir contre des administrateurs n'ayant qu'un intérêt partiel dans l'affaire qu'ils administrent. Les obligations de publicité, de responsabilité imposées aux sociétés nouvelles, si elles n'empêchent pas leur formation, comme le supposent ceux qui attaquent le projet dans un sens contraire, s'opposeront au moins à leur développement trop rapide.

On ne saurait prévoir raisonnablement une concurrence perturbatrice, c'est-à-dire préjudiciable pour ceux contre qui elle serait dirigée, sans profit pour ceux qui la créeraient, sans avantage pour le public. Quant à la concurrence loyale et sérieuse qui pourrait se produire, nous n'avons pas à vous apprendre qu'elle est le meilleur stimulant de la production, la plus sûre garantie des consommateurs : nous devons en souhaiter le développement plutôt que le craindre.

Ce ne serait pas assez, cependant, pour le projet que de ne pas être dangereux, il faut encore que son utilité, que son opportunité soient réelles et qu'il constitue par rapport à la législation existante un véritable progrès et un complément désirable.

Il est sans doute des cas nombreux où la société en nom collectif, la société en commandite ordinaire, la société anonyme autorisée et même la société en commandite par actions pourront être préférables à la société à responsabilité limitée ; mais il y en a beaucoup d'autres où celle-ci obtiendra la préférence.

Ce n'est, sauf les exceptions, qu'avec l'anonymat et la commandite par actions qu'elle peut être utilement comparée.

On ne saurait nier, tout en rendant hommage à l'activité,

aux lumières, et à la haute impartialité avec lesquelles sont instruites par le conseil d'État les demandes en autorisation de sociétés anonymes, que cette nécessité d'autorisation et le pouvoir d'annulation qui en est la conséquence, ne soient une gêne considérable, une exception au grand principe de la liberté et de l'irrévocabilité des conventions; il est, du reste, des cas où une affaire importante ne peut s'engager qu'à la condition d'une conclusion immédiate.

Quant à la Société en commandite par actions, la difficulté d'y concilier le pouvoir du gérant avec la légitime surveillance des commanditaires, l'impossibilité pour ces derniers de participer efficacement à l'administration de l'affaire même depuis le remaniement des articles 27 et 28 du Code de commerce que nous venons de voter ne permettent pas qu'elle offre habituellement les facilités et les avantages de la société à responsabilité limitée.

Le nombre des gérants honnêtes et capables est loin de s'être accru en proportion de la progression de la richesse mobilière.

Ce système, qui avait été rationnel à une époque où la commandite n'était que l'accessoire et pour ainsi dire l'appoint de la fortune et de la capacité personnelles du commandité, où le capital des sociétés commerciales n'atteignait jamais des proportions très-élevées, et où le crédit personnel du gérant dominait le capital social, est devenu progressivement moins logique, moins praticable depuis que le chiffre du capital s'est élevé à des quotités qu'on ne supposait même pas autrefois, et son importance a amoindri ou pour mieux dire absorbé la personnalité du gérant.

Il faut, du reste, reconnaître que les abus pratiqués au préjudice des actionnaires et l'impossibilité pour eux de surveiller efficacement leurs intérêts ont commencé à détourner les capitaux de ce genre de placement; rien ne peut les y ramener davantage que la possibilité pour les intéressés de participer à l'administration des sociétés sans encourir les responsabilités indéfinies qui atteignent les gérants; cette possibilité empêcherait aussi beaucoup de ceux qui s'enrichissent dans l'industrie ou le commerce de quitter complétement, comme ils le font trop souvent aujourd'hui, la carrière à laquelle ils doivent leur fortune, dont ils possèdent l'expérience et la tradition pour ne pas rester exposés aux périls d'une responsabilité sans limite.

Il est d'autres considérations plus décisives encore qui se réunissent pour démontrer l'opportunité du projet.

Deux grands motifs exigent que nous ne négligions rien de ce qui est possible pour le développement de notre activité commerciale et industrielle :

Le traité de commerce récemment fait avec l'Angleterre et la nécessité de lutter avec elle à armes égales ;

L'impulsion bienfaisante donnée sur tous les points du territoire à la création des moyens de transport et la nécessité de grandir parallèlement notre production et nos échanges pour utiliser sans retard le capital consacré à ces vivifiantes créations.

Or, l'Angleterre est déjà en possession de la forme de société nouvelle dont il s'agit de doter la France ; elle en obtient, nous nous en sommes assurés, les meilleurs résultats, et aux termes d'une clause particulière du traité, elle est autorisée à faire fonctionner chez nous à son profit ces sociétés dont elle nous a donné la première l'utile exemple, quoique nous lui en eussions fourni par la commandite et l'anonymat la première idée.

Il existe un troisième motif non moins considérable, quoique d'un ordre différent, que nous ne pouvons passer sous silence.

L'Empereur, dans sa haute sagesse et dans sa féconde initiative, a noblement proclamé la doctrine de la liberté économique et commerciale ; il a provoqué la spontanéité des citoyens à s'affranchir progressivement de la tutelle de l'Etat ; il a signalé cette base de la liberté civile comme la meilleure et la plus solide sur laquelle pussent s'établir les assises de notre liberté politique.

Le projet qui vous est soumis est dans son principe un hommage rendu à cette grande pensée, il en est une des premières réalisations ; le Corps Législatif ne peut que l'approuver et y applaudir ; votre Commission, à l'unanimité, lui a donné son adhésion.

Nous croyons avoir suffisamment repoussé les objections

dirigées contre l'idée mère du projet; nous allons maintenant l'examiner dans ses détails; cet examen fournira l'occasion de répondre aux attaques dont il a été l'objet au point de vue de la liberté.

Le projet définitif se compose de trente-deux articles :

Les dix premiers règlent ce qui est relatif à la constitution et à la publicité.

L'administration et le fonctionnement sont régis par les art. 11, 12 et suivants, jusqu'au 22 inclusivement.

Les dix derniers déterminent les prohibitions, les nullités, les responsabilités de diverses natures.

§ 1er.

ART. 1er.

La Commission avait proposé de substituer au titre de sociétés à responsabilité limitée celui de sociétés *anonymes libres;* elle y voyait l'avantage de préciser d'une manière plus claire, plus exacte le véritable caractère de la société nouvelle; le Conseil d'Etat ne s'est pas rendu sur ce point à nos observations; mais ce dissentiment sur la nomination, que nous persistons à regretter, n'en implique néanmoins aucun sur le fond des choses.

La Commission avait aussi dans son contre-projet manifesté l'intention d'appliquer la forme nouvelle aux sociétés civiles comme aux sociétés commerciales, dans le cercle de la loi et de faire cesser les hésitations ou les divergences qui se sont produites dans la jurisprudence, sur le point de savoir si des sociétés civiles peuvent prendre la forme anonyme.

Le Conseil d'Etat a rétracté du contre-projet le mot civiles, pour qu'il demeurât bien entendu que la loi ne peut s'appliquer qu'aux sociétés commerciales.

Cette rédaction n'a du reste aucunement l'intention de combattre la jurisprudence, par suite de laquelle il a été décidé que des sociétés, dont l'objet était primitivement civil, avaient pu prendre le caractère commercial et se soumettre valablement à la forme anonyme par suite des agissements vraiment commerciaux auxquels elles se livraient.

Votre Commission exprime à cette occasion le vœu que la législation sur les sociétés civiles soit l'objet d'une révision prochaine qui fasse disparaître les inconvénients et les incertitudes auxquels le contre-projet avait eu l'intention de remédier en partie.

Un dissentiment d'une moindre importance s'était produit entre le Conseil d'Etat et la Commission au sujet de la nécessité de l'acte authentique ; elle a été maintenue.

ART. 2.

Nous avons réduit à sept le nombre de dix membres qui, d'après le projet primitif, était nécessaire pour la constitution de la société.

Ce nombre de sept, qui est celui de la législation anglaise, paraissait encore trop élevé à quelques-uns de vos Commissaires; il a semblé nécessaire à la majorité pour permettre la possibilité de l'organisation du Conseil d'administration et des commissaires chargés de la surveillance; elle a pensé, d'ailleurs, que les formes actuelles étaient suffisantes pour des sociétés plus restreintes.

ART. 3.

Le projet primitif posait au capital des sociétés nouvelles une double limite, et voulait qu'il ne pût être inférieur à 200,000 fr. ou supérieur à 10,000,000 de francs. Votre Commission avait proposé la suppression pure et simple de cette disposition ; notre contre-projet laissait donc pour la fixation du capital l'entière liberté qui existe déjà pour les sociétés en commandite.

Le projet définitif supprime la limite inférieure et porte à 20,000,000, au lieu de 10,000,000 la limitation par en haut.

Il est rare qu'au-dessus de ce chiffre de vingt millions on n'ait pas recours à l'anonymat autorisé ; il ne s'est formé, dans les cinq dernières annés, que deux sociétés en commandite, par actions, à un capital supérieur.

Le champ laissé à la nouvelle société, *à son début*, demeure assez vaste pour que votre Commission ait dû se résigner à donner son adhésion à cette nouvelle disposition.

Tous les autres paragraphes de l'art. 3 sont relatifs à la quotité des actions, à la possibilité de les négocier, aux obligations des souscripteurs originaires.

Ces dispositions sont littéralement empruntées à la loi de 1856 sur les sociétés en commandite par actions.

Elles constituent des moyens efficaces de combattre le jeu, la fraude et d'assurer la réalité du capital, qui est, dans les sociétés nouvelles, d'une importance fondamentale; elles ont, du reste, reçu l'approbation de la presque unanimité des tribunaux et chambres de commerce consultés.

Art. 4.

Cet article est encore emprunté, pour la presque totalité, à la loi de 1856 ; il s'occupe spécialement de la souscription et du versement du capital.

Le premier paragraphe prescrit la vérification par la première assemblée générale de la réalité des souscriptions et des versements; c'est une précaution de plus due à l'initiative de vos commissaires.

Art. 5.

Il règle ce qui est relatif aux apports et aux stipulations d'avantages particuliers; c'est aussi une reproduction presque littérale des dispositions de la loi de 1856, sauf le dernier paragraphe que vos commissaires ont fait ajouter, pour qu'il fût bien entendu que l'approbation donnée par les actionnaires ne ferait pas obstacle à leurs légitimes réclamations, lorsqu'elles auront pour base le dol ou la fraude des fondateurs.

Notre honorable collègue M. Calley-Saint-Paul avait proposé sur cet article un amendement dont le but était de faire évaluer judiciairement les apports au moyen d'une expertise et avec le concours du Tribunal de commerce.

Ce moyen, qui avait été déjà proposé et repoussé lors de la discussion de la loi de 1856, nous a semblé avoir plus d'inconvénients que d'avantages; il fait sortir les juges consulaires de la sphère qui leur est propre pour leur attribuer une responsabilité des plus délicates et éminemment dangereuse pour les tiers, dans le cas où leur religion aurait été surprise; il constitue une dérogation à cette règle élémentaire que les intéressés sont et doivent être les meilleurs juges de leurs intérêts; enfin, il crée une barrière infranchissable contre les recherches ultérieures et met les entraînements si dangereux du moment à l'abri des investigations ou des révélations de l'avenir.

ART. 6.

Son objet est la nomination des administrateurs et des commissaires.

Nous signalerons plus tard l'utilité de l'institution des commissaires. Quant aux administrateurs, il est évident qu'ils sont la personnification de la société à responsabilité limitée comme de la société anonyme, qu'elle ne peut exister sans eux et qu'elle n'est constituée qu'à partir de leur acceptation.

Les dispositions de cet article sont assez claires pour ne pas avoir besoin d'autres explications.

ART. 7.

Si l'ensemble des administrateurs doit, aux termes de cet article, être propriétaire d'un vingtième du capital social, chacun d'eux est tenu d'avoir dans ce vingtième une part égale.

C'est une précaution de bonne administration qui, renfermée dans cette limite, ne peut pas créer de difficulté sérieuse pour le choix des administrateurs et ne saurait produire que des avantages.

Cette disposition donne satisfaction au vœu manifesté par le Tribunal de commerce de la Seine, dont l'honorable président, M. Denières, avait signalé le premier dans un discours remarquable l'utilité du projet.

ART. 8, 9 et 10.

Les articles 8, 9 et 10 déterminent d'une manière nouvelle et satisfaisante les conditions de publicité pour la constitution de la société et pour ses actes les plus importants.

Le greffe du Tribunal de commerce devient un lieu de dépôt sûr, commode et complet, où tout intéressé pourra constamment se procurer les documents propres à le renseigner sur la situation des sociétés à responsabilité limitée.

§ 2.

ART. 11.

L'article 11 impose avec raison aux sociétés nouvelles l'obligation de révéler dans tous leurs actes, dans toutes leurs manifestations extérieures, leur véritable caractère.

Le véritable sens des mots : « Responsabilité limitée » ne tardera pas à être connu de tous ceux qui se livrent à des opérations commerciales ; la prescription du présent article constitue donc un utile avertissement.

ART. 12, 13, 14.

Les articles 12, 13 et 14 règlent avec clarté ce qui est relatif à la tenue des assemblées générales.

Ils distinguent avec raison les assemblées dans lesquelles, à cause de l'importance de l'objet, la moitié du capital au moins doit être représentée, de celles auxquelles tous les actionnaires sont nécessairement admis avec voix délibérative.

Cette dernière disposition a un caractère libéral et moral qui ne vous échappera pas.

La prescription relative à la feuille de présence des actionnaires qui prennent part aux délibérations, au dépôt et à la communication de cette feuille est une sage précaution contre les fraudes dont la tenue de ces assemblées n'est que trop fréquemment l'occasion.

ART. 15 et 16.

Les articles 15 et 16 déterminent l'institution, les devoirs et les droits des commissaires dont il a été déjà question à l'occasion de l'article 6.

Leur mission principale est de vérifier l'exactitude du bilan et des comptes qui, chaque année, doivent être présentés par les administrateurs et de faire un rapport qui constate cette vérification ; ils exercent aussi un contrôle permanent sur la situation de la société et sur les actes des administrateurs.

Cette institution a la plus grande analogie avec celle des *inspecteurs* qui, dans les sociétés anglaises, sont établis par les articles 48, 49, 50, 51 et 52 de l'*acte* du 14 juillet 1856.

Quoiqu'elle ait été très-généralement approuvée, quelques tribunaux ou chambres de commerce y ont vu le germe probable d'un antagonisme fâcheux entre les administrateurs et les commissaires, une atteinte au principe de l'unité de direction indispensable, à leurs yeux, pour la bonne *marche des affaires*. Nous n'avons pas partagé ces appréhensions.

La sphère d'action des administrateurs et des commissaires est distincte : les premiers agissent; les seconds se bornent à contrôler et n'ont pas même le droit de *veto* sur les actes des premiers; il est vrai que les commissaires peuvent convoquer l'assemblée générale, mais ce n'est pas là un acte d'administration proprement dit, et il est difficile d'admettre qu'ils en fassent usage en dehors des cas exceptionnels où il sera impérieusement commandé par l'intérêt social. L'unité de direction n'est donc pas compromise par cette création.

Elle pourra sans doute parfois causer une gêne et un ennui aux administrateurs; mais ce n'est là qu'un inconvénient secondaire, et il est impossible de ne pas reconnaître qu'elle constitue pour les actionnaires non administrateurs et pour les tiers une garantie efficace et presque nécessaire.

ART. 17 et 18.

Ces articles 17 et 18 imposent aux administrateurs l'obligation de dresser, chaque trimestre, un état résumant la situation active et passive de la société. Cette sage prescription, utile pour les administrateurs eux-mêmes, facilitera singulièrement le contrôle des commissaires.

Ils règlent ensuite un des objets les plus importants : la rédaction de l'inventaire annuel, son dépôt au greffe, sa communication par divers moyens aux intéressés dans un délai qui en permette l'utile examen.

ART. 19.

Il prescrit un prélèvement annuel d'un vingtième sur les bénéfices pour la formation d'un fonds de réserve, mais ce prélèvement cesse d'être obligatoire lorsque le fonds de réserve a atteint le dixième du capital social.

Ce prélèvement, renfermé dans une raisonnable mesure, a l'avantage d'établir une compensation désirable entre des années inégales et surtout de maintenir l'intégrité du capital dont la conservation est pour les actionnaires, pour les tiers et même pour la fortune publique, d'un intérêt supérieur.

ART. 20.

Il oblige les administrateurs, en cas de perte des trois quarts du capital social, à soumettre à l'assemblée générale la question de la dissolution de la société et à rendre publique la résolution prise à cet égard.

On rencontre une disposition analogue dans l'article 67 de la loi anglaise.

Nous avons rendu facultative la prescription obligatoire qui existait à cet égard dans le projet primitif, parce qu'il y a certaines affaires qui peuvent encore fonctionner avec un capital réduit, et qu'il serait trop rigoureux d'anéantir au moment où elles semblent devoir réparer leurs pertes; mais, dans le plus grand nombre des situations, il sera sage de s'arrêter et il y aura toujours avantage à ce que le public soit averti.

ART. 21.

Il est la sanction nécessaire de la limitation du nombre fixé par l'article 2.

ART. 22.

Il donne aux actionnaires qui ont à former des réclamations contre les administrateurs, des facilités analogues à celles qui ont trouvé place dans l'article 14 de la loi de 1856; il ne saurait s'élever sur ce point aucune difficulté.

§ 3.

ART. 23.

Il interdit aux administrateurs de prendre ou de conserver un intérêt direct ou indirect dans une opération quelconque faite avec la société ou pour son compte ; à moins *qu'ils ne soient autorisés par l'assemblée générale pour certaines opérations spécialement déterminées.*

Ce tempérament introduit par votre commission fait disparaître les inconvénients qui avaient été signalés par divers tribunaux de commerce, notamment par celui de la Seine, en ce qui concerne cette disposition du projet.

Ainsi modifiée, elle constitue une innovation des plus morales et des plus heureuses, qui sera certainement étendue aux statuts des Sociétés anonymes autorisées.

ART. 24.

Il prononce la nullité des sociétés qui n'ont pas été constituées et des actes ou délibérations qui n'ont pas été déposés ou publiés, conformément aux articles 1, 2, 3, 4, 5, 6, 7, 8 et 9.

Cette nullité est la sanction nécessaire des articles que nous venons d'énumérer.

Cet article n'est guère que la reproduction de l'article 6 de la loi de 1856 dans une partie où elle n'a jamais été critiquée.

ART. 25.

Il détermine les responsabilités encourues par les administrateurs ou les fondateurs, lorsque la nullité de la société, des actes ou des délibérations a été prononcée.

La rédaction primitive de cet article a été modifiée sur notre proposition de manière à limiter la responsabilité à ceux auxquels elle est réellement imputable.

Notre honorable collègue M. Calley-Saint-Paul avait présenté sur les articles du projet primitif que cet article 25 remplace un amendement qui avait pour but de permettre aux administrateurs de s'exonérer, sous de certaines conditions, des responsabilités qui leur sont imposées pour l'accomplissement des diverses prescriptions dont l'exécution leur est confiée; il était ainsi conçu :

« Les administrateurs sont toujours libres de se libérer de « la responsabilité que font peser sur eux les art. 11 et 12 « (projet primitif).

« A cet effet, aussitôt l'accomplissement des formalités et « stipulations prévues par les art. 3, 4, 5, 6, 7 et 8 (proj. « prim.), ils devront rendre en assemblée générale un compte « justificatif de cette partie spéciale de leur mandat.

« Le compte rendu par eux sera préalablement soumis « aux commissaires nommés aux termes de l'art. 8; ces « commissaires feront de leur examen un rapport, et ce rap- « port lu à l'assemblée générale, elle donnera ou refusera « son approbation ; si le vote est favorable, il sera soumis « à l'homologation du tribunal de commerce, le jugement

« d'homologation libérera complétement les administrateurs « des responsabilités prévues dans les art. 11 et 12. »

Nous ne l'avons pas adopté, parce que nous n'avons pas trouvé la garantie de cette vérification équivalente à celle de la nullité inscrite dans la loi, parce que cette nullité n'a pas été seulement introduite dans l'intérêt des actionnaires, mais principalement dans l'intérêt des tiers qui ne seraient pas représentés dans la délibération, parce que l'intervention du Tribunal de commerce, en l'absence d'une contradiction suffisante, ne pourrait être qu'un simple enregistrement, et enfin, parce que l'accomplissement des formalités prescrites est assez simple, assez facile pour qu'avec un peu d'attention les administrateurs soient entièrement sûrs de ne s'exposer à aucun danger.

Art. 26.

Aux termes de cet article, l'étendue et les effets de la responsabilité des commissaires envers la société sont déterminés d'après les règles générales du mandat.

Cet article n'était susceptible d'aucune critique ; il ne peut donner lieu à aucune observation.

Art. 27.

Il se compose de deux paragraphes.

Le premier se borne à énoncer que les administrateurs sont responsables, conformément au droit commun, des infractions aux dispositions de la loi et des fautes commises dans leur gestion.

Il n'a donné lieu dans le sein de votre Commission à aucune discussion.

Il n'en est pas de même du second paragraphe.

Celui-ci s'applique à la faute spéciale qui est commise par les administrateurs, lorsqu'ils distribuent des dividendes qui ne sont pas réellement acquis.

Cette faute, dans le projet primitif, était prévue par l'article 25 dans les termes suivants :

« Les administrateurs qui distribuent ou laissent distri-« buer sans opposition des dividendes qui ne sont pas réel-« lement acquis sont tenus solidairement *d'en rétablir le mon-*

« *tant dans la caisse de la Société*, sans préjudice de plus am-
« ples dommages et intérêts, s'il y a lieu, envers les tiers ou
« les associés. »

Nous avions, dans notre contre-projet, purement et simplement supprimé cet article 25.

Nous considérions, d'un côté, que le droit commun suffisait pour atteindre la faute particulière dont il s'agit, et nous appréhendions que l'énonciation spéciale de cette responsabilité ne fût de nature, en maintenant les inquiétudes créées par la loi de 1856, à éloigner des actionnaires honorables du rôle d'administrateurs dans les sociétés nouvelles.

Nous pensions, d'un autre côté, que l'obligation de réintégration dans la caisse sociale des dividendes versés pourrait parfois constituer, sans intérêt aucun, un irréparable préjudice pour les administrateurs et créer un injuste avantage pour des actionnaires qui auraient souvent provoqué ou au moins approuvé la distribution et en auraient toujours profité.

Le Conseil d'État a donné satisfaction à cette dernière partie de nos observations par la rédaction contenue au projet définitif, à laquelle nous avons fini par adhérer; cette rédaction est ainsi conçue :

« Ils (les administrateurs) sont tenus solidairement du
« préjudice qu'ils peuvent avoir causé soit aux tiers, soit
« aux associés, en distribuant ou en laissant distribuer sans
« opposition des dividendes qui, d'après l'état de la société
« constaté par les inventaires, n'étaient pas réellement
« acquis. »

Il importe de bien en préciser le sens avant d'indiquer les motifs qui nous ont déterminés à l'adopter.

Il est d'abord bien évident, à la simple lecture du paragraphe, qu'il n'exige pas, pour que la responsabilité qu'il édicte soit encourue, que la distribution des dividendes non réellement acquis ait eu lieu frauduleusement dans un but mauvais ou tout au moins en connaissance de cause. Le mot *sciemment* n'y est pas écrit.

Une faute grave, certaine, suffirait donc pour l'application de la disposition, même alors que la bonne foi du distributeur serait présumable ou constante.

Mais que faut-il entendre par ces expressions *qui d'après l'état de la société constaté par les inventaires n'étaient pas réellement acquis?*

La disposition ne sera-t-elle applicable que lorsque la distribution aura été faite en contradiction de l'inventaire qui aura été dressé, même alors que l'inventaire serait inexact, et suffira-t-il qu'un inventaire défectueux semble autoriser la distribution pour qu'elle ne donne lieu à aucune responsabilité? Ce serait une erreur de le penser. La distribution sera recherchable, ou qu'elle soit faite contrairement à un inventaire régulier, ou qu'elle ait eu pour motif un inventaire défectueux qui ne constatait pas le véritable état de la société, ainsi qu'aurait dû le faire un inventaire exact et sincère. Dans ce dernier cas, la faute de la distribution procède de celle qui a donné naissance à la confection vicieuse de l'inventaire; elles se confondent l'une et l'autre; il faut donc entendre le mot inventaire employé dans le paragraphe comme emportant avec lui l'idée de l'exactitude et de la régularité.

Il ne nous reste plus qu'à déterminer la signification de ces expressions *réellement acquis.*

On a voulu exprimer ainsi les bénéfices qui ne peuvent plus échapper à la société, qui ne sont plus à l'état de simple éventualité, quelle qu'en soit la vraisemblance; dont aucun coup du sort, excepté une insolvabilité imprévue, ou une destruction fortuite ne peut plus priver la société. Sans doute il ne sera pas toujours nécessaire que le bénéfice ait été encaissé; il pourra résulter d'une valeur, d'une traite, même d'une simple créance, pourvu qu'elle soit réputée bonne, non susceptible de discussion et de nature, suivant les usages du commerce, à figurer à l'actif. Le bon sens et la pratique commerciale seront, sur ce point, le meilleur commentaire de la loi. Quel est, pour ne prendre qu'un exemple, le commerçant, l'industriel, qui ne sache pas distinguer une opération conclue et liquidée de celle qui n'est qu'en cours d'exécution?

Indiquons maintenant les motifs qui nous ont décidés à consentir au maintien de la disposition ainsi précisée.

Le principal, c'est qu'elle n'est dans la réalité qu'une répétition, une reproduction *explicite* pour cette faute spéciale de la distribution de dividendes non acquis, de la disposition générale du paragraphe premier du même article qui déclare le droit commun applicable aux fautes commises par les administrateurs de la nouvelle société.

Or, n'est-ce pas une faute évidente, palpable, préjudiciable au plus haut degré aux tiers qui contractent avec la société, à ceux qui en achètent ou en conservent les titres, que celle qui consiste à les tromper sur sa véritable situation ?

Le dissentiment entre nous et le Conseil d'État ne pouvait donc porter que sur la forme et non sur le fond, sur lequel nous étions nécessairement d'accord.

Il s'agissait uniquement entre nous de savoir s'il valait mieux rappeler par une énonciation explicite cette portée incontestable du droit commun en matière de mandat, ou ne pas le faire.

Nous serions peut-être restés fidèles à ce dernier parti que nous avions adopté d'abord, si le projet primitif n'avait pas eu à cet égard une disposition formelle, et si son retranchement n'eût pas été de nature à faire penser qu'on abandonnait sur ce point la voie dans laquelle était entré le législateur de 1856.

Cette dernière considération a été pour nous décisive. La suppression pure et simple de la disposition du projet primitif aurait laissé subsister une équivoque : or, il faut avant tout qu'une loi soit sincère, précise, qu'elle dise franchement ce qu'elle veut et qu'elle ne laisse pas par son silence prétexte à la mauvaise foi ou à l'erreur.

Nous avions dû nous demander, il est vrai, si la simple faute en matière de dividende ne pourrait pas être innocentée et s'il ne conviendrait pas de n'atteindre que les distributions frauduleuses ou celles faites en connaissance de cause. Quelques-uns de nous avaient même fait remarquer, dans le sens de cette dernière opinion, que l'art. 10 de la loi du 17 juillet 1856 sur les commandites n'établit la responsabilité des membres des conseils de surveillance que lorsqu'ils ont consenti à la distribution *en connaissance de cause*. Mais la réflexion fait comprendre qu'on ne saurait assimiler à des administrateurs qui dressent eux-mêmes les inventaires, qui doivent en posséder tous les éléments, de simples surveillants étrangers à l'administration et réduits à voir ce qu'on leur montre.

L'idée de supprimer la responsabilité des administrateurs pour cette faute particulière, pour cette faute exceptionnellement grave et dangereuse de la distribution des dividendes (même en dehors des cas de fraude), n'a pas semblé à la majorité de votre commission résister à un examen attentif. Il faudrait évidemment, si elle était admise, l'étendre à toutes les autres fautes. Comment d'ailleurs justifier cette dissemblance avec la société anonyme autorisée, et cette dérogation aux règles les plus générales et les plus salutaires du droit civil et commercial?

Ne comprend-on pas que, sous prétexte de n'atteindre que la fraude, on s'exposerait, dans une foule de cas, à lui ouvrir la porte et à la rendre inattaquable?

Il ne faut pas, du reste, s'exagérer les périls et les inconvénients de la responsabilité des administrateurs.

La perfection absolue n'est pas de ce monde; les choses humaines s'apprécient toujours humainement.

Il n'arrivera presque jamais, lorsque des administrateurs auront été de bonne foi, qu'ils auront apporté aux affaires de la société un soin ordinaire, qu'ils puissent être recherchés; la vérification des commissaires, le rapport qu'ils auront rédigé, le vote donné par l'assemblée générale, en connaissance de cause, après avoir eu à sa disposition tous les moyens d'information, créeront presque constamment une fin de non-recevoir morale, invincible contre ceux qui voudraient les attaquer; il faudra d'ailleurs que ceux qui ne reculeront pas devant cette difficile entreprise commencent par justifier d'un préjudice, et grâce aux précautions prises par le projet, ce préjudice ne pourra que bien rarement se rencontrer.

Il n'est pas, nous le reconnaissons, impossible que quelques esprits timorés, s'effrayant outre mesure de la possibilité d'une recherche contre laquelle leur bonne foi n'aurait pas suffi pour les prémunir, ne s'abstiennent d'accepter les fonctions d'administrateur.

Ces abstentions seront quelquefois regrettables; mais la suppression de la responsabilité tutélaire et indispensable des administrateurs le serait bien davantage.

Ces abstentions sans motif suffisant deviendront d'ailleurs de plus en plus rares à mesure que la véritable portée de la disposition sera mieux connue. Son inconvénient, s'il existe, sera donc relativement faible ; elle aura dans un sens opposé l'inappréciable avantage d'augmenter sensiblement dans les conseils d'administration la proportion des gens sérieux qui sont décidés à remplir scrupuleusement leurs devoirs, à faire et à voir par eux-mêmes et à ne pas s'en rapporter aveuglément aux déclarations d'autrui.

Nous avons néanmoins proposé de soumettre à une prescription de cinq ans cette responsabilité spéciale à la distribution de dividendes non réellement acquis.

Nous ne nous dissimulions pas que c'était une exception aux règles ordinaires du droit, mais ce tempérament nous semblait offrir moins de dangers que d'avantages, et nous regrettons que le Conseil d'État n'y ait pas donné son adhésion.

Art. 28.

Il est la sanction nécessaire et modérée de l'art. 11.

Art. 29.

Il punit d'une amende de 500 à 10,000 francs ceux qui, par des moyens frauduleux, exercent dans l'assemblée générale des actionnaires une majorité factice.

Ces abus sont trop regrettables et ils ont trop d'extension pour qu'il n'ait pas paru sage à votre commission, qui en a pris l'initiative, de les prévenir en les punissant.

Art. 30, 31, 32.

Ils sont presque littéralement empruntés à loi de 1856.

L'article 30 contient la sanction nécessaire des prescriptions relatives à l'émission et à la négociation des actions.

Quant à l'article 31, il punit des peines de l'article 405 du

Code penal, c'est-à-dire des peines applicables à l'escroquerie :

1° Les simulations et les publications dolosives de souscriptions et de versements ;

2° Les publications mensongères des noms de personnes désignées, contrairement à la vérité, comme étant attachées à la société, dans le but d'obtenir des souscriptions ou des versements.

Ces manœuvres, d'un caractère analogue à celles qui constituent l'escroquerie, quoiqu'elles n'en réunissent pas toujours tous les éléments essentiels, nous ont semblé mériter une égale répression.

Le paragraphe 3 de cet article 31 applique les mêmes peines aux répartitions de dividendes non acquis opérées au moyen d'inventaires frauduleux, ou en l'absence d'inventaires.

Des faits de cette gravité, dont l'immoralité ne peut être un instant douteuse, sont nécessairement inspirés par un mobile de cupidité et ne peuvent avoir d'autre but que de surprendre la bonne foi des tiers. Nous n'avons pas hésité à leur appliquer la même peine.

Le tribunal de commerce de la Seine dans son avis, et deux de nos honorables collègues dans leurs amendements, Messieurs Javal et Calley-Saint-Paul, avaient cependant demandé que ces dispositions pénales fussent retranchées du projet, en se fondant : 1° sur ce que le droit commun les rendait inutiles ; 2° sur ce qu'elles témoignaient d'une défiance injurieuse et injuste envers le commerce français ; 3° sur ce qu'elles étaient de nature à éloigner les hommes honorables des sociétés nouvelles.

Aucun de nous n'a partagé cette appréciation, nous n'avons pas pensé d'abord qu'aucun homme honnête et résolu à ne pas cesser de l'être pût concevoir la moindre appréhension de pénalités qui ne pourront jamais l'atteindre tant qu'il ne deviendra pas malhonnête.

Nous n'avons pas admis non plus que le projet fût plus injurieux pour le commerce français que les dispositions qui prévoient la banqueroute simple ou frauduleuse, que le Code pénal militaire ne l'est pour l'armée, que le crime de forfaiture ne l'est pour les fonctionnaires.

Quant à la suffisance du droit commun pour réprimer les abus que nous voulons prévenir, il suffit de parcourir les incriminations diverses du projet pour se convaincre que les dispositions du Code pénal ordinaire seraient, dans les cas les plus nombreux, impuissantes à les suppléer.

Qui ne se rappelle du reste la situation antérieure à la loi de 1856 et les nécessités législatives qu'elle a révélées?

Nous ne disons rien d'autres amendements de l'honorable M. Javal parce qu'ils ont trouvé dans le projet modifié une satisfaction pareille, mais il en est deux parmi ceux qu'avait présentés M. Calley-Saint-Paul.

Par le premier notre honorable collègue prévoyait et voulait faciliter la transformation des sociétés en commandite en sociétés à responsabilité limitée.

En voici les termes :

« Les sociétés en commandite pourront toujours se convertir en sociétés à responsabilité limitée; l'assemblée générale spécialement convoquée à cet effet par le gérant et les commissaires de surveillance, délibérant à la majorité des trois quarts des voix des membres présents, aura qualité pour autoriser la conversion et faire aux statuts de la société les modifications nécessaires pour les harmoniser avec les prescriptions de la présente loi. »

Il est en effet probable qu'un certain nombre de sociétés en commandite voudra adopter la forme nouvelle; mais la loi ne pourrait, sans violer la règle de la non-rétroactivité, porter atteinte à leurs statuts, et y introduire une faculté qui n'aurait pas été prévue ou qui aurait pu être interdite. L'intérêt des actionnaires saura, du reste, trouver, sans le secours de la loi, un moyen de réaliser cette transformation quand ils y auront un réel avantage. Nous n'avons pas adopté l'amendement.

Nous ne pouvions pas non plus donner notre adhésion au second amendement que nous a présenté l'honorable M. Calley-Saint-Paul.

Cet amendement, contenu dans un seul article, constituait

en quelques lignes un contre-projet complet et impliquait le rejet tout entier du projet de loi.

Il était ainsi conçu :

« L'article 37 du Code de Commerce est remplacé par la « disposition suivante :

« La Société anonyme ne peut exister qu'avec l'autorisa- « tion de l'Empereur et avec son approbation pour l'acte qui « la constitue; cette approbation sera donnée sur la propo- « sition de M. le Ministre du Commerce. »

Notre honorable collègue le motivait sur l'exemple de la Belgique, où il prétend que ce système donne les meilleurs résultats.

Nous ne pensons pas qu'on puisse contester davantage les bons résultats des sociétés anonymes en France, quoique, au lieu d'être autorisées sur la proposition du Ministre seulement, l'autorisation leur soit donnée par décret rendu en Conseil d'État.

Les motifs que nous avons déjà donnés en faveur de l'adoption du projet de loi ne nous permettaient pas d'adhérer à cet amendement si, comme nous ne devons pas en douter, il était dans la pensée de son auteur une protestation contre le projet.

S'il n'était, au contraire, qu'une simple modification de l'article 37 du Code de commerce, nous n'avions pas à l'examiner, parce que nous n'étions pas constitutionnellement saisis de la révision de cet article.

Nous voici parvenus au terme de l'examen des détails du projet et des amendements proposés; cet examen, si nous ne nous faisons illusion, vous aura convaincus comme nous que les attaques dont il a été l'objet, sous le prétexte d'un excès de réglementation et de pénalités, ne sont pas mieux fondées que celles qui le désignent comme dangereux pour la morale et pour le crédit; nous avons du reste, comme vous avez pu en juger, donné aux unes et aux autres de nombreuses satisfactions.

Il est vrai que des précautions nombreuses y ont été réunies pour sauvegarder l'intérêt de ceux qui traiteront avec les sociétés nouvelles, pour paralyser les spéculations coupables, pour prévenir de dangereux entraînements, pour empêcher le retour de scandales qui se sont trop fréquemment renouvelés et pour assurer le succès d'une innovation commerciale dont le développement sera d'autant plus rapide qu'il se mêlera moins d'abus et de désastres aux résultats utiles de ses premières applications.

Nous nous faisons honneur de ces précautions au lieu de nous en excuser.

Pour les bien apprécier, il ne faut pas les juger superficiellement, en bloc et d'après leur nombre; il convient, au contraire, de les examiner individuellement, ainsi que nous venons de le faire, d'en peser tour à tour les inconvénients et les avantages.

Il en est sans doute de moins importantes que d'autres, mais il n'en est aucune d'inutile ou de nuisible, et celles qu'on attaque le plus vivement, ou pour mieux dire les seules qu'on attaque, ont, nous croyons l'avoir démontré, un caractère d'indispensable nécessité.

La difficulté du projet était, en partie, nous en convenons, dans une juste pondération de la liberté et de la règle.

Cette pondération a parfois un caractère arbitraire, que nous ne voulons pas dissimuler; il en est toujours ainsi dans les questions de mesure ou de limite. Les divergences s'expliquent facilement lorsqu'elles portent sur un nombre, sur une quotité, sur une proportion quelconque, comme la part d'intérêt des administrateurs, le prélèvement pour le fonds de réserve, le chiffre des sociétaires et même celui du capital.

Mais les dissentiments doivent devenir plus rares quand il s'agit de l'application des principes généraux du droit commun, et il n'y a qu'un malentendu qui puisse les expliquer dans une chambre française, quand il y a lieu de nous prémunir contre la fraude ou l'improbité.

Votre commission a la conscience de n'avoir rien négligé de ce qui lui a semblé de nature à donner satisfaction aux divers intérêts engagés dans le projet dont vous l'avez saisie. Ses efforts pour l'amélioration du projet primitif, dont le désir s'était manifesté dans vos bureaux sont loin d'être demeurés stériles; le plus grand nombre de ses propositions a obtenu l'assentiment du Conseil d'Etat.

Elle est convaincue que la société à responsabilité limitée, à laquelle vous allez donner place dans nos codes, répond à un véritable besoin; qu'elle amènera ou conservera dans les opérations commerciales, avec profit pour la richesse publique, sans danger sérieux pour le crédit, des hommes utiles et honnêtes que la crainte de la responsabilité indéfinie qui pèse généralement sur notre commerce aurait écartés de cette voie.

L'avenir montrera, nous le pensons, que la publicité et les règles protectrices, organisées dans le projet, sont habituellement pour les tiers eux-mêmes une garantie, au moins aussi certaine que l'engagement sans limites de commerçants, dont la véritable situation est trop fréquemment un mystère ou un démenti à de trompeuses apparences.

Il n'est pas à souhaiter, et il ne nous semble pas à craindre, que les sociétés à responsabilité limitée envahissent trop promptement le domaine des sociétés anciennes; il vaut mieux que leur enfantement soit un peu plus lent au début, à condition d'être plus sûr.

Un jour viendra où leur essor sera de plus en plus rapide et où il sera permis de leur assigner un champ plus vaste.

L'expérience qui va se faire, l'exemple d'un pays voisin ne permet à cet égard aucun doute, loin d'être à redouter ne peut être que profitable et concluante; elle sera certainement un des bienfaits du règne glorieux à tant de titres qui a inauguré en France la liberté commerciale.

Nous vous proposons avec confiance l'adoption du projet de loi.

PROJET DE LOI.

Sur les sociétés à responsabilité limitée.

PROJET MODIFIÉ

D'ACCORD PAR LA COMMISSION ET LE CONSEIL D'ÉTAT.

ART. 1er.

Il peut être formé, sans l'autorisation exigée par l'art. 37 Cod. comm., des sociétés commerciales dans lesquelles aucun des associés n'est tenu au delà de sa mise.

Ces sociétés prennent le titre de *Sociétés à responsabilité limitée.*

Elles sont soumises aux dispositions des art. 29, 30, 32, 33, 34, 36 et 40 Cod. comm.

Elles sont administrées par un ou plusieurs mandataires à temps, révocables, salariés ou gratuits, pris parmi les associés.

ART. 2.

Le nombre des associés ne peut être inférieur à sept.

ART. 3.

Le capital social ne peut excéder 20 millions de francs.

Il ne peut être divisé en actions ou coupons d'actions de moins de 100 fr., lorsqu'il n'excède pas 200,000 fr., et de moins de 500 fr., lorsqu'il est supérieur.

Les actions sont nominatives jusqu'à leur entière libération.

Les actions ou coupons d'actions ne sont négociables qu'après le versement des deux cinquièmes.

Les souscripteurs sont, nonobstant toute stipulation contraire, responsables du montant total des actions par eux souscrites.

ART. 4.

Les sociétés à responsabilité limitée ne peuvent être définitivement constituées qu'après la souscription de la totalité du capital social et le versement du quart au moins du capital *qui consiste en numéraire*.

Cette souscription et ces versements sont constatés par une déclaration des *fondateurs* faite par acte notarié.

A cette déclaration sont annexés la liste des souscripteurs, l'état des versements effectués et l'acte de société.

Cette déclaration, avec les pièces à l'appui, est soumise à la première assemblée générale, qui en vérifie la sincérité.

ART. 5.

Lorsqu'un associé fait un apport qui ne consiste pas en numéraire ou stipule à son profit des avantages particuliers, la première assemblée générale fait apprécier la valeur de l'apport ou la cause des avantages stipulés.

La société n'est définitivement constituée qu'après l'approbation, dans une autre assemblée générale, après une nouvelle convocation.

Les associés qui ont fait l'apport ou stipulé les avantages soumis à l'appréciation et à l'approbation de l'assemblée générale n'ont pas voix délibérative.

Cette approbation ne fait pas obstacle à l'exercice ultérieur de l'action qui peut être intentée pour cause de dol ou de fraude.

ART. 6.

Une assemblée générale est, dans tous les cas, convoquée à la diligence des fondateurs, postérieurement à l'acte qui constate la souscription du capital social et le versement du quart du capital qui consiste en numéraire. Cette assemblée nomme les premiers administrateurs; elle nomme également pour la première année, les commissaires institués par l'article 15.

Ces administrateurs ne peuvent être nommés pour plus de six ans; ils sont rééligibles, sauf stipulation contraire.

Le procès-verbal de la séance constate l'acceptation des administrateurs et des commissaires présents à la réunion.

La société est constituée à partir de cette acceptation.

Art. 7.

Les administrateurs doivent être propriétaires par parts égales, d'un vingtième du capital social.

Les actions formant ce vingtième sont affectées à la garantie de la gestion des administrateurs.

Elles sont nominatives, inaliénables, frappées d'un timbre indiquant l'inaliénabilité et déposées dans la caisse sociale.

Art. 8.

Dans la quinzaine de la constitution de la société, les administrateurs sont tenus de déposer au greffe du tribunal de commerce : 1° une expédition de l'acte de société et de l'acte constatant la souscription du capital et du versement du quart; 2° une copie certifiée des délibérations prises par l'assemblée générale dans les cas prévus par les articles 4, 5 et 6, et de la liste nominative des souscripteurs, contenant les nom, prénoms, qualités, demeure et le nombre d'actions de chacun d'eux.

Toute personne a le droit de prendre communication des pièces sus-mentionnées et même de s'en faire délivrer une copie à ses frais.

Les mêmes documents doivent être affichés, d'une manière apparente, dans les bureaux de la société.

Art. 9.

Dans le même délai de quinzaine, un extrait des actes et délibérations énoncés dans l'article précédent est transcrit, publié et affiché suivant le mode prescrit par l'article 42 du Code de commerce.

L'extrait doit contenir : les noms, prénoms, qualités et demeures des administrateurs; la désignation de la société, de son objet et du siége social; la mention qu'elle est à responsabilité limitée, l'énonciation du montant du capital social, tant en numéraire qu'en autres objets; la quotité à prélever sur les bénéfices pour composer le fonds de réserve, l'époque où la société commence et celle où elle doit finir, et la date du dépôt, au greffe du tribunal de commerce, prescrit par l'article 8.

L'extrait est signé par les administrateurs de la société.

ART. 10.

Tous actes et délibérations ayant pour objet la modification des statuts, la continuation de la société au delà du terme fixé pour sa durée, la dissolution avant ce terme et le mode de liquidation sont soumis aux formalités prescrites par les articles 8 et 9.

ART. 11.

Dans tous les actes, factures, annonces, publications et autres documents émanés des sociétés à responsabilité limitée, la dénomination sociale doit être précédée ou suivie immédiatement de ces mots, écrits lisiblement en toutes lettres : *Société à responsabilité limitée*, et de l'énonciation du montant du capital social.

ART. 12.

Il est tenu, chaque année au moins, une assemblée générale à l'époque fixée par les statuts. Les statuts déterminent le nombre d'actions qu'il est nécessaire de posséder, soit à titre de propriétaire, soit à titre de mandataire, pour être admis dans l'assemblée, et le nombre de voix appartenant à chaque actionnaire, eu égard au nombre d'actions dont il est porteur.

Néanmoins, dans les premières assemblées générales, appelées à statuer dans les cas prévus par les articles 4, 5 et 6, tous les actionnaires sont admis avec voix délibérative.

ART. 13.

Dans toutes les assemblées générales, les délibérations sont prises à la majorité des voix.

Il est tenu une feuille de présence ; elle contient les noms et domiciles des actionnaires et le nombre d'actions dont chacun d'eux est porteur.

Cette feuille, certifiée par le bureau de l'assemblée, est déposée au siége social et doit être communiquée à tout requérant.

ART. 14.

Les assemblées générales doivent être composées d'un nombre d'actionnaires représentant le quart au moins du capital social.

Si l'assemblée générale ne réunit pas ce nombre, une nouvelle assemblée est convoquée, et elle délibère valablement, quelle que soit la portion du capital représentée par les actionnaires présents.

Mais les assemblées qui délibèrent,

Sur objet indiqué dans l'article 5,

Sur la nomination des premiers administrateurs, dans le cas prévu par l'article 6,

Sur les modifications aux statuts,

Sur des propositions de continuation de la société au delà du terme fixé pour sa durée ou de dissolution avant ce terme,

Ne sont régulièrement constituées et ne délibèrent valablement qu'autant qu'elles sont composées d'un nombre d'actionnaires représentant la moitié au moins du capital social.

Lorsque l'assemblée délibère sur l'objet indiqué dans l'article 5, le capital social, dont la moitié doit être représentée, se compose seulement des apports non soumis à vérification.

ART. 15.

L'assemblée générale annuelle désigne un ou plusieurs commissaires, associés ou non, chargés de faire un rapport à l'assemblée générale de l'année suivante sur la situation de la société, sur le bilan et sur les comptes présentés par les administrateurs.

La délibération contenant approbation du bilan et des comptes est nulle, si elle n'a été précédée du rapport des commissaires.

A défaut de nomination des commissaires par l'assemblée générale, ou en cas d'empêchement ou de refus d'un ou de plusieurs commissaires nommés, il est procédé à leur nomination ou à leur remplacement par ordonnance du président du tribunal de commerce du siége de la société, à la requête de tout intéressé, les administrateurs dûment appelés.

Art. 16.

Les commissaires ont droit, toutes les fois qu'ils le jugent convenable, dans l'intérêt social, de prendre communication des livres, d'examiner les opérations de la société et de convoquer l'assemblée générale.

Art. 17.

Toute société à responsabilité limitée doit dresser, chaque trimestre, un état résumant sa situation active et passive.

Cet état est mis à la disposition des commissaires.

Il est, en outre, établi, chaque année, un inventaire contenant l'indication des valeurs mobilières et immobilières et de toutes les dettes actives et passives de la société.

Cet inventaire est présenté à l'assemblée générale.

Art. 18.

Quinze jours au moins avant la réunion de l'assemblée générale, une copie du bilan résumant l'inventaire et du rapport des commissaires est adressée à chacun des actionnaires connus et déposée au greffe du tribunal de commerce.

Tout actionnaire peut, en outre, prendre au siége social communication de l'inventaire et de la liste des actionnaires.

Art. 19.

Il est fait annuellement sur les bénéfices nets un prélèvement d'un vingtième au moins, affecté à la formation d'un fonds de réserve.

Ce prélèvement cesse d'être obligatoire lorsque le fonds de réserve a atteint le dixième du capital social.

Art. 20.

En cas de perte des trois quarts du capital social, les administrateurs sont tenus de provoquer la réunion de l'assemblée générale de tous les actionnaires, à l'effet de statuer sur la question de savoir s'il y a lieu de prononcer la dissolution de la société.

La résolution de l'assemblée est, dans tous les cas, rendue publique dans les formes prescrites par l'article 8. A défaut, par les administrateurs, de réunir l'assemblée générale, tout intéressé peut demander la dissolution de la société devant les tribunaux.

ART. 21.

La dissolution doit être prononcée, sur la demande de tout intéressé, lorsque six mois se sont écoulés depuis l'époque où le nombre des associés a été réduit à moins de sept.

ART. 22.

Des associés représentant le vingtième au moins du capital social peuvent, dans un intérêt commun, charger à leurs frais un ou plusieurs mandataires d'intenter une action contre les administrateurs à raison de leur gestion, sans préjudice de l'action que chaque associé peut intenter individuellement en son nom personnel.

ART. 23.

Il est interdit aux administrateurs de prendre ou de conserver un intérêt direct ou indirect dans une opération quelconque, faite avec la société ou pour son compte, à moins qu'ils n'y soient autorisés par l'assemblée générale pour certaines opérations spécialement déterminées.

ART. 24.

Est nulle et de nul effet, à l'égard des intéressés, toute société à responsabilité limitée pour laquelle n'ont pas été observées les dispositions des articles 1, 3, 4, 5, 6, 7, 8 et 9.

Sont également nuls les actes et délibérations désignés dans l'article 10, s'ils n'ont point été disposés et publiés dans les formes prescrites par les articles 8 et 9.

Cette nullité ne peut être opposée aux tiers par les associés.

ART. 25.

Lorsque la nullité de la société ou des actes et délibérations a été prononcée, aux termes de l'art. 24 ci-dessus, les fondateurs auxquels la nullité est imputable et les administrateurs en fonctions au moment où elle a été encourue sont responsables solidairement et par corps envers les tiers, sans préjudice des droits des actionnaires.

La même responsabilité solidaire peut être prononcée contre ceux des associés dont les apports ou les avantages n'auraient pas été vérifiés et approuvés conformément à l'art. 5.

ART. 26.

L'étendue et les effets de la responsabilité des commissaires envers la société sont déterminés d'après les règles générales du mandat.

ART. 27.

Les administrateurs sont responsables, conformément aux règles du droit commun, soit envers la société, soit envers les tiers, de tous dommages-intérêts résultant des infractions aux dispositions de la présente loi et des fautes par eux commises dans leur gestion.

Ils sont tenus solidairement du préjudice qu'ils peuvent avoir causé soit aux tiers, soit aux associés en distribuant ou en laissant distribuer sans opposition des dividendes qui, d'après l'état de la société constaté par les inventaires, n'étaient pas réellement acquis.

ART. 28.

Toute contravention à la prescription de l'art. 11 est punie d'une amende de 50 fr. à 1,000 fr.

ART. 29.

Sont punis d'une amende de 500 à 10,000 fr. ceux qui, en se présentant comme propriétaires d'actions ou de coupons d'actions qui ne leur appartiennent pas, ont créé frauduleusement une majorité factice dans une assemblée générale, sans préjudice de tous dommages-intérêts, s'il y a lieu, envers la société ou envers les tiers.

La même peine est applicable à ceux qui ont remis les actions pour en faire l'usage frauduleux.

ART. 30.

L'émission d'actions faite en contravention à l'art. 3 est punie d'un emprisonnement de huit jours à six mois et d'une amende de 500 fr. à 10,000 fr., ou de l'une de ces peines seulement.

La négociation d'actions ou coupons d'actions faite contrairement aux dispositions du même article 3 est punie d'une amende de 500 fr. à 10,000 fr.

Sont punies de la même peine toute participation à ces négociations, et toute publication de la valeur desdites actions.

ART. 31.

Sont punies des peines portées par l'art. 405 du Code pénal, sans préjudice de l'application de cet article à tous les faits constitutifs du délit d'escroquerie :

1° Ceux qui, par simulation de souscriptions ou de versements, ou par la publication faite de mauvaise foi de souscriptions ou de versements qui n'existent pas ou de tous autres faits faux, ont obtenu ou tenté d'obtenir des souscriptions ou des versements;

2° Ceux qui, pour provoquer des souscriptions ou des versements ont, de mauvaise foi, publié les noms de personnes désignées, contrairement à la vérité, comme étant ou devant être attachées à la société à un titre quelconque;

3° Les administrateurs qui, en l'absence d'inventaires ou au moyen d'inventaires frauduleux, ont opéré ou laissé opérer, sciemment et sans opposition, la répartition de dividendes non réellement acquis.

ART. 32.

L'art. 463 du Code pénal est applicable aux faits prévus par la présente loi.

DOCUMENTS ANGLAIS

RELATIFS AU PROJET DE LOI CONCERNANT LES SOCIÉTÉS A RESPONSABILITÉ LIMITÉE.

I

ACTE du 14 juillet 1856 pour l'incorporation et le règlement des compagnies par actions et autres sociétés.

Attendu qu'il convient de refondre et de modifier les dispositions relatives à l'incorporation et au règlement des compagnies par actions et autres sociétés, etc.

ART. 1er.

Le présent acte pourra être cité en toute circonstance sous ce titre : *Acte de 1856 sur les compagnies par actions.*

ART. 2.

Le présent acte n'est pas applicable aux personnes associées pour affaires de banque ou d'assurances.

Ire PARTIE.

CONSTITUTION ET INCORPORATION DES SOCIÉTÉS. — ENREGISTREMENT.

ART. 3.

Sept personnes ou plus, associées pour un objet légal, pourront, en mettant leurs signatures au bas d'un contrat d'association et en se conformant, d'ailleurs, aux dispositions du présent acte relatives à l'enregistrement, former une compagnie incorporée avec responsabilité, limitée ou non.

ART. 4.

A partir du 3 novembre 1856, il est interdit à toute réunion de plus de vingt personnes d'entreprendre collectivement aucune affaire ayant le gain pour objet, si elle n'est enregistrée comme compagnie, en application du présent acte, ou autorisée à cette fin par un acte particulier du parlement, par une charte royale ou par des lettres patentes, ou si elle se livre à l'exploitation des mines dans le ressort et sous la juridiction des Cours spéciales pour les mines d'étain. Quiconque prendra part à une entreprise collective contrairement à la disposition ci-dessus, sera responsable de la totalité des dettes de l'association et pourra être poursuivi en conséquence, sans qu'il y ait lieu de mettre en cause aucun des autres membres de l'association.

ART. 5.

Le contrat d'association contiendra les énonciations ci-après :

1° Le nom de la compagnie projetée ;

2° La partie du Royaume-Uni dans laquelle son siége légal sera établi, si c'est l'Angleterre, l'Écosse ou l'Irlande ;

3° L'objet pour lequel elle se constitue ;

4° La responsabilité limitée ou illimitée des actionnaires ;

5° Le montant de son capital nominal ;

6° Le nombre des actions dans lesquelles ce capital doit être divisé et le montant de chaque action.

Dans le cas où il s'agirait d'une compagnie à responsabilité limitée et destinée à être désignée comme telle, le mot *limitée* figurera le dernier dans la dénomination de ladite compagnie.

ART. 6.

Aucune compagnie ne sera enregistrée sous la même dénomination qu'une compagnie déjà existante ou sous un nom dont la ressemblance pourrait induire en erreur. Lorsque, par inadvertance ou autrement, une compagnie aura été enregistrée sous un pareil nom, elle pourra, avec l'assentiment de l'enregistreur, changer de dénomination ; ce changement opéré, la nouvelle dénomination sera inscrite au registre à la place de l'ancienne; il ne s'ensuivra, du reste, aucune atteinte aux droits ou aux obligations de la compagnie, aucune cause de nullité pour les poursuites légales intentées ou à intenter par ou contre la compagnie; les mêmes poursuites pourront être continuées ou commencées contre la compagnie, tant sous son nouveau nom que sous l'ancien.

ART. 7.

Le contrat d'association sera conforme à un modèle donné ou du moins s'en rapprochera le plus possible. Quand il aura été enregistré, il obligera la compagnie et les actionnaires au même degré que si chaque actionnaire l'avait signé de son nom et y avait apposé son sceau ou avait accompli toute autre formalité analogue, et que si le contrat contenait, de sa part et de celle de ses héritiers et représentants, l'engagement de se conformer à ses dispositions en vertu des prescriptions du présent acte.

ART. 8.

Tout signataire du contrat d'association prendra au moins une action de la compagnie. Le nombre des actions prises par chacun sera noté en regard de son nom dans ledit contrat, et après l'incorporation de la compagnie, chaque souscripteur sera inscrit sur le registre des actionnaires dont il sera parlé ci-après, en qualité d'actionnaire pour le nombre d'actions qu'il aura prises.

ART. 9.

Peuvent être ajoutés au contrat d'association ou y annexés ou mis derrière, des articles ou statuts additionnels signés par les souscripteurs et contenant des règles pour la compagnie; mais, s'ils ne contiennent pas de règles semblables ou si les règles dont il s'agit ne modifient pas les règles générales prescrites par les sociétés, lesdites règles générales seront, autant que l'application en sera possible, réputées celles de la compagnie, et elles l'obligeront, elle et ses actionnaires, comme si elles avaient été formulées dans les articles ou statuts additionnels enregistrés.

ART. 10.

Les articles ou statuts additionnels devront être rédigés suivant un modèle donné, ou du moins s'en rapprocher le plus possible. Ces statuts auront, apres l'enregistrement, la même force obligatoire pour la compagnie que si chaque actionnaire les avait signés et y avait apposé son sceau ou s'il avait accompli toute autre formalité analogue, et que si ces statuts contenaient, de la part de l'actionnaire, de celle de ses héritiers et représentants, l'engagement de se conformer à leurs dispositions en vertu du présent acte.

ART. 11.

Le contrat d'association et les statuts additionnels seront séparément revêtus des mêmes timbres que s'ils étaient des actes authentiques. Quiconque aura signé un exemplaire imprimé du contrat ou des statuts sera réputé avoir signé l'original. Lorsque celui-ci aura été timbré, les exemplaires imprimés n'auront pas besoin de l'être. Toute signature donnée au contrat ou aux statuts sera attestée au moins par un témoin. L'attestation d'un seul témoin sera considérée comme suffisante en *Ecosse* comme en *Angleterre* et en *Irlande.*

ART. 12.

Le contrat d'association et les statuts additionnels seront remis à l'enregistreur des compagnies par actions, qui les gardera et les enregistrera. Il sera payé audit enregistreur divers droits à énoncer dans un tableau spécial, ou d'autres petits droits que fixera l'administration, quand elle le jugera à propos. Le montant en sera versé au Trésor public, et mis au compte du Royaume-Uni de la Grande-Bretagne et d'Irlande.

ART. 13.

Lorsque le contrat d'association, accompagné ou non de statuts additionnels, aura été enregistré, l'enregistreur certifiera par écrit que la compagnie est incorporée, et dans le cas où il s'agit d'une compagnie à responsabilité limitée, que la responsabilité de la compagnie est limitée. Les signataires du contrat avec les autres personnes qui, à une époque ou à une autre, deviendront actionnaires de la compagnie, formeront dès lors une corporation sous le nom déterminé par le contrat, existant à perpétuité, ayant un sceau commun, autorisée à posséder des terres dont les actionnaires seront pécuniairement responsables dans la mesure indiquée ci-après. Le certificat d'incorporation délivré par l'enregistreur fera foi de l'accomplissement de toutes les prescriptions du présent acte relatives à l'enregistrement. La date de ce certificat sera celle de la constitution de la compagnie.

ART. 14.

Les directeurs de la compagnie qui annonceraient et payeraient effectivement un dividende, sachant que la compagnie est insolvable, ou payeraient un dividende qui, à leur connaissance, la rendrait insolvable, seraient solidairement responsables de toutes les dettes que la compagnie aurait contractées et qu'elle contracterait ensuite pendant la durée de leur gestion. Toutefois, leur responsabilité ne dépassera pas le montant dudit dividende, et ceux des directeurs qui auraient été absents au moment de l'annonce ou du paiement des dividendes, ou qui s'y seraient opposés en exprimant leur opposition par écrit au bureau du secrétaire de la compagnie, seraient affranchis de ladite responsabilité.

ART. 15.

Aussitôt qu'un certificat d'incorporation aura été délivré par l'enregistreur des compagnies par actions, la compagnie pourra émettre des certificats d'actions destinés aux signataires du contrat d'association et à toutes autres personnes auxquelles des actions pourront être accordées dans le nombre et pour le montant fixés par le contrat, et non en nombre ni pour un montant supérieurs. Les actions ainsi émises constitueront une propriété personnelle et ne participeront en rien de la nature d'une propriété réelle. Chaque action portera son numéro distinct.

Registre des actionnaires.

ART. 16.

Toute compagnie enregistrée en vertu du présent acte, désignée dorénavant dans ledit acte par ce mot : *la compagnie*, devra faire inscrire, dans un ou plusieurs registres, le tableau des actionnaires contenant les énonciations ci-après :

1° Les noms, les adresses et, s'il y a lieu, les professions des actionnaires de la compagnie, et les actions que possède chacun d'eux avec indication de leur numéro;

2° Le montant versé sur chaque action;

3° La date à laquelle le nom d'un actionnaire a été inscrit au registre;

4° La date à laquelle un actionnaire a cessé d'être le propriétaire d'une action.

ART. 17.

Une fois pour le moins chaque année, il sera dressé une liste de tous ceux qui, le quatorzième jour après l'assemblée générale ordinaire de la compagnie, ou, s'il y a plus d'une assemblée dans l'année, après la première de ces assemblées générales, posséderont des actions dans la compagnie. Cette liste indiquera les noms, adresses et professions de toutes les personnes inscrites, le nombre d'actions que possèdera chacune d'elles, et sera suivi d'une note sommaire contenant les énonciations ci-après :

1° Le montant du capital nominal de la compagnie et le nombre des actions entre lesquelles ce capital est divisé ;

2° Le nombre des actions prises depuis la fondation de la compagnie ;

3° Le montant des appels de fonds sur chaque action ;

4° Le montant des fonds reçus par suite de ces appels ;

5° Le montant des fonds à recevoir ;

6° Le montant des actions périmées.

Lesdites listes et notes seront insérées dans une partie séparée du registre et seront conformes à un modèle donné, ou s'en rapprocheront le plus possible. Elles seront achevées dans les sept jours après le quatorzième jour dont il a été question ci-dessus, et une copie revêtue du sceau de la compagnie en sera immédiatement adressée à l'enregistreur ; toute personne pourra en prendre connaissance et copie en se conformant aux règles expliquées plus bas auxquelles est soumise la faculté de prendre connaissance et copie des pièces gardées par l'enregistreur.

Art. 18.

Une compagnie enregistrée en vertu du présent acte qui négligerait de tenir un registre des actionnaires ou d'envoyer une copie de la liste et de la note précitées à l'enregistreur, conformément aux prescriptions ci-dessus, sera passible d'une amende de 5 livres sterling au maximum pour chaque jour de retard.

Art. 19.

Aucune mention de fidéicommis explicite ou implicite ne sera inscrite au registre ni admise par la compagnie ; ceux-là seuls qui ont pris une action dans la compagnie enregistrée en vertu du présent acte et dont le nom est inscrit au registre des actionnaires, et nulle autre personne, si ce n'est un signataire du contrat d'association quant aux actions par lui souscrites, ne sera réputée actionnaire pour ce qui concerne l'objet du présent acte.

Art. 20.

Le transfert d'une action de la compagnie sera rédigé d'après un modèle donné ou dans une forme analogue, et sera signé à la fois par celui qui l'opère et par celui au profit duquel il se fait. Le premier sera réputé propriétaire de l'action jusqu'à ce que le nom du second ait été inscrit au registre spécial.

Art. 21.

Un certificat timbré du sceau de la compagnie et spécifiant les actions possédées par un actionnaire, constituera une première preuve (*prima facie*) du titre de l'actionnaire aux actions y spécifiées.

ART. 22.

Le montant, non versé en temps utile, d'un appel fait sur une action, sera considéré comme une dette du propriétaire de l'action envers la compagnie.

ART. 23.

Le registre des actionnaires commençant avec la constitution de la compagnie, sera tenu au siége officiel de la compagnie dont il sera parlé ci-après. Ce registre, excepté lorsqu'il sera clos comme il sera dit plus bas, devra, dans les heures de bureau, sous les restrictions raisonnables que prescrira la compagnie en assemblée générale, sans pouvoir néanmoins limiter les heures d'inspection à moins de deux par jour, rester ouvert pour les actionnaires gratuitement, pour toutes autres personnes au prix de 1 schelling, ou pour telle autre rétribution moindre que la compagnie fixera. Tout actionnaire ou toute autre personne pourra exiger une copie du registre ou d'une de ses parties en payant 6 deniers chaque cent mots copiés. Dans le cas où l'inspection de la copie serait refusée, la compagnie sera passible, pour chaque refus, d'une amende de 2 livres sterling au maximum, plus d'une autre amende n'excédant pas non plus 2 livres pour chaque jour où ce refus serait continué.

ART. 24.

La compagnie pourra, après l'insertion d'un avis dans un journal répandu dans le district où est situé le siége officiel, clore le registre des actionnaires pendant un intervalle ou des intervalles qui n'excéderont pas, en tout, vingt et un jours dans l'année, et le temps durant lequel ces livres seront clos ne comptera pas pour l'enregistrement d'un transfert.

ART. 25.

Lorsque, sans cause suffisante, le nom d'une personne aura été inscrit ou omis au registre des actionnaires d'une compagnie, cette personne ou un actionnaire quelconque de la compagnie pourra, s'il s'agit d'une compagnie enregistrée en Angleterre ou en Irlande, par une requête à une des

Cours supérieures de justice ou d'équité, et, s'il s'agit d'une compagnie enregistrée en Écosse, par une pétition sommaire à la Cour de session, demander un ordre de rectification dudit registre. La Cour pourra, ou repousser cette demande avec ou sans frais à la charge du pétitionnaire, ou, si elle en a reconnu la justice, ordonner la rectification du registre et faire payer par la compagnie tous les frais de la requête ou pétition, avec tous dommages-intérêts pour la partie lésée. La compagnie qui négligerait ou tarderait, sans motifs, d'enregistrer un transfert d'actions, sera responsable du dommage encouru envers la personne lésée par ce fait.

ART. 26.

Le registre des actionnaires fera foi pour tous les détails dont le présent acte ordonne ou autorise l'insertion dans ledit registre.

ART. 27.

Des exemplaires du contrat d'association et des statuts additionnels devront être adressés à chaque actionnaire sur sa demande, contre le paiement d'un schelling ou de telle somme moindre, que fixera la compagnie pour chaque exemplaire.

IIe PARTIE.

DIRECTION ET ADMINISTRATION DES COMPAGNIES.

Dispositions générales.

ART. 28.

La compagnie devra avoir un office déclaré ou siége officiel auquel seront adressés toutes les communications et tous les avis. Une compagnie enregistrée en vertu du présent acte, qui opérerait sans avoir un tel office, sera passible d'une amende de 5 livres sterling au plus, pour chaque jour où elle aura ainsi opéré.

ART. 29.

Le domicile de cet office et tout changement à cet égard devront être notifiés à l'enregistreur des compagnies par actions et seront par lui constatés. Tant que cette notification n'aura pas eu lieu, la compagnie ne sera pas réputée avoir rempli les dispositions du présent acte relatives à l'obligation d'avoir un office enregistré.

ART. 30.

Toute compagnie à responsabilité limitée, enregistrée en vertu du présent acte, fera peindre ou afficher sa dénomination à l'extérieur de l'office ou local où est le siége de ses affaires dans un endroit apparent, en lettres faciles à lire. Ladite dénomination sera gravée distinctement sur son cachet, et écrite en caractères lisibles dans tous ses avis, annonces et autres publications officielles, sur tous billets à ordre, obligations, endossements, bons à payer et ordres pour argent et pour marchandises à signer par elle ou à son profit, ainsi que sur toutes ses factures et sur ses reçus et lettres de crédit.

ART. 31.

Une compagnie à responsabilité limitée, enregistrée en vertu du présent acte, qui ne ferait pas peindre ou afficher sa dénomination comme il est dit ci-dessus, sera passible d'une amende de 5 livres sterling ou plus pour cette négligence, et de même pour chaque jour de retard. Si un employé de la compagnie, ou une personne quelconque agissant en son nom, emploie, comme étant le cachet de la compagnie, un cachet où son nom ne serait pas gravé, ou s'il paraît, par son fait ou avec son autorisation, un avis, une annonce ou toute autre publication de la compagnie, ou s'il signe au nom de la compagnie un billet à ordre, une obligation, un endossement, un bon à payer, un ordre pour argent ou pour marchandises, ou s'il en autorise la signature; si enfin, par ses soins, ou avec son autorisation, il circule une facture, un reçu, ou une lettre de crédit de la compagnie, sans que la dénomination de celle-ci soit mentionnée comme il a été dit ci-dessus, il sera passible d'une amende de 50 livres sterling, et sera, en outre, personnellement responsable, envers le détenteur, du montant desdits billets à ordre, obligations, bons à payer, ordres pour argent ou pour marchandises, à moins que le paiement n'en soit fait régulièrement par la compagnie.

ART. 32.

Une assemblée générale de la compagnie doit se tenir une fois au moins dans l'année.

ART. 33.

Toute compagnie enregistrée en vertu du présent acte pourra, en assemblée générale, prendre, s'il y a lieu, des résolutions spéciales dans la forme indiquée ci-après, afin de substituer ou d'ajouter de nouvelles dispositions aux règlements de la compagnie.

ART. 34.

Toute résolution de la compagnie doit, pour être valable, être adoptée par les trois quarts en nombre et en propriété des actionnaires ayant droit de voter en personne ou par procuration, si les règlements de la compagnie admettent des fondés de pouvoirs, dans une réunion dont avis aura été donné en bonne forme avec indication expresse de son objet; elle devra, de plus, avoir été approuvée par la majorité des actionnaires ayant droit de voter personnellement ou par procuration, réunis dans une assemblée postérieure, dont avis aura été donné en bonne forme, et qui aura lieu à un mois au moins et à trois mois au plus du jour de la réunion où ladite résolution aura été prise pour la première fois. A moins que le recensement des votes ne soit demandé par cinq actionnaires au moins, la déclaration du président de la réunion qu'une résolution a été prise fera foi à cet effet, sans qu'il soit nécessaire de justifier du nombre des votes pour ou contre.

L'avis de convocation sera, pour l'objet du présent article, réputé en bonne forme et la réunion régulière lorsque cet avis aura été donné et la réunion tenue conformément aux règlements de la compagnie.

ART. 35.

Copie de toute résolution spéciale prise par une compagnie enregistrée en vertu du présent acte, devra être transmise à l'enregistreur des compagnies par actions, qui en prendra note. Lorsque ladite copie n'aura pas été envoyée dans le délai de quinze jours après le vote, la compagnie sera passible d'une amende de 2 livres sterling au plus par jour de retard après l'expiration dudit délai.

ART. 36.

Copie de la résolution spéciale sera délivrée à chaque actionnaire, moyennant un schelling, ou telle autre rétribution plus faible que pourra fixer la compagnie.

ART. 37.

La compagnie, si elle y est autorisée par ses règlements, peut augmenter son capital nominal de la manière prescrite par lesdits règlements. Avis de cette augmentation sera donné à l'enregistreur des compagnies par actions, dans le délai de quinze jours, après le vote de la résolution qui l'aura autorisée, et l'enregistreur en prendra note immédiatement. Si cet avis n'est pas donné dans le délai indiqué, la compagnie sera passible d'une amende de 5 livres sterling, au plus, par jour de retard.

ART. 38.

Une compagnie qui ne fait aucune affaire ayant le gain pour but ne pourra, sans l'autorisation de l'Administration du commerce, posséder plus de deux acres de terre. Mais ladite administration pourra autoriser une telle compagnie à posséder des terres dans la quantité et sous les conditions qu'elle jugera convenables, et elle délivrera une licence à cet effet.

ART. 39.

Si une compagnie, enregistrée en vertu du présent acte, fait des affaires, lorsque le nombre de ses actionnaires est de moins de sept, et cela durant six mois depuis que ce nombre a été ainsi réduit, tout actionnaire de la compagnie, après l'expiration de cette période, sera personnellement responsable de toutes les dettes qui auront été alors contractées par la compagnie et pourra être poursuivi en conséquence, sans qu'il y ait lieu de mettre en cause aucun des autres actionnaires.

ART. 40.

La compagnie devra veiller à ce que les procès-verbaux des résolutions et des actes des assemblées générales soient régulièrement transcrits dans les livres destinés à cet usage. Ces procès-verbaux, signés par le président de l'assemblée, feront foi en justice jusqu'à preuve contraire. L'assemblée générale dont les procès-verbaux auront été ainsi transcrits sera valable.

Contrats de la compagnie.

ART. 41.

Les conventions faites au nom d'une compagnie enregistrée en vertu du présent acte, peuvent être constatées ainsi qu'il suit :

1° Toute convention qui, passée entre particuliers, devrait, aux termes de la loi, être rédigée par écrit, et qui, conformément à la loi anglaise, devrait être revêtue du sceau, pourra être, pour la compagnie, rédigée par écrit et revêtue de son cachet, et cette convention pourra être modifiée et résiliée de la même manière.

2° Toute convention qui, passée entre particuliers, devrait, d'après la loi, être rédigée par écrit et signée par les parties contractantes, pourra être, pour la compagnie, rédigée par écrit et signée par toute personne agissant avec son autorisation expresse ou implicite, et cette convention pourra être modifiée ou résiliée de la même manière.

3° Toute convention qui, passée entre particuliers, serait valable sans être rédigée par écrit, pourra être conclue verbalement au nom de la compagnie par toute personne agissant avec son autorisation expresse ou implicite, et cette convention pourra être modifiée ou résiliée de la même manière.

Toutes les conventions faites conformément aux dispositions ci-dessus sortiront leurs effets légaux et seront obligatoires pour la compagnie et ses successeurs, ainsi que pour toutes les autres parties intéressées, leurs héritiers, administrateurs, etc., selon les cas.

Actes divers.

ART. 42.

Toute compagnie enregistrée en vertu du préseut acte peut, par un contrat ou par un écrit revêtu de son sceau, autoriser, soit d'une manière générale, soit pour un objet spécial, un fondé de pouvoirs chargé de passer des actes en son nom dans un lieu situé hors du Royaume-Uni, et tout acte que ledit fondé de pouvoirs aura signé et revêtu de son sceau particulier sera obligatoire pour la compagnie au même degré que s'il eût été revêtu du sceau de cette dernière.

ART. 43.

Un billet à ordre ou lettre de change fait, accepté ou endossé au nom d'une compagnie enregistrée en vertu du présent acte, par une personne agissant avec son autorisation expresse ou implicite, sera réputé fait, accepté ou endossé pour ladite compagnie.

ART. 44.

Tout emprunt hypothécaire fait d'après la loi anglaise, par une compagnie enregistrée en vertu du présent acte, impliquera les engagements ci-après, à moins que les termes du contrat ne les excluent expressément : l'engagement de la part de la compagnie de rembourser la somme ainsi garantie avec les intérêts à l'époque et au taux stipulés ; l'obligation de prouver qu'elle a le droit de livrer ou de garantir au prêteur libre de toute charge.

L'engagement de garantir ultérieurement, à ses frais, ladite propriété au prêteur ou à son ayant cause. Si le contrat conférait le pouvoir de vendre, ce pouvoir comprendra l'autorisation de vendre aux enchères publiques ou à l'amiable en bloc ou par lots, celle de passer, de résilier ou de modifier les contrats de vente sans encourir la responsabilité des pertes ; enfin celle de donner des quittances valables pour le montant des ventes. Ce contrat hypothécaire pourra être fait d'après un modèle officiel ou s'en rapprochera autant que possible.

ART. 45.

Tout contrat de garantie fait d'après la loi écossaise, par une compagnie enregistrée en vertu du présent acte, impliquera les engagements ci-après, à moins que les termes du contrat ne les excluent expressément : l'engagement, de la part de la compagnie, de rembourser la somme ainsi garantie avec les intérêts à l'époque et au taux convenus ; de prouver qu'elle a le droit de transmettre la propriété engagée au créancier ou à ses ayants cause libre de toute charge ; l'engagement de faire, aux frais de la compagnie, en faveur du créancier ou de ses ayants cause, tout ce qui serait ultérieurement nécessaire pour donner effet et validité à la garantie. Si le contrat conférait le pouvoir de vendre, ce pouvoir comprendra l'autorisation de vendre aux enchères ou à l'amiable, en bloc ou par lots ; celle de passer, de résilier ou de modifier les contrats de vente et revente sans encourir la responsabilité des pertes ; enfin, celle de donner des quittances valables pour le montant du prix de vente. Ledit contrat pourra être fait d'après un modèle donné ou s'en rapprochera autant que possible ; il sera enregistré dans le registre général ou particulier, ou dans le registre communal des saisines (*sasines*), selon les cas.

ART. 46.

Tout contrat de transmission fait d'après la loi anglaise, par une compagnie enregistrée en vertu du présent acte, impliquera de la part de celle-ci les engagements ci-après, à moins que les termes du contrat ne les excluent expressément : l'engagement que, nonobstant tout fait ou toute omission de la compagnie, elle était, au moment de l'exécution du contrat, en possession des terres ou bâtiments, à titre de propriété irrévocable, et libre de toutes charges ; la garantie que la personne à qui les terres ou bâtiments ont été transmis, ainsi que ses héritiers et ayants cause ou concessionnaires, en jouira paisiblement vis-à-vis de la compagnie, de ses successeurs ou ayants cause, et qu'elle sera indemnisée par ladite compagnie et par ses successeurs de toute charge provenant du fait de la compagnie.

ART. 47.

Toute concession d'une propriété transmissible par héritage, faite d'après la loi écossaise par une compagnie enregistrée en vertu du présent acte, impliquera pour la compagnie, à moins que les termes du contrat ne l'excluent expressément, une obligation de garantie absolue et l'engagement de compléter son titre à ses frais, si cela est nécessaire pour assurer à la disposition un plein effet, et celui de faire à ses frais tous autres actes qui pourraient être nécessaires pour valider ladite cession.

Contrôle des affaires de la compagnie.

ART. 48.

Sur la demande d'un cinquième en nombre et en propriété des actionnaires d'une compagnie enregistrée en vertu du présent acte, l'administration du commerce peut nommer un ou plusieurs inspecteurs compétents à l'effet d'examiner la situation de la compagnie et de rendre compte du résultat à ladite administration.

ART. 49.

Tous les employés et agents de la compagnie devront soumettre au contrôle des inspecteurs tous les livres et documents qu'ils ont entre les mains. Un inspecteur pourra interroger sous serment lesdits employés et agents sur les affaires de la compagnie et pourra déférer le serment à cet égard. Tout employé ou agent qui refuse de produire un livre ou document, ou de répondre à une question relative aux affaires de la compagnie, sera passible d'une amende de 5 livres sterling, au plus, pour chaque contravention.

Art. 50.

Après avoir terminé l'examen, les inspecteurs feront leur rapport à l'administration du commerce. Ce rapport sera écrit ou imprimé, suivant que ladite administration le décidera. Un exemplaire devra en être adressé par elle au siége officiel de la compagnie, et un autre sera remis, sur demande, à ceux des actionnaires qui auront provoqué l'inspection. Toutes les dépenses occasionnées par cet examen devront être défrayées par les actionnaires à la requête desquels les inspecteurs auront été nommés.

Art. 51.

Toute compagnie enregistrée en vertu du présent acte peut, en assemblée générale, nommer des inspecteurs pour examiner l'état de ses affaires. Les inspecteurs ainsi désignés auront le même droit et rempliront les mêmes devoirs que ceux nommés par l'administration du commerce, sauf qu'au lieu de faire leur rapport à ladite administration, ils le feront aux personnes qu'aura désignées l'assemblée générale de la compagnie, et dans la forme qu'elle aura déterminée. Les employés et agents de la compagnie encourront, pour refus de produire les documents ou de répondre à des questions, les mêmes pénalités que si ces inspecteurs avaient été nommés par l'administration du commerce.

Art. 52.

Une copie du rapport des inspecteurs nommés en vertu du présent acte, certifiée par le sceau de la compagnie dont ils auront examiné la situation, fera foi en justice.

Convocations et avis.

Art. 53.

Toute convocation ou tout avis destiné à la compagnie pourra, à moins qu'un mode particulier ne soit requis, être laissé ou envoyé par la poste à l'adresse de ladite compagnie et à son siége officiel, ou être remis à son directeur, secrétaire ou autre employé principal.

ART. 54.

Les avis par lettres devront être remis à la poste assez à temps pour que la lettre parvienne, par une distribution régulière, dans le délai prescrit, s'il y en a un. Pour justifier l'emploi de ces avis, il suffira de prouver qu'ils ont été convenablement adressés et mis à la poste en temps utile.

ART. 55.

Toute convocation, toute assignation ou autre pièce ayant besoin d'être certifiée par la compagnie, pourront être signées par un directeur, secrétaire ou autre employé autorisé par la compagnie, et n'auront pas besoin d'être revêtues de son sceau; elles pourront être manuscrites ou imprimées, ou en partie manuscrites et en partie imprimées.

Poursuites judiciaires.

ART. 56.

Toutes les contraventions passibles d'une peine en vertu du présent acte, pourront, en Angleterre, être poursuivies sommairement devant deux juges ou plus d'après le mode prescrit par l'acte 11 et 12 Victoria, chapitre XLIII, intitulé : *Acte pour faciliter l'accomplissement des fonctions des juges de paix hors des sessions en Angleterre et dans le pays de Galles dans les causes sommaires;* en Écosse, devant deux juges au plus ou devant le shériff du comté, d'après le mode prescrit par l'acte 17 et 18 Victoria, chapitre CIV, intitulé : *Acte pour modifier et refondre les actes relatifs à la marine marchande*, en tant qu'il s'agit de contraventions audit acte autres que celles qui y sont qualifiées de crimes ou de délits; en Irlande, d'après le mode prescrit par l'acte 14 et 15 Victoria, chapitre XCIII, intitulé : *Acte pour refondre et modifier les actes réglant la procédure des petites sessions et les fonctions des juges de paix hors des sessions trimestrielles en Irlande.* Sera également applicable tout autre acte qui modifiera les actes ci-dessus.

ART. 57.

Les juges ou le shériff, prononçant une amende en vertu du présent acte, pourront ordonner que la totalité ou partie en soit appliquée au paiement des frais du procès, à la rémunération de la personne sur l'information ou à la requête de laquelle l'amende a été recouvrée ; sous cette réserve, toutes les amendes seront versées à l'Échiquier d'après les instructions de la Trésorerie et feront partie des recettes du Royaume-Uni.

Modifications des formules.

ART. 58.

L'administration du commerce pourra opérer les changements qu'elle jugera nécessaires dans les formules et modèles officiels. Les formules et modèles ainsi modifiés devront être publiés dans la *Gazette de Londres*, et, après cette publication, ils auront la même force obligatoire que s'ils étaient annexés au présent acte.

IIIe PARTIE.

LIQUIDATION.

Préliminaires.

ART. 59.

Les dispositions du présent acte concernant la liquidation des compagnies seront applicables à toutes les compagnies enregistrées en vertu du présent acte et à toutes celles enregistrées en vertu de l'acte 7 et 8 Victoria, chapitre X, intitulé : *Acte concernant la constitution et le règlement des compagnies par actions*, mais non à d'autres compagnies.

Art. 60.

Le terme *la Cour*, employé dans la troisième partie du présent acte, désignera les autorités suivantes :

Lorsqu'il s'agit d'une compagnie exploitant une mine comprise dans le ressort spécial pour les mines d'étain : la Cour du vice-président des mines d'étain ;

Lorsqu'il s'agit d'une compagnie à responsabilité limitée, enregistrée en Angleterre, étrangère à une pareille exploitation : la Cour des faillites de l'arrondissement dans lequel est situé le siége officiel de la compagnie ;

Lorsqu'il s'agit d'une compagnie à responsabilité limitée, enregistrée en Irlande, et dont le capital nominal enregistré ne dépasse pas 5,000 livres sterling : les commissaires des faillites en Irlande.

Dans tous les autres cas, *la Cour* signifiera, pour les compagnies enregistrées en Angleterre, la haute Cour de la chancellerie d'Angleterre ; pour les compagnies enregistrées en Écosse, la Cour de session ; et pour les compagnies enregistrées en Irlande, la Cour de chancellerie d'Irlande.

Toute Cour, autre que la Cour de chancellerie ou de session, à laquelle la troisième partie du présent acte donne juridiction, aura, indépendamment de ses attributions ordinaires, le même pouvoir de faire exécuter ses décisions, prises en application du présent acte, que les Cours précitées en Angleterre ou en Irlande.

Art. 61.

Soit qu'une compagnie se liquide par ordre de la Cour ou volontairement, les actionnaires existants seront tenus de contribuer jusqu'à concurrence de la somme nécessaire pour acquitter ses dettes et faire face aux frais de sa liquidation ; toutefois, si la compagnie est à responsabilité limitée, il ne sera exigé d'aucun actionnaire rien de plus que la part non versée du montant des actions dont il est propriétaire.

Art. 62.

Dans le cas de liquidation judiciaire ou volontaire d'une compagnie autre qu'à responsabilité limitée, quiconque aura cessé d'être actionnaire, dans la période de trois années qui aura précédé le commencement de la liquidation, sera réputé, quant à la contribution aux dettes et aux frais de liquidation, actionnaire actuel; il aura, sous tous les rapports, les mêmes droits et sera soumis aux mêmes obligations envers les créanciers que s'il n'avait pas cessé d'être actionnaire, sauf qu'il ne sera responsable d'aucune des dettes de la compagnie contractées après l'époque où il aura cessé d'être actionnaire.

Art. 63.

Dans le cas de liquidation judiciaire ou volontaire d'une compagnie à responsabilité limitée, quiconque aura cessé de posséder une ou plusieurs actions dans la période d'une année précédant le commencement de la liquidation sera réputé, quant à la contribution aux dettes et aux frais de liquidation, propriétaire desdites actions; il aura, à tous égards, les mêmes droits et sera soumis aux mêmes obligations envers les créanciers que s'il n'avait pas cessé d'être actionnaire.

Art. 64.

La liquidation prononcée par la Cour sera censée commencer à partir de la présentation de la requête, qui doit être, ainsi qu'il est dit ci-après, présentée à la Cour; et la liquidation volontaire, à partir de la résolution qui l'aura autorisée.

Art. 65.

Tout actionnaire actuel ou ancien, soumis aux appels de fonds en vertu de la troisième partie du présent acte, sera qualifié de *contribuable*, et les représentants d'un contribuable décédé seront responsables dans la même mesure que l'eût été le contribuable lui-même.

Art. 66.

La responsabilité des actionnaires actuels et des anciens actionnaires entre eux sera déterminée d'après la règle suivante:

Dans une compagnie autre qu'à responsabilité limitée, le

cessionnaire des actions devra, jusqu'à concurrence des actions cédées, tenir le cédant indemne des dettes actuelles et futures de la compagnie ;

Dans une compagnie à responsabilité limitée, le cessionnaire sera indemne de tout appel de fonds sur actions cédées postérieur au transport.

Liquidation par ordre de la Cour.

ART. 67.

Une compagnie peut être liquidée par ordre de la Cour dans les circonstances ci-après :

1° Lorsque la compagnie aura voté, en assemblée générale, une résolution spéciale à cet effet ;

2° Lorsque la compagnie n'aura pas commencé ses opérations dans le délai d'un an à partir de sa constitution, ou qu'elle les aura suspendues pendant une année entière ;

3° Lorsque le nombre des actionnaires sera réduit à moins de sept ;

4° Lorsque la compagnie sera hors d'état de payer ses dettes ;

5° Lorsque les trois quarts du capital de la compagnie auront été perdus ou ne pourront plus être employés.

ART. 68.

Une compagnie est réputée incapable de payer ses dettes :

1° Lorsqu'un créancier auquel la compagnie doit une somme exigible excédant 50 livres sterling lui aura adressé, en la laissant à son siége officiel, une demande signée en paiement de ladite somme, et que la compagnie aura négligé de payer la somme dans le délai de trois semaines à partir de la présentation de la demande, ou de donner des garanties à la satisfaction du créancier ;

2° Lorsqu'en Angleterre et en Irlande, le jugement ou décision rendu par une Cour en faveur d'un créancier, par suite d'une action intentée par ce dernier contre la compagnie, n'a pu être exécuté en tout ou en partie par le shériff du comté dans lequel est situé le siége officiel de la compagnie ;

3° Lorsqu'en Écosse les délais légaux de paiement auront expiré sans que le paiement ait été effectué.

ART. 69.

La demande de liquidation d'une compagnie doit être faite par la voie de requête. Cette requête doit, dans le cas d'insolvabilité de la compagnie, être présentée par un créancier ou un contribuable; mais si un autre motif de liquidation est allégué, le contribuable seul aura qualité à cet égard.

ART. 70.

Après avoir pris connaissance de la requête présentée par un créancier, la Cour pourra la rejeter avec ou sans frais à payer par le requérant, et rendre, soit une décision, soit un interlocutoire, enjoignant à la compagnie de payer audit actionnaire, au jour désigné, la somme qu'elle lui doit, avec les frais que la Cour réglera, ou de lui en garantir le paiement; ou enfin, si elle le juge convenable, ordonner la liquidation de la compagnie ou rendre tout autre arrêt qu'elle croira juste.

ART. 71.

Si, à l'expiration du délai fixé dans la décision ou dans l'interlocutoire, le paiement n'est pas effectué ni la garantie donnée, la Cour pourra ordonner la liquidation de la compagnie.

ART. 72.

Après avoir entendu une requête présentée par un contribuable, la Cour pourra la rejeter, avec ou sans frais à payer par le requérant, ou ordonner la liquidation de la compagnie, ou enfin rendre toute autre décision qu'elle croira juste.

ART. 73.

A partir de la décision qui prononcera la liquidation, toutes poursuites et actions contre la compagnie seront arrêtées, si la Cour l'ordonne ainsi. Aucun directeur ou autre employé de la compagnie ne devra, sans approbation de la Cour, disposer des propriétés et valeurs de la compagnie ; aucun transfert d'actions ne sera valable sans la même approbation. Une copie de la décision sera immédiatement envoyée par la compagnie à l'enregistreur des compagnies par actions, qui la notera dans les livres concernant la compagnie.

ART. 74.

Dans le cas où la Cour de chancellerie, en Angleterre ou en Irlande, ordonnera la liquidation d'une compagnie, cette Cour pourra, si elle le juge convenable, décider que partie ou totalité de la procédure ultérieure relative à la liquidation soit portée devant la Cour des faillites ayant juridiction dans le lieu où est situé le siége officiel de la compagnie, ou si la compagnie a pour objet l'exploitation d'une mine relevant de la Cour des mines d'étain, devant la Cour du vice-président de la Cour des mines d'étain. La Cour désignée dans la décision aura la même compétence et exercera les mêmes pouvoirs, en ce qui concerne la dissolution de la compagnie, que si elle avait été désignée par le présent acte.

ART. 75.

Après avoir ordonné la liquidation de la compagnie, la Cour fera réaliser, dans le plus dref délai, l'actif de cette dernière, pour être appliqué à l'accomplissement de ses engagements, régulièrement contractés.

ART. 76.

Tout transfert de propriété, toute hypothèque, livraison de marchandises, tout paiement ou tout autre acte relatif à la propriété, qui, de la part d'un commerçant, seraient, dans le cas de sa faillite, réputés faits indûment ou frauduleusement au profit d'un de ses créanciers, seront, de la part d'une compagnie enregistrée en vertu du présent acte, et dont la liquidation aurait été ordonnée, réputés faits indûment ou frauduleusement au profit d'un créancier de ladite compagnie, et par suite déclarés nuls. Pour l'application du présent article, la présentation d'une requête ayant pour objet la liquidation d'une compagnie sera assimilée à celle d'une requête pour la liquidation de faillite d'un commerçant. Toute transmission ou remise faite par une compagnie enregistrée en vertu du présent acte de tous ses biens et de toutes ses valeurs au profit de tous ses créanciers sera nulle et non avenue.

ART. 77.

La Cour, après avoir ordonné la liquidation d'une compagnie, peut citer à comparaître devant elle toute personne connue ou soupçonnée comme détenant quelque bien ou valeur de la compagnie ou supposée sa débitrice, et toute personne que la Cour croira être à même de fournir des renseignements sur son commerce, ses opérations et son avoir. La cour pourra exiger desdites personnes la production des livres, papiers, actes écrits et autres documents se trouvant entre ses mains, qui lui paraîtraient de nature à éclairer pleinement les affaires qu'elle juge nécessaire d'examiner à l'occasion de la liquidation de la compagnie. Si quelqu'un ainsi assigné refuse de comparaître au temps fixé, sans empêchement légal notifié à la Cour en séance et agréé par elle, la cour pourra lancer contre lui un mandat d'amener.

ART. 78.

La Cour pourra faire subir un interrogatoire verbal ou écrit aux personnes comparaissant ou amenées devant elle, comme il a été dit ci-dessus, sur ce qui concerne le commerce, les opérations et l'avoir de la compagnie, consigner par écrit leurs réponses et requérir leur signature.

ART. 79.

Si un directeur, employé ou contribuable d'une compagnie dont la liquidation a été ordonnée en vertu du présent acte, détruisait, mutilait, altérait ou falsifiait des livres, papiers, écrits ou valeurs, ou faisait ou laissait faire de fausses énonciations dans un registre, livre de compte ou autre document appartenant à la compagnie avec l'intention de frauder les créanciers ou les contribuables, il sera réputé coupable du délit et passible d'un emprisonnement de deux ans avec ou sans travail forcé.

ART. 80.

Si les propriétés et les valeurs d'une compagnie ont été l'objet d'une saisie ou d'un séquestre dans les trois mois qui ont précédé la présentation de la requête concernant sa liquidation, ladite saisie et ledit séquestre seront de nul effet, tant à l'égard des liquidateurs de la compagnie que par rapport aux créanciers qui auront opéré la saisie ou le séquestre, soit que ces mesures aient été complétement exécutées ou non. Toutefois, dans le cas où la saisie ou le séquestre eût été valable sans la présente disposition, le créancier aura le droit de retenir, sur le montant de la somme déjà réalisée, ses frais de poursuite, ainsi que de saisie ou de séquestre, ou de donner suite à ladite saisie ou séquestre pour se rembourser de ses frais. Mais si ces frais ont été remboursés ou si les liquidateurs lui en ont offert le montant, lesdits liquidateurs auront le droit de reprendre des mains du créancier la propriété ainsi saisie ou séquestrée et les produits de la vente de cette propriété ou ce qui en reste, selon les cas.

ART. 81.

Tous les livres, comptes et documents de la compagnie, ainsi que des liquidateurs dont il sera question plus tard, feront foi en justice, *prima facie*, comme entre les contribuables de la compagnie, de la vérité de leur contenu.

ART. 82.

La Cour pourra, à quelque époque que ce soit, après avoir ordonné la liquidation de la compagnie, et avant d'avoir constaté son actif ou les dettes dont répondent les diverses classes des contribuables, réclamer de tous les contribuables ou de quelques-uns, jusqu'à concurrence des sommes dont ils répondent, les fonds nécessaires pour couvrir les dettes de la compagnie et les frais de sa liquidation. En faisant ces appels de fonds, la Cour pourra prendre en considération la probabilité que quelques-uns des contribuables auxquels ils sont adressés, seront dans l'impossibilité de verser leur quote-part.

ART. 83.

Tout l'argent reçu par les ordres de la Cour et provenant, soit de la vente ou de la réalisation d'une partie de l'actif de la compagnie, soit des appels de fonds faits aux contribuables ou de toute autre source, devra, sous réserve d'une somme que les liquidateurs officiels pourront garder entre leurs mains, avec autorisation de la Cour, pour faire face aux dépenses courantes, être versé, en Angleterre, à la banque ou à l'une de ses succursales, et en Écosse, à l'une des banques autorisées ou privilégiées, au crédit d'un compte dressé d'après les instructions de la Cour, et aucune des sommes portées sur ce compte ne sera payée par la banque, si ce n'est sur mandats signés comme la Cour l'aura ordonné.

ART. 84.

La Cour pourra, à quelque époque que ce soit, après la présentation de la requête pour la liquidation de la compagnie, et soit avant, soit après l'ordre, à cet effet, sur la demande d'un créancier ou d'un contribuable de la compagnie, arrêter des poursuites légales contre la compagnie ou nommer un dépositaire des propriétés et des valeurs de la compagnie; elle pourra aussi, par avis ou notification, requérir tous les créanciers de produire leurs réclamations et d'en justifier dans un certain délai, sous peine de se voir exclus de toute distribution qui serait faite avant que leur réclamation ne soit justifiée.

ART. 85.

La Cour pourra, à quelque époque que ce soit, après avoir prononcé la liquidation sur la demande d'un créancier ou d'un contribuable de la compagnie, et si elle acquiert la preuve que les poursuites relatives à la liquidation devraient être arrêtées, arrêter ces poursuites, soit entièrement, soit pour un temps limité et aux conditions qu'elle jugera convenables.

ART. 86.

Aussitôt que les créanciers auront été satisfaits, la Cour

procédera au règlement des droits des contribuables entre eux; elle distribuera les excédants, s'il y en a, entre les ayants droit et afin d'opérer le règlement dont il s'agit, elle pourra réclamer des contribuables, jusqu'à concurrence des sommes dont ils répondent, les versements qu'elle jugerait nécessaires. En faisant ces appels de fonds, elle pourra prendre en considération la probabilité que quelques-uns des contribuables auxquels ils sont adressés seront hors d'état, en tout ou en partie, de verser leur quote-part.

Art. 87.

La compagnie pourra régler comme elle le jugera convenable le paiement, sur les fonds de la compagnie, des frais auxquels aura donné lieu la liquidation.

Liquidateurs officiels.

Art. 88.

Pour conduire les opérations relatives à la liquidation et venir en aide à la Cour, il sera nommé une ou plusieurs personnes appelées *liquidateurs officiels*. Cette nomination sera faite comme suit :

Dans les cas qui relèvent de la juridiction de la Cour de la chancellerie en Angleterre ou en Irlande, ou de la Cour des sessions en Écosse, ou de la Cour des mines d'étain, la Cour compétente pourra, sur une garantie suffisante, nommer à titre provisoire ou autrement une ou plusieurs personnes comme liquidateurs officiels; elle pourra, s'il y a lieu, les révoquer et remplir les vacances faites par cette révocation ou par suite de mort ou de démission. S'il n'a été nommé qu'un seul liquidateur, il exercera tous les pouvoirs confiés par la présente loi aux liquidateurs collectivement. S'il en est nommé plus d'un, la Cour déclarera si les actes requis des liquidateurs officiels ou auxquels ils sont autorisés devront être faits pour tous, ou par un seul, ou par quelques-uns.

Dans les cas qui relèvent d'une Cour des faillites, l'agent officiel nommé par la Cour sera le liquidateur officiel ; mais lorsque la liquidation aura lieu sur les poursuites d'un créancier, la majorité en somme des créanciers,—et lorsque la liquidation aura lieu sur les poursuites d'un contribuable, la majorité en propriété des contribuables aura le droit, réunie en assemblée spéciale, de nommer un liquidateur officiel qui agira concurremment avec le liquidateur officiel nommé par la Cour.

ART. 89.

Les liquidateurs seront désignés sous le titre de liquidateurs officiels de la compagnie pour les affaires de laquelle ils auront été nommés, et non sous leurs noms particuliers. Ils se chargeront de toutes les propriétés, de toutes les valeurs de la compagnie, et rempliront toutes les obligations qui leur seront imposées par la Cour concernant la liquidation.

ART. 90.

Les liquidateurs officiels auront, sous réserve de l'approbation de la Cour, les pouvoirs ci-après :

Intenter ou soutenir une action ou un procès au civil et au criminel au nom et dans l'intérêt de la compagnie ;

Continuer les affaires de la compagnie, s'il est nécessaire, de manière à rendre la liquidation avantageuse ;

Vendre toute propriété immobilière ou mobilière et toutes valeurs de la compagnie, soit aux enchères publiques, soit à l'amiable, en bloc ou en détail;

Signer, au nom et dans l'intérêt de la compagnie, tous les actes, reçus et autres pièces qu'ils croiront nécessaires, et se servir à cet effet, s'il y a lieu, du nom de la compagnie;

Soumettre des contestations à des arbitres et passer des compromis au sujet de dettes et de réclamations ;

Réclamer et recevoir un dividende, dans le cas de faillite ou d'insolvabilité d'un contribuable ou de séquestre de ses biens ;

Tirer, accepter, souscrire ou endosser une lettre de change ou un billet à ordre et, de plus, emprunter au besoin sur la garantie de l'avoir de la compagnie, les sommes qui sont nécessaires, toutes opérations qui engageront la compagnie au même degré que si elles avaient été faites par la compagnie elle-même en plein exercice;

Faire tous autres actes nécessaires pour la liquidation de la compagnie et pour la distribution de son actif.

ART. 91.

Les liquidateurs officiels pourront, avec l'approbation de la Cour, nommer un solliciteur ou agent légal, ainsi que les commis et employés nécessaires pour les aider dans l'exercice de leurs fonctions; l'agent légal, les commis et employés recevront une rémunération qui leur sera allouée par la Cour.

ART. 92.

Les liquidateurs officiels seront rémunérés par un tant pour cent ou d'une autre manière, selon que le décidera la Cour.

ART. 93.

Lorsque les affaires de la compagnie auront été complétement liquidées, la Cour rendra un ordre ou arrêt déclarant la compagnie dissoute à dater dudit ordre ou arrêt, et la dissolution aura lieu en conséquence.

ART. 94.

Tout ordre ou arrêt de cette nature devra être communiqué par les liquidateurs officiels à l'enregistreur des compagnies par actions, lequel en prendra note dans ses livres.

ART. 95.

En Angleterre, le lord chancelier de la Grande-Bretagne, avec l'avis et le consentement du maître des rôles ou d'un des vice-chanceliers en fonctions ou des deux vice-chanceliers, pourra, chaque fois que les circonstances l'exigeront, faire des règlements concernant la procédure pour la liquidation d'une compagnie en Cour de chancellerie; mais avant que ces règlements ne soient faits, le procédure suivie jusqu'à ce jour en Cour de chancellerie devra, en tant qu'elle est applicable et qu'elle n'est pas incompatible avec les dispositions du présent acte, être appliquée à la liquidation des compagnies, et les liquidateurs seront assimilés, sous tous les rapports, aux administrateurs officiels.

ART. 96.

En Irlande, le lord chancelier d'Irlande pourra, avec l'avis et le consentement du maître des rôles, faire des règlements de même que le lord chancelier de la Grande-Bretagne; mais avant que ces règlements ne soient faits, la procédure suivie jusqu'à ce jour en Cour de chancellerie devra, en tant qu'elle est applicable et qu'elle n'est pas incompatible avec les dispositions du présent acte, être appliquée à la liquidation d'une compagnie, et les liquidateurs seront assimilés, sous tous égards, aux administrateurs officiels.

ART. 97.

En Écosse, la Cour de session pourra, par acte de *sederunt*, faire aussi des règlements; mais avant que ces règlements ne soient faits, la procédure suivie en Cour de session devra, en tant qu'elle est applicable et qu'elle n'est pas incompatible avec le présent acte, être appliquée à la liquidation des compagnies, et les liquidateurs seront assimilés, sous tous les rapports, aux curateurs des faillites.

ART. 98.

Le vice-président de la Cour des mines d'étain pourra, s'il y a lieu, faire, avec l'approbation du lord chancelier de la Grande-Bretagne, les règlements généraux qui seront nécessaires ou utiles pour l'accomplissement des attributions conférées par le présent acte à la Cour du vice-président, mais sous réserve que la procédure ordinaire de ladite Cour devra, en tant qu'elle est applicable et qu'elle n'est pas incompatible avec le présent acte, être appliquée à toutes les poursuites faites en vertu de cet acte, et tout arrêt rendu par ledit vice-président sera exécutoire, de même que tous les ordres rendus dans les affaires de la compétence ordinaire de cette Cour.

En ce qui touche la juridiction, toute compagnie enregistrée en vertu du présent acte, exploitant une mine relevant de la Cour des mines d'étain, sera censée résider dans le ressort de cette Cour et au lieu où la mine est située. Le vice-président de la Cour des mines d'étain sera compétent dans tout procès intenté à un actionnaire ou contribuable d'une compagnie ainsi enregistrée, pour autoriser les poursuites dans une partie quelconque de l'Angleterre ou du pays de Galles; toutefois, le lord président aura le droit de renvoyer toute affaire pendante devant lui en appel d'un arrêt ou ordre de la Cour devant la Cour d'appel de la chancellerie, laquelle pourra recevoir ledit appel et rendre tels arrêts qu'elle jugera convenables.

ART. 99.

Deux des commissaires de faillites nommés par le lord chancelier de la Grande-Bretagne, pour ce qui concerne les Cours des faillites en Angleterre, et les commissaires de faillites en Irlande, pour ce qui concerne les Cours des faillites en Irlande, pourront, s'il y a lieu, mais avec l'approbation des chanceliers de la Grande-Bretagne et d'Irlande, faire des règlements concernant la procédure devant lesdites Cours pour la liquidation des compagnies. Sous réserve de ces règlements, la procédure suivie devant les Cours de faillites en Angleterre et en Irlande respectivement, en tant qu'elle est applicable et qu'elle n'est pas incompatible avec le présent acte, devra être appliquée à toutes les poursuites faites en vertu dudit acte; et tout ordre émanant d'un commissaire des faillites, en pareil cas, sera exécutoire, de même que les ordres rendus dans les procès relevant de la juridiction ordinaire de ladite Cour.

ART. 100.

Le lord chancelier de la Grande-Bretagne, pour ce qui concerne les Cours de chancellerie et des faillites en Angleterre, et le lord chancelier d'Irlande, pour ce qui concerne les Cours de chancellerie et des faillites en Irlande, et la Cour de session en Écosse, par acte de *sederunt*, pour ce qui concerne les procès en cette Cour, pourront, par des règlements, fixer les droits dus à raison des actes de procédure faits en vertu de la troisième partie du présent acte pour la liquidation des compagnies. Les droits ainsi payés seront employés de la même manière que ceux auxquels donnent lieu les procès ordinaires devant les mêmes Cours. Quant aux droits à percevoir dans les affaires analogues instruites par la Cour des mines d'étain, le vice-président de ladite Cour pourra autoriser la perception de droits n'excédant pas, quant au nombre ni au montant, les droits dont la perception sera autorisée par le lord chancelier de la Grande-Bretagne, dans les Cours des faillites, et le Conseil du prince de Galles ou les commissaires spéciaux pour l'administration du duché de Cornouailles pourront, selon le cas, déterminer le mode d'après lequel l'argent provenant de ces droits devra être employé, soit pour les dépenses annuelles de la Cour des mines d'étain, soit pour l'acquittement des traitements ou pour leur augmentation.

Art. 101.

Les commissaires de district de la Cour des faillites et les juges des Cours de comté en Angleterre siégeant à plus de vingt milles de l'administration générale des postes, les commissaires de faillites, les avocats assistants et les recorders en Irlande, les shériffs des comtés en Écosse rempliront l'office de commissaires pour l'audition des témoins en vertu de la troisième partie du présent acte lorsqu'une compagnie aura été liquidée par la Cour de chancellerie, en Angleterre ou en Irlande, ou par la Cour de session en Écosse. Chacune de ces Cours pourra déléguer l'interrogatoire complet ou partiel d'un témoin quelconque à un de ces commissaires, quand même celui-ci ne relèverait pas de la juridiction de la Cour qui aurait ordonné la liquidation de la compagnie; et un pareil commissaire, indépendamment du pouvoir d'assigner et d'entendre les témoins, de requérir la production ou la remise des pièces, de constater et de punir les défauts de la part des témoins, pouvoirs qu'il exercerait légalement en qualité de commissaire de district de la Cour des faillites, de juge d'une Cour, de comté, de commissaire de faillite, d'avocat assistant ou de recorder ou de schériff de comté, aura, dans l'affaire qui lui est confiée, les mêmes pouvoirs d'assigner et d'entendre des témoins, de requérir la production ou la remise des pièces, de punir les défauts de la part des témoins, ainsi que d'allouer aux témoins des frais et indemnités que possède la Cour qui a ordonné la liquidation de la compagnie. L'interrogatoire ainsi fait sera l'objet d'un rapport à la Cour précité dans la forme qu'elle aura prescrite.

Liquidation volontaire d'une compagnie.

ART. 102.

Une compagnie peut être liquidée volontairement : 1° à l'expiration du terme, s'il y en a un, fixé à sa durée par les articles d'association ou statuts, ou à l'accomplissement d'un événement que les statuts ont prévu comme devant entraîner cette liquidation; 2° par suite d'une résolution spéciale à cet effet prise en assemblée générale.

Toutes les fois qu'une compagnie se liquide volontairement elle devra, à dater du commencement de cette liquidation, cesser ses affaires, sauf en tant que l'exige l'intérêt de la liquidation elle-même; mais son existence et ses pouvoirs comme corps constitué continueront, nonobstant toute disposition contraire que contiendraient les statuts, jusqu'à ce que la liquidation soit terminée.

ART. 103.

Avis de la résolution spéciale pour la liquidation volontaire de compagnie devra être donné à la *Gazette de Londres* s'il s'agit d'une compagnie enregistrée en Angleterre, à la *Gazette d'Édimbourg* s'il s'agit d'une compagnie enregistrée en Écosse, à la *Gazette de Dublin* s'il s'agit d'une compagnie enregistrée en Irlande.

ART. 104.

La liquidation volontaire d'une compagnie aura les effets ci-après :

1° L'actif de la compagnie sera employé à remplir les obligations contractées par elle, puis, à moins de disposition contraire dans les statuts, sera réparti entre les actionnaires au prorata de leurs actions;

2° Les liquidateurs seront nommés pour la liquidation des affaires de la compagnie et pour la répartition de l'actif;

3° La compagnie, en assemblée générale, pourra nommer une ou plusieurs personnes à son choix comme liquidateurs de la compagnie et fixer leur rémunération ;

4° Si un seul liquidateur est nommé, toutes les dispositions des présents articles concernant les liquidateurs lui sont applicables;

5° S'il en est nommé plusieurs, les pouvoirs qui leur sont conférés par le présent article pourront être exercés par deux d'entre eux;

6° Les liquidateurs pourront, à toute époque après la résolution pour la liquidation de la compagnie, et avant qu'ils aient constaté l'actif de la compagnie ou les dettes à la charge des diverses classes de contribuables, réclamer de tous ou de quelques-uns des contribuables, jusqu'à concurrence de leur responsabilité, le versement des fonds qu'ils jugeront nécessaires pour acquitter les dettes de la compagnie et les frais de la liquidation. En faisant cet appel de fonds, ils pourront prendre en considération la probabilité que quelques-uns des contribuables auxquels il est adressé pourront manquer en tout ou en partie de verser leur quote-part;

7° Les liquidateurs auront tous les pouvoirs dont ont été investis par les dispositions ci-dessus les liquidateurs officiels, et pourront les exercer sans l'intervention de la Cour;

8° Tous livres, papiers et documents entre les mains des liquidateurs, devront, en temps convenable, être toujours à la disposition des actionnaires qui voudront les examiner;

9° Lorsque les créanciers auront été satisfaits, les liquidateurs procèderont au règlement des droits des contribuables, et, à cet effet, ils pourront réclamer de tous les contribuables jusqu'à concurrence de leur responsabilité les versements qu'ils jugeront nécessaires; en faisant cet appel de fonds, ils pourront prendre en considération la probabilité que quelques-uns de ces contribuables pourront manquer, en tout ou en partie, de verser leur quote-part;

10° Aussitôt que les affaires de la compagnie auront été complétement liquidées, des liquidateurs exposeront, dans un compte-rendu, comment la liquidation aura été menée, et comment il aura été disposé de l'actif de la compagnie. Ce compte rendu, avec les pièces à l'appui, devra être soumis aux personnes chargées par la compagnie de l'examiner. Après cet examen, les liquidateurs convoqueront une assemblée générale des actionnaires pour prendre le compte rendu en considération. Cette assemblée ne sera considérée comme valablement réunie qu'autant qu'un avis spécifiant le temps, le lieu et l'objet de la réunion aura été publié un mois d'avance dans la *Gazette de Londres* si la compagnie a été enregistrée en Angleterre, dans la *Gazette d'Édimbourg* si elle l'a été en Écosse, et dans la *Gazette de Dublin* si elle l'a été en Irlande ;

11° Cette assemblée générale s'occupera exclusivement du compte rendu; mais elle pourra en délibérer quand même le nombre des membres exigé par les règlements de la compagnie pour la validité d'une assemblée générale ne se trouverait pas présent. Si, après délibération, l'assemblée est d'avis que les affaires de la compagnie ont été bien liquidées, elle votera une résolution dans ce sens et les liquidateurs publieront cette résolution dans la *Gazette de Londres*, dans celle d'Edimbourg ou dans celle de Dublin, selon que la compagnie aura été enregistrée en Angleterre, en Écosse ou en Irlande. Ils devront aussi communiquer cette résolution à l'enregistreur des compagnies par actions, et un mois après la date de l'enregistrement la compagnie sera réputée dissoute.

12° Si, dans le délai d'une année après le vote de la résolution pour la liquidation de la compagnie, cette liquidation n'était pas opérée, les liquidateurs devront rendre compte de la situation des affaires ou de l'état de la liquidation jusqu'à cette date, et de plus expliquer pourquoi la liquidation n'a pas été terminée. Une assemblée générale devra être convoquée pour prendre en considération ce compte rendu, et ainsi d'année en année jusqu'à ce que la liquidation des affaires de la compagnie soit terminée.

Tous frais dûment encourus dans le cours de la liquidation volontaire d'une compagnie, y compris la rémunération des liquidateurs, seront payés par privilége sur l'actif de la compagnie.

Art. 105.

La liquidation volontaire d'une compagnie ne préjudicie en rien aux droits qu'a tout créancier de la compagnie de faire des poursuites à l'effet de faire prononcer cette liquidation par la Cour.

IVe PARTIE.

BUREAU D'ENREGISTREMENT.

Art. 106.

L'enregistrement des compagnies aura lieu comme il suit :

1° L'administration du commerce pourra, quand elle le jugera à propos, nommer les enregistreurs, enregistreurs adjoints, commis et gens de service qu'elle jugera nécessaires pour l'enregistrement des compagnies en vertu du présent acte et les révoquer à son gré ;

2° L'administration du commerce pourra faire des règlements au sujet des devoirs à remplir par lesdits enregistreurs, enregistreurs adjoints, commis et gens de service ;

3° L'administration du commerce pourra, quand elle le jugera à propos, déterminer les lieux où de pareils bureaux d'enregistrement seront établis ; toutefois, il y aura en tout temps, dans chacune des trois parties du Royaume-Uni, au moins un bureau, et aucune compagnie ne sera enregistrée ailleurs que dans le bureau situé dans cette partie du Royaume-Uni, dans laquelle son siége officiel sera établi d'après la déclaration du contrat d'association ;

4° L'administration du commerce pourra, quand elle le jugera à propos, faire confectionner un ou plusieurs sceaux pour donner une authenticité aux pièces relatives à l'enregistrement des compagnies ;

5° Tout individu pourra prendre connaissance des pièces gardées par l'enregistreur des compagnies par actions, en payant un droit fixé par l'administration du commerce et qui n'excèdera pas un schelling par chaque séance. Tout individu pourra demander une copie ou un extrait d'une pièce ou de partie d'une pièce, certifié par l'enregistreur, moyennant un droit fixé par l'administration du commerce, et qui n'excèdera pas 6 deniers par chaque folio de la copie ou de l'extrait, et en Écosse pour chaque feuille de deux cents mots. Une copie ainsi certifiée fera en justice, *prima facie*, foi de son contenu ;

6° Les enregistreurs et enregistreurs adjoints, commis et gens de service du bureau d'enregistrement des compagnies par actions actuellement existantes, conserveront, tant qu'il conviendra à l'administration du commerce, leurs emplois et leurs traitements; mais, dans l'accomplissement de leurs devoirs, ils se conformeront aux règlements que pourra faire l'administration du commerce;

7° Tous les enregistreurs, enregistreurs adjoints, commis ou gens de service qui pourront dorénavant être employés à l'enregistrement des compagnies par actions, recevront le traitement que l'administration du commerce fixerait avec l'approbation des commissaires du trésor;

8° Toute opération qui, en vertu du présent acte, doit être faite auprès de l'enregistreur des compagnies par actions ou par ses soins, sera, à moins d'ordre contraire de l'administration du commerce, faite, en l'absence dudit enregistreur, aux frais ou par les soins de l'enregistreur adjoint; en Écosse, auprès ou par les soins de l'employé désigné par l'administration du commerce, et, en Irlande, auprès ou par les soins de l'enregistreur adjoint actuel des compagnies par actions de l'Irlande; dans le cas où l'administration du commerce modifierait la constitution des bureaux d'enregistrement existants, l'opération sera faite par les soins des employés que cette administration aura désignés, dans les lieux qu'elle aura choisis en rapport avec la situation du siége officiel des compagnies à enregistrer.

Ve PARTIE.

ABROGATION DES ACTES ANTÉRIEURS ET DISPOSITIONS TRANSITOIRES.

Abrogation.

ART. 106.

Sont abrogés :

1° L'acte 8 Victoria, chapitre 110;

2° L'acte 11 Victoria, chapitre 78, intitulé :

Acte modifiant un acte pour l'enregistrement, la constitution et le règlement des compagnies par actions;

3° L'acte de 1855 sur la responsabilité limitée. Mais cette abrogation n'aura d'effet, en ce qui concerne les compagnies complétement enregistrées en vertu de l'acte 8 Victoria, précité, qu'après que ladite compagnie aura obtenu l'enregistrement en vertu du présent acte comme il sera dit ci-après.

ART. 108.

Les actes suivants :

1° L'acte 11 Victoria, chapitre 45, intitulé : *Acte modifiant les actes pour faciliter la liquidation des compagnies par actions incapables de remplir leurs engagements pécuniaires, et de plus, pour faciliter la dissolution et la liquidation des compagnies par actions en général et des autres associations;*

2° L'acte 13 Victoria, chapitre 108, intitulé : *Acte modifiant l'acte de 1848 sur la liquidation des compagnies par actions;*

3° L'acte 8 Victoria, chapitre 111, intitulé : *Acte pour faciliter la liquidation des compagnies par actions incapables de remplir leurs engagements pécuniaires;*

4° L'acte 9 Victoria, chapitre 98, intitulé : *Acte pour faciliter la liquidation des affaires des compagnies par actions en Irlande incapables de remplir leurs engagements pécuniaires*;

Ne seront pas applicables aux compagnies enregistrées en vertu du présent acte, ni à celles enregistrées en vertu de l'acte précité 8 Victoria, chapitre 110, à partir du jour où elles auront obtenu l'enregistrement en vertu du présent acte, comme il sera dit ci-après.

ART. 109.

Ne seront point affectés par l'abrogation :

1° Les opérations régulièrement faites sous l'empire des actes abrogés avant la mise en vigueur de leur abrogation ;

2° Le droit acquis ou la responsabilité en exercice sous l'empire desdits actes avant la mise en vigueur de leur abrogation ;

3° Les peines quelconques encourues ou à encourir pour

infractions à l'un desdits actes commises avant la mise en vigueur de son abrogation;

4° Les mesures prises en exécution d'un ordre de liquidation d'une compagnie rendu avant la mise en vigueur de l'abrogation ;

Dispositions transitoires.

Art. 110.

Toute compagnie complétement enregistrée sous l'empire de l'acte 8 Victoria, chapitre 110, devra se faire enregistrer en vertu du présent acte avant le 3 novembre 1856, ou ce jour même, et toute autre compagnie dûment constituée par la loi avant la mise en vigueur du présent acte, et composée de sept actionnaires ou plus pourra, à n'importe quelle époque, se faire enregistrer de nouveau comme compagnie avec ou sans responsabilité limitée. Toutefois, une compagnie ne devra être enregistrée en vertu du présent acte comme compagnie à responsabilité limitée, si elle n'a préalablement obtenu le certificat d'un enregistrement complet avec responsabilité limitée, sous l'empire de l'acte de 1853 sur la responsabilité limitée, ou si les trois cinquièmes en nombre et en propriété des actionnaires n'ont pas assisté en personne ou par procuration, au cas où des fondés de pouvoirs seraient admis par les règlements de la compagnie, à une assemblée générale convoquée à cet effet, et consenti à ce qu'elle soit ainsi enregistrée.

Art. 111.

Avant l'enregistrement, en vertu du présent acte, d'une compagnie existante, il sera préalablement délivré à l'enregistreur des compagnies par actions les pièces ci-après :

1° S'il s'agit d'une compagnie complétement enregistrée en vertu de l'acte 8 Victoria, chapitre 110, et que cette compagnie n'ait pas l'intention de se faire enregistrer comme compagnie à responsabilité limitée, une liste contenant les noms, adresses et professions de toutes les personnes qui, au jour de l'enregistrement, possèdent des actions de la compagnie, avec indication du nombre des actions possédées par chacun et le numéro de chaque action ;

2° Si une pareille compagnie a obtenu un certificat d'enregistrement complet avec responsabilité limitée, en vertu de l'acte de 1855, sur la responsabilité limitée, ou si elle n'avait pas obtenu ledit certificat, mais qu'elle fût dans l'intention de se faire enregistrer comme compagnie à responsabilité limitée, en vertu du présent acte, la liste dont il s'agit devra être accompagnée d'une note indiquant :

Le capital nominal de la compagnie et le nombre des actions dans lequel il est divisé ;

Le nombre des actions prises et le montant payé sur chaque action ;

Cette note, dans le cas où la compagnie n'aurait pas obtenu antérieurement un certificat de responsabilité limitée, mais serait dans l'intention de se faire enregistrer comme compagnie à responsabilité limitée, en vertu du présent acte, devra contenir de plus la dénomination de la compagnie, avec le mot *limitée* à la fin ;

3° S'il s'agit d'une autre espèce de compagnie dûment constituée par la loi avant le vote du présent acte, et composée de sept actionnaires ou plus, et qu'elle ne soit pas dans l'intention de se faire enregistrer comme compagnie à responsabilité limitée, elle devra remettre à l'enregistreur des compagnies par actions la liste des actionnaires comme ci-dessus, et en même temps une expédition des actes du parlement, charte royale, lettres patentes, acte d'établissement ou autre document légal qui constitue ou réglemente la compagnie ;

4° Si une semblable compagnie a l'intention de se faire enregistrer comme compagnie à responsabilité limitée, la liste et l'expédition devront être accompagnées d'une note indiquant :

Le capital nominal de la compagnie et le nombre des actions dans lequel il est divisé ;

Le nombre des actions prises et le montant payé sur chaque action ;

La dénomination de la compagnie avec le mot *limitée* à la fin.

ART. 112.

La liste des actionnaires et les autres indications à fournir en vertu du présent acte, à l'enregistrement, devront être certifiées par une déclaration des directeurs de la compagnie qui les fournissent, ou par deux de ses directeurs, ou par deux autres principaux employés de la compagnie, conformément aux dispositions de l'acte 6 Guillaume IV, chapitre 62; mais il ne sera perçu aucun droit, pour l'enregistrement en vertu du présent acte, d'une compagnie complétement enregistrée sous l'empire de l'acte 8 Victoria, chapitre 110, lorsque la responsabilité des actionnaires ne doit pas être limitée, ou lorsque la compagnie a déjà obtenu un certificat d'enregistrement complet avec responsabilité limitée.

ART. 113.

Toutes les conditions qui précèdent ayant été remplies, l'enregistreur des compagnies par actions devra certifier, par un écrit signé de lui, que la compagnie qui demande à être enregistrée est constituée en vertu du présent acte, et s'il s'agit d'une compagnie à responsabilité limitée, qu'elle est à responsabilité limitée, après quoi ladite compagnie sera dûment constituée. Toutes les dispositions des actes d'établissement, acte du parlement, charte royale ou lettres patentes, ou de tout autre document légal qui constitue ou réglemente ladite compagnie, seront censées être des règlements dans le sens du présent acte, et toutes les dispositions de ce dernier lui seront applicables de la même manière que si elle avait été constituée dès l'origine en vertu dudit acte; toutefois, sous les réserves faites ci-après, relativement aux droits existants des créanciers et d'autres personnes, et sous cette condition qu'à l'exception de ce qui est permis par les dispositions ci-après, une compagnie constituée par un acte du parlement n'aura le pouvoir de changer aucune des dispositions de cet acte; qu'une compagnie constituée par une charte royale ou des lettres patentes, n'aura le droit de changer, par une résolution spéciale ou autrement, aucune des dispositions de cette charte ou de ces lettres patentes, sans l'approbation de l'administration du commerce.

ART. 114.

Toute compagnie existante pourra, dans le but d'obtenir l'enregistrement avec responsabilité limitée, changer sa dénomination en ajoutant le mot *limitée*, ou prendre toute autre mesure nécessaire à cet effet.

ART. 115.

Le certificat d'incorporation, délivré à une compagnie existante en vertu du présent acte, fera foi en justice que toutes les conditions au sujet de l'enregistrement que contient cet acte ont été remplies, et la date dudit certificat sera censée être la date à laquelle la compagnie aura été constituée en vertu du présent acte.

ART. 116.

L'enregistrement d'une compagnie existante en vertu du présent acte, ni aucune mesure de ladite compagnie postérieurement à cet enregistrement, ne porteront aucun préjudice aux droits qu'avait ou qu'aurait eus, si l'enregistrement n'avait pas eu lieu, tout créancier ou toute autre personne contre la compagnie considérée collectivement, ou contre toute personne étant ou ayant été membre de cette compagnie; ledit créancier ou ladite personne pourra employer contre la compagnie et contre ses membres tous les moyens légaux qu'il aurait pu employer si l'enregistrement n'avait pas eu lieu.

II

ACTE destiné à amender la législation relative aux sociétés par actions.

(Promulgué le 13 juillet 1857.)

Attendu qu'il est devenu nécessaire de soumettre à de nouvelles dispositions l'incorporation et le règlement des sociétés par actions, et qu'il convient de modifier, dans ce but, l'acte de 1856 qui les concerne, il a été décidé ce qui suit par la Reine, de l'avis et avec le consentement des lords spirituels et temporels des communes, assemblés dans le présent parlement :

1. Le présent acte prendra le titre de : *Acte de* 1857, *relatif aux sociétés par actions.*

2. L'acte de 1856, relatif à ces compagnies (ci-après appelé l'*Acte principal*) ainsi que le présent acte, autant que leur nature et leur objet le permettent, n'en feront désormais qu'un seul. Les deux actes réunis auront pour titre : *Actes de* 1856 *et* 1857 *relatifs aux sociétés par actions.*

3. L'art. 4 de l'acte principal est rapporté et remplacé par la disposition suivante :

Si, après la promulgation du présent acte, plus de vingt personnes s'associent pour exploiter en commun un commerce ou une industrie ayant pour objet un gain ou bénéfice, et si elles ne figurent pas dans une ou plusieurs des catégories qui suivent :

1° Sociétés enregistrées conformément aux dispositions de l'acte principal;

2° Sociétés incorporées ou constituées soit en exécution d'un acte du parlement, d'une charte royale ou de lettres patentes;

3° Sociétés engagées dans l'exploitation des mines et soumises, à ce titre, à la juridiction des *stannaries* (1).

Chacune de ces personnes sera solidairement responsable de la totalité des dettes de l'association.

4. Le préposé à l'enregistrement des sociétés délivrera, après paiement préalable d'un droit de 5 shillings (6 fr.), à toute personne qui en fera la demande, un certificat d'incorporation dans l'une ou l'autre de ces sociétés, et ce certificat fera foi en justice de la même manière que celui qui doit être délivré en vertu de l'acte principal.

5. Toute société par actions à responsabilité limitée peut, par une décision spéciale, convertir son capital social, une fois entièrement libéré, en valeurs négociables (stock). Cette conversion une fois opérée, toutes les dispositions de l'acte principal ou du présent acte, qui exigent que le capital soit divisé en actions d'une somme déterminée avec des numéros d'ordre, que la compagnie tienne un registre des actionnaires et en prépare la liste annuelle, cesseront d'être applicables, au moins dans la proportion du capital qui aura été ainsi converti.

6. Toute compagnie qui aura converti tout ou partie de son capital social, devra en donner avis au préposé à l'enregistrement des sociétés par actions, en spécifiant les actions ainsi converties, dans les quinze jours qui suivront l'assemblée dans laquelle la mesure aura été prise, et ce fonctionnaire la mentionnera sur le registre qu'il est chargé de tenir.

En cas d'omission de cet avis dans le délai ci-dessus, la compagnie sera passible d'une amende qui ne pourra dépasser 5 livres (125 fr.), pour chaque jour de retard, à partir du délai susindiqué.

7. Toute compagnie ayant converti une portion de son capital devra tenir un registre des noms et adresses des porteurs des actions converties. Ce registre sera tenu dans les conditions et sous les pénalités déterminées par l'acte principal,

---

(1) Tribunaux chargés de juger les contestations relatives à l'exploitation des mines, dans certains districts de l'Angleterre.

(*Note du traducteur.*)

en ce qui concerne le registre des actionnaires (avant la conversion).

8. Si une personne est omise ou indûment inscrite sur le registre des actions converties, elle peut, et tout porteur de ces actions peut aussi demander la rectification du registre en ce qui le concerne, conformément aux dispositions de l'art. 25 de l'acte principal.

9. La Cour (1) est compétente, en cas de contestation à l'occasion de l'application de cet article, pour statuer sur toute question relative au droit de figurer ou non sur ce registre, soit qu'elle s'élève entre deux ou plusieurs porteurs ou présumés tels d'actions converties ou non, ou entre ces porteurs et la compagnie. La compétence de la Cour s'étend à tous les cas de rectification du registre.

10. Toute compagnie qui omet d'émettre une copie de ses statuts aux actionnaires, conformément à l'art. 27 de l'acte principal, est passible d'une amende d'une livre sterling (25 fr.) au plus.

11. Lorsque la liquidation d'une société a été autorisée, conformément à la 3e partie de l'acte principal, si, sur la plainte du liquidateur, la Cour a quelque raison de croire qu'un actionnaire est sur le point de quitter le Royaume-Uni, ou de se cacher, ou de faire disparaître ses propriétés, tant mobilières qu'immobilières, pour échapper aux poursuites dont il peut être l'objet et aux obligations qu'il a contractées envers ladite société, ou pour se soustraire à tout interrogatoire en ce qui concerne les affaires sociales, elle peut délivrer contre lui un mandat d'arrêt et faire saisir ses livres, papiers et valeurs de toute nature.

12. Tout actionnaire, ainsi mis à la disposition de la justice, peut demander, en tout temps, sa mise en liberté et la restitution des objets saisis sur lui.

13. Tout recouvrement qu'une société est autorisée à faire sur ses actionnaires, en vertu de la 3e partie de l'acte principal, sera considéré, si cette société vient à liquider à l'amiable ou judiciairement, comme ayant à son profit, en

(1) De chancellerie, je crois. (*Note du traducteur.*)

Angleterre et en *Irlande,* le caractère et les priviléges d'une dette spéciale.

14. Dans les cas qui relèvent de la Cour de chancellerie en *Angleterre* et en *Irlande,* ou de la Cour de session en Écosse, ou de la Cour des *stannaries;* ces Cours, en nommant des liquidateurs judiciaires, devront s'inspirer également des intérêts des actionnaires et des créanciers, et prendre, sur cette nomination, l'avis de ceux qu'elles croiront en mesure de les renseigner utilement. Sauf le cas où, à la fois, actionnaires et créanciers sont d'accord pour ne nommer qu'un seul liquidateur, la Cour pourra en nommer un ou plusieurs chargés de représenter séparément les intérêts desdits actionnaires et créanciers. Elle pourra décider qu'en cas de divergence d'opinion sur l'utilité d'une mesure, cette mesure sera prise à la majorité des liquidateurs ou que la difficulté lui sera soumise. Enfin elle pourra faire tout ce que la loi a autorisé jusqu'à ce jour, soit au moment de la première nomination d'un liquidateur, soit aux diverses phases de la liquidation. Mais, dans tous les cas, elle ne sera pas tenue de nommer plus d'un liquidateur, si elle estime, dans sa sagesse, que cette nomination est conforme aux intérêts de la justice.

15. Dans les cas qui relèvent d'une Cour des faillites, le syndic nommé par elle (*official assignee*) sera considéré, si un liquidateur est choisi par les créanciers, comme le représentant des actionnaires, et si un liquidateur est nommé par les actionnaires, comme le représentant des créanciers.

16. Le droit de transiger sur les dettes et les créances, donné par l'acte principal aux liquidateurs ci-dessus, s'étendra aux répétitions à exercer contre ou par un actionnaire, avec faculté, pour les liquidateurs, de recevoir des garanties, de donner quittance en vertu du compromis intervenu entre eux et les parties, à la condition : 1° que le compromis sera soumis à l'homologation de la Cour et qu'il aura l'assentiment des créanciers ou d'une partie d'entre eux, conformément aux indications de la Cour; 2° que, dans le cas où la liquidation est amiable, il sera l'objet d'une résolution spéciale.

17. Lorsqu'une compagnie se liquide à l'amiable et que

tout ou portion de son actif est sur le point d'être vendu à une autre compagnie enregistrée sous le présent acte, les liquidateurs de la première peuvent, à la suite d'une délibération spéciale de sa part, recevoir, en paiement des valeurs ou objets vendus, des actions de la seconde, ou prendre tout autre arrangement en vertu duquel les actionnaires de la compagnie en liquidation, au lieu de recevoir l'argent ou des actions, ou, en outre de ces avantages, participeraient aux profits de la compagnie acquéreur. Toute vente ou tout arrangement ainsi faits par les liquidateurs seront obligatoires pour les actionnaires de la compagnie en liquidation. Toutefois, si l'un d'eux, n'ayant pas voté en faveur de la résolution spéciale par elle prise, adresse aux liquidateurs ou à l'un d'eux, l'expression écrite de son dissentiment, dans les sept jours de l'assemblée où elle a été arrêtée, il peut mettre ceux-ci en demeure, soit de ne pas exécuter la résolution, soit d'acheter ses actions à un prix à fixer par arbitre, et, dans ce dernier cas, le montant doit lui en être payé, avant la dissolution de la compagnie, sur les ressources mises à leur disposition par une résolution spéciale.

18. En cas de liquidation amiable d'une compagnie, les liquidateurs peuvent, à certains intervalles, pendant la durée des opérations, provoquer des assemblées générales d'actionnaires, pour obtenir leur adhésion aux mesures qu'ils auront préparées.

19. Lorsqu'une compagnie est sur le point de liquider à l'amiable, et que des poursuites ont lieu à l'effet d'obtenir que la liquidation se fasse judiciairement, la Cour peut, si elle le juge convenable, même en prenant une décision dans ce sens, ratifier tout ou partie des mesures prises dans les Cours et à l'occasion de la liquidation amiable. Elle peut aussi, au lieu d'ordonner que la liquidation sera entièrement judiciaire, disposer qu'elle continuera à se faire par la voie amiable, mais sous sa surveillance, et avec la faculté pour les intéressés de se pourvoir devant elle. Elle peut enfin prendre toute décision qu'elle jugera convenable.

20. Si, lorsque la dissolution d'une compagnie est prononcée par la Cour, les liquidateurs oublient de notifier au préposé de l'enregistrement l'arrêt de dissolution, ou lorsque

la dissolution est volontaire, la délibération qui l'a prononcée, ils sont passibles d'une amende qui ne peut excéder 5 livres (125 fr.) pour chaque jour de retard, à partir de l'époque à laquelle cette déclaration aurait dû être faite. Ils n'auront droit, en outre, pendant la durée de la contravention qu'ils auront commise, à aucune rémunération pour leur gestion, en qualité de liquidateurs.

21. Si, douze mois après la dissolution d'une compagnie qui s'est liquidée, les liquidateurs sont encore détenteurs d'argent, d'actions ou autres valeurs qu'ils n'auront pu, par une raison quelconque, remettre aux ayants droit, ils seront considérés comme dépositaires et administrateurs de ces valeurs, conformément à l'acte passé dans la onzième année du règne de Sa Majesté (chap. 96), et intitulé : *Acte pour assurer les dépôts de fonds et diminuer la responsabilité des dépositaires*, ou de tout autre acte l'ayant modifié, et devront les transférer, en conséquence, à la Cour de chancellerie (1).

22. Aucun changement fait par le ministère du commerce (*Board of trade*) à la table B de la cédule annexée à l'acte principal ne sera applicable à une compagnie formée avant la date de ce changement, ou ne modifiera, en ce qui la concerne, une partie quelconque de ladite table, à moins qu'elle ne se l'approprie par une délibération spéciale.

23. L'art. 107 de l'acte principal est rapporté et remplacé par la disposition suivante :

1° L'acte voté dans la huitième année du règne de Sa Majesté (chap. 110), et intitulé : *Acte relatif à l'enregistrement, l'incorporation et le règlement des sociétés par actions;*

2° L'acte voté dans la onzième année du règne de Sa Majesté (chap. 78), et intitulé : *Acte amendant un acte relatif à l'enregistrement, incorporation et règlement des sociétés par actions ;*

3° L'acte de la responsabilité limitée, 1855;

Seront considérés comme ayant toujours été en vigueur,

---

(1) Cette Cour reçoit, en Angleterre, les dépôts judiciaires.
(*Note du traducteur.*)

en ce qui concerne toute société complétement enregistrée qui ne l'a pas été sous le régime de l'acte principal, jusqu'au moment où elle obtient de l'être, conformément aux dispositions des actes relatifs aux sociétés par actions (1856-1857). Mais, à partir de ce moment, et non avant, les trois actes ci-dessus seront considérés comme ayant été rapportés en ce qui la concerne.

24. Lorsqu'une société par actions à responsabilité limitée intente une action judiciaire, le juge compétent, s'il a de bonnes raisons de croire que, dans le cas où il rejetterait sa demande, elle n'aurait pas les ressources nécessaires pour payer les frais, peut en exiger une caution et suspendre l'instruction jusqu'à la remise de cette caution.

25. Lorsqu'une compagnie, complétement enregistrée sous le régime de l'acte voté sous le règne de Sa Majesté (chap. 10), a obtenu d'être enregistrée, conformément à l'acte principal, après le 3 novembre 1856, mais avant la promulgation de cet acte, cet enregistrement aura la même valeur que s'il avait lieu ledit jour de novembre 1856 ou avant.

26. L'art. 110 de l'acte principal est rapporté.

27. Les compagnies complétement enregistrées sous le régime de l'acte de la huitième année du règne de Sa Majesté (chap. 110), y compris celles qui ont obtenu un certificat d'enregistrement complet, conformément aux dispositions de l'acte relatif aux sociétés à responsabilité limitée de 1855, mais à l'exclusion de celles qui se seraient formées pour entreprendre les assurances, si elles n'ont pas déjà été enregistrées sous le régime de l'acte principal, devront l'être en conformité de ceux de 1856 et 1857, avant, ou au plus tard, le 2 novembre 1857, sous peine de l'amende ci-après mentionnée.

28. Si une compagnie, obligée, par les actes sur la matière, à se faire enregistrer, néglige de remplir cette formalité dans le délai ci-dessus, à partir de ce délai et jusqu'au moment où elle aura été remplie, conformément aux actes de 1856 et 1857, la situation légale sera celle qui suit :

1° Elle ne pourra ester en justice devant les tribunaux de

loi et d'équité, ni répondre devant ces tribunaux, à aucune action dirigée contre elle ;

2° Elle ne pourra distribuer aucun dividende;

3° Le directeur, gérant ou administrateur encourra, pour chaque jour de retard, une amende de 5 liv. (125 fr.) recouvrable par toute personne et applicable à son usage personnel (1).

Toutefois cette contravention n'aura pas pour effet de faire considérer la société comme illégalement formée, et ne la soumettra à aucune incapacité autre que les précédentes.

29. Toute compagnie ou société composée de sept actionnaires ou plus, ayant un capital déterminé, divisé par actions d'un chiffre également déterminé, constituée conformément à la loi, avant la promulgation du présent acte, et n'étant pas, en conséquence, obligée à l'enregistrement, peut, en tout temps, en exécution des dispositions des actes de 1856 et 1857, se faire enregistrer comme société régie par ces actes, avec ou sans responsabilité limitée. Toutefois aucune société ne sera enregistrée en cette dernière qualité, si la responsabilité des actionnaires n'était déjà limitée au montant des portions non encore libérées de leurs actions, ou si l'autorisation de se faire enregistrer comme société limitée n'a été donnée par les trois quarts en nombre et en valeur desdits actionnaires, soit personnellement, soit par procuration, lorsque la représentation par délégation aux assemblées générales est admise par les statuts.

30. Lorsqu'une compagnie existante, autorisée à être enregistrée sous le régime des actes de 1856 et 1857, a converti tout ou portion de son capital en valeurs négociables, au lieu de remettre au préposé à l'enregistrement l'état du capital et des actions, exigé par l'acte principal, elle se bornera à lui délivrer, en ce qui concerne le capital ainsi converti, un tableau indiquant le montant des actions devenues négociables, ainsi que les noms des porteurs au jour indiqué. Ce document devra être remis dans les six jours de l'enregistrement.

---

(1) Clause de style. (*Note du traducteur.*)

31. La liste des actionnaires qui, aux termes de l'art. 111 de l'acte principal, doit être remise au préposé de l'enregistrement, doit être préparée dans les six jours qui précéderont l'enregistrement.

32. Aucun droit ne sera exigé en ce qui concerne l'enregistrement, sous le régime des actes de 1856 et 1857, de toute compagnie existant à la date du présent acte et soumise à cet enregistrement par lesdits actes ou l'un d'eux, lorsque cette compagnie n'est pas enregistrée comme limitée, ou lorsqu'avant qu'elle fût enregistrée comme telle, la responsabilité de ses actionnaires était limitée par quelque autre acte du parlement ou par lettres patentes.

33. L'art. 113 de l'acte principal est rapporté et remplacé par la disposition ci-après :

Conformément aux prescriptions des actes de 1856 et 1857 relatives à l'enregistrement, le préposé certifiera que la compagnie qui requiert l'enregistrement est incorporée sous le régime de ces actes, et si la compagnie est limitée, qu'elle l'est en effet. Par suite de la délivrance de ce certificat, la compagnie sera réellement incorporée, et toute disposition contenue dans un acte quelconque du parlement, lettres patentes ou autre titre constituant ou réglant une compagnie enregistrée en conformité dudit art. 113 ou une compagnie qui peut l'être ultérieurement, lui sera applicable comme si elle était inscrite dans ses statuts. Toutes les dispositions des actes de 1856 et 1857 lui seront également applicables, comme si elle avait été originairement incorporée sous le régime de ces actes, sous les réserves stipulées par l'acte principal en faveur des créanciers, et, en outre, aux conditions ci-après :

1° La table B ne lui sera pas applicable, à moins que la compagnie ne se l'approprie par une résolution spéciale;

2° Aucune compagnie ne pourra modifier tout ou partie des dispositions contenues dans un acte du parlement la concernant;

3° Aucune compagnie ne pourra, sans l'autorisation du ministère du commerce (*Board of trade*), modifier tout ou partie des dispositions contenues dans les lettres patentes la concernant;

4° Aucun des articles qui précèdent ne pourra autoriser une compagnie à modier les dispositions de tout acte, lettres patentes ou autre titre quelconque réglant sa constitution, qui, si cette compagnie a été originairement incorporée en conformité des actes de 1856 et 1857, ont été insérées dans ses statuts, et dont lesdits actes n'autorisent pas la modification.

Mais aucun des articles qui précèdent ne dérogera au pouvoir qu'une compagnie peut avoir, en vertu d'un acte du parlement, d'un acte de constitution, de lettres patentes ou de tout autre titre, de modifier ses statuts.

En outre, le rapport de l'art. 113 de l'acte principal n'affectera en aucune manière les droits acquis sous le régime des dispositions de cet article.

III

ACTE destiné à amender la loi relative aux compagnies de banque.

(Promulgué le 27 août 1857.)

Attendu qu'il convient de modifier la loi relative aux associations et compagnies faisant la banque et désignées dans l'acte ci-après sous la dénomination de Compagnies de banque, il est ordonné ce qui suit par S. M. la Reine, sur et avec l'avis et le consentement des lords spirituels et temporels et des communes, assemblés dans le présent parlement :

1. Cet acte peut être nommé, pour ce que de droit : «l'Acte des compagnies de banque par actions, 1857. »

2. Les actes relatifs aux sociétés ou compagnies par actions de 1856 et 1857, seront considérés comme faisant partie du présent acte.

3. L'article 2 de l'acte de 1856 sur les sociétés par actions est rapporté en ce qui concerne les personnes qui s'associent pour faire la banque, sous cette réserve qu'aucune compagnie de banque actuelle ou future ne sera enregistrée comme compagnie à responsabilité limitée.

4. Toute compagnie de banque se composant de sept personnes ou plus est constituée sous le régime des actes ci-après ou de l'un d'eux :

1° Acte passé dans la huitième année du règne de S. M. (chap. 113) et intitulé : *Acte destiné à réglementer les banques par actions en Angleterre;*

2° Acte passé dans la dixième année du règne de S. M. (chap. 75) et intitulé : *Acte destiné à réglementer les banques par actions* en Écosse ou en Irlande,

Devra se faire enregistrer, au plus tard le 1er janvier 1858, comme compagnie régie par le présent acte.

5. La compagnie de banque qui négligerait d'accomplir

cette formalité dans le délai ci-dessus, se trouvera placée, jusqu'à ce qu'elle ait été remplie, dans la situation légale ci-après :

1° Elle ne pourra ester en justice, soit en demandant, soit en défendant devant les tribunaux de loi et d'équité ;

2° Elle ne pourra distribuer de dividende ;

3° Tout directeur gérant ou administrateur sera passible, pour chaque jour de retard, d'une amende de 5 liv. (125 fr.), et cette amende sera recouvrable par toute personne, actionnaire ou non de la compagnie, et appliquée à son usage personnel.

Toutefois, cette contravention ne frappera pas de nullité la constitution de la compagnie et n'entraînera contre elle aucune pénalité ou incapacité.

6. Toute compagnie composée de sept associés ou plus, ayant un capital déterminé divisé en actions d'une somme également déterminée, faisant légalement, avant la promulgation du présent acte, les opérations de banque et n'étant pas obligée de se faire enregistrer, pourra, à toute époque, à partir de cette promulgation, avec l'assentiment de la majorité de ses actionnaires, réunis en personne ou par délégation (lorsque la délégation est autorisée par les statuts) en assemblée générale spéciale, remplir cette formalité, mais non comme société à responsabilité limitée. Lorsqu'elle aura été enregistrée conformément au présent acte, toutes dispositions contenues dans un acte quelconque du parlement, dans des lettres patentes, ou dans tout autre titre constitutif d'une compagnie, qui sont contraires aux actes de 1856 et 1857 relatifs aux sociétés par actions ou au présent acte, cesseront de lui être applicables. Mais cet enregistrement ne modifiera pas les pouvoirs dont jouissait antérieurement une compagnie de banque autorisée à émettre des billets remboursables à vue contre espèces, ou tout autre privilége dont elle aurait été en possession.

7. Une compagnie de banque existant avant la promulgation du présent acte, qui se fera enregister conformément à ses dispositions, ne payera aucun droit.

8. L'enregistrement, sous l'empire du présent acte, d'une compagnie de banque existant avant sa promulgation, et

obligée ou autorisée par ledit acte à se faire enregistrer, n'affectera en aucune manière sa situation légale au point de vue du droit, qu'elle pouvait avoir antérieurement, de poursuivre le recouvrement de ses créances ou l'exécution des obligations prises à son égard et de celui qu'on pouvait avoir contre elle dans les mêmes conditions.

9. Toute personne qui, *à* ou *avant* la date de l'enregistrement, sous l'empire du présent acte, d'une compagnie de banque désormais obligée ou autorisée à se faire enregistrer, est actionnaire de ladite compagnie, sera tenue, si la compagnie liquide à l'amiable ou judiciairement, de contribuer à son actif pour la même somme qu'elle aurait dû lui payer dans le cas où le présent acte n'aurait pas existé, pour l'aider à faire face à ses dettes et obligations. A cet égard, cette dernière conserve, vis-à-vis de ses actionnaires, le même droit qu'antérieurement.

10. Toute action, procès ou procédure commencés au moment de l'enregistrement, conformément au présent acte, d'une compagnie désormais autorisée ou obligée à se faire enregistrer, contre cette compagnie, seront continués comme si l'enregistrement n'avait pas eu lieu. Néanmoins, aucune poursuite n'aura lieu contre un actionnaire isolé de ladite compagnie en exécution des jugement, décret ou ordre obtenus contre elle à la suite d'une instance commencée, ainsi qu'il vient d'être dit. Mais dans le cas où l'actif de la compagnie serait insuffisant pour couvrir le montant des condamnations obtenues contre elle, les créanciers pourront demander et obtenir qu'elle se liquide judiciairement conformément aux indications des actes de 1856 et 1857, relatifs aux sociétés par actions.

11. Les actes ci-après, savoir :

A. L'acte de la onzième année du règne de S. M. actuelle (ch. 45) ;

B. L'acte de la treizième année du règne de S. M. actuelle (ch. 108) ;

C. L'acte de la huitième année du règne de S. M. actuelle (ch. 111) ;

D. L'acte de la neuvième année du règne de S. M. actuelle (ch. 98) ;

Ne s'appliquent pas aux compagnies enregistrées en exécution du présent acte ou des actes incorporés sur la matière, et toutes les compagnies ainsi enregistrées seront liquidées conformément auxdits actes incorporés.

12. Ces actes (incorporés), savoir :

L'acte passé dans la huitième année du règne de S. M. actuelle (ch. 113);

L'acte passé dans la dixième année du règne de S. M. actuelle (ch. 75);

Sont rapportés en ce qui concerne toute compagnie de banque appelée à se former ultérieurement. Ils le sont également à partir de l'époque où une compagnie formée sous le régime de ces actes ou de l'un d'eux, aurait été enregistrée conformément au présent acte, mais non avant en ce qui concerne ladite compagnie. Les articles du tableau B de la cédule annexée à l'acte des sociétés par actions de 1856 relatifs : A aux actions, B au transfert des actions, C à l'annulation des actions, et numérotés de 1 à 90 inclusivement, seront considérés, à partir de l'époque sus-indiquée, mais sous la réserve de la faculté de les modifier, conférée par les actes de 1856 et 1857, comme applicables à toute compagnie formée en exécution desdits actes des huitième et dixième années de S. M. Néanmoins, le rappel de ces actes ne préjudiciera pas aux condamnations, pénalités, forfaitures et punitions quelconques encourues pour contraventions à leurs prescriptions avant ledit rappel. Nonobstant toute disposition contraire de l'acte précité de la huitième année (ch. 113) ou de tout autre, toute association n'excédant pas dix personnes pourra se livrer aux opérations de banque de même manière et dans les mêmes conditions, sous tous les rapports, qu'une compagnie ne comptant pas plus de six personnes aurait pu le faire avant le présent acte.

13. Sept personnes ou plus, associées pour entreprendre les opérations de la banque, peuvent faire enregistrer leur société sous le régime du présent acte, mais non comme compagnie à responsabilité illimitée, à la condition que les actions dont se composera le capital social ne seront pas de moins de 100 liv. (2,500 fr.) chacune. Toutefois, à partir de la promulgation du présent acte, aucune association de plus de

dix personnes, à moins d'être enregistrée sous le régime du présent acte, ne pourra se former pour faire la banque, ou si elle est formée ne pourra entreprendre d'opérations de cette nature.

14. Le ministère du commerce ne pourra nommer d'inspecteurs chargés de l'examen de la situation d'une compagnie de banque, conformément à l'acte de 1856 relatif aux sociétés par actions, que sur la demande du tiers au moins en nombre et en valeur des actionnaires.

15. L'art. 90 de l'acte précité n'est pas applicable aux compagnies de banque établies en Écosse sous le régime de cet acte.

16. Tout immeuble ou toute part dans une propriété mobilière ou immobilière, en *Angleterre* et en *Irlande*, et dans une propriété transmissible par voie d'héritage, en Écosse, et tous titres, obligations, contrats, engagements qui peuvent appartenir à une personne ou lui avoir été confiés, et qui sont destinés à être réunis à une compagnie de banque, à la date de son enregistrement sous le régime du présent acte ou à toute autre compagnie, à la date de son enregistrement sous le régime des actes de 1856 et 1857, seront remis, immédiatement après l'accomplissement de cette formalité, auxdites compagnies de banque ou autres. Mais il ne sera fait aucune confusion des immeubles ci-dessus avec ceux de la compagnie, à moins du consentement formel de ladite compagnie, manifesté par un acte revêtu de son sceau.

17. Si, par une inadvertance ou autrement, une compagnie qui, en réalité, est une compagnie de banque, a été, avant la promulgation du présent acte, enregistrée comme compagnie à responsabilité limitée, conformément à l'acte de 1856, sur les sociétés par actions ; ou si, par inadvertance ou autrement, une compagnie qui, en réalité, est une compagnie de banque, l'était ultérieurement en la même qualité, sous le régime des actes de 1856 et 1857, sa constitution ne sera pas illégale et son enregistrement nul par ce fait, mais elle sera soumise aux conditions ci-après :

1° Tout créancier ou associé pourra demander qu'elle soit liquidée judiciairement, et le fait de son enregistrement en qualité de compagnie à responsabilité limitée sera une raison suffisante pour que la Cour fasse droit à cette demande ;

2° Dans le cas où la société serait mise en liquidation, les associés, que la compagnie ait ou non été enregistrée comme limitée, devront contribuer à son actif dans des proportions suffisantes pour qu'elle puisse acquitter les dettes et faire face aux frais de la liquidation.

18. Les actes de 1856 et 1857, relatifs aux sociétés par actions, ne s'appliqueront pas à une compagnie de banque faisant légalement les opérations de banque avant la promulgation du présent acte et non obligée par ledit acte à être enregistrée, jusqu'au moment où elle s'enregistrera conformément à ses dispositions en vertu de l'autorisation qui lui en est ici donnée.

19. Aucune des dispositions qui précèdent ne modifiera :

1° L'acte passé dans la huitième année du règne de S. M. et intitulé : « Acte pour régler l'émission des billets de banque et pour conférer au gouverneur et à la compagnie de la banque d'Angleterre certains priviléges pour une période déterminée ; »

2° L'acte passé dans la neuvième année du règne de S. M. (chap. 38), intitulé : « Acte destiné à régler l'émission des billets de banque en Écosse ; »

3° Tout autre acte relatif à l'émission ou à la circulation des billets de banque.

IV

VINGT ET UNIÈME ET VINGT-DEUXIÈME ANNÉE

DE

LA REINE VICTORIA.

CHAPITRE LX.

ACTES modifiant les actes des compagnies par actions (Joint stock Companies) *de* 1856 *et* 1857, *et l'acte des compagnies de banque par actions* (Joint stock banking Companies).

---

23 juillet 1858.

1. Le présent acte portera en abrégé le nom « d'Acte d'amendement des compagnies par actions de 1858, et sera compris dans la dénomination générique d'acte des compagnies par actions, » dont on se servira dans la suite du présent acte.

2. Toute pétition demandant la liquidation volontaire d'une compagnie, sous condition d'être examinée par la Cour, sera considérée comme demande de liquidation à faire par cette même Cour, et impliquant juridiction de celle-ci sur les procès et actions intentés, ainsi que la nomination du receveur. Pour décider si une compagnie doit être soumise à une liquidation forcée, ou si elle doit être liquidée selon les dispositions de l'art. 19 de l'acte de 1857, la Cour pourra prendre en considération les vœux de la majorité des créanciers, eu égard au nombre et à l'importance de ceux-ci.

3. Lorsque la Cour, en exécution dudit art. 19, rendra un arrêt ordonnant la liquidation volontaire, elle pourra dans cet arrêt, ou un autre subséquent, nommer un ou plusieurs

liquidateurs supplémentaires, revêtus des mêmes pouvoirs et ayant les mêmes obligations à remplir que les liquidateurs nommés par la compagnie ; la Cour pourra au besoin révoquer les liquidateurs ainsi nommés, les remplacer par d'autres, et, dans ce but, consulter les créanciers intéressés dans le choix des personnes à nommer auxdites fonctions de liquidateurs.

4. Les liquidateurs nommés par la Cour, en exécution de l'art. 19 précité, exerceront tous les pouvoirs qui leur sont conférés, sans que la Cour ait à intervenir, le tout de la même manière que si la liquidation était volontaire, avec cette réserve, toutefois, que tout arrêt de la Cour, rendu en exécution de l'art. 19 de l'acte de 1857, dans le courant de la liquidation volontaire, aura les mêmes effets dans tous les cas, y compris l'application des dispositions de l'article précité, avec préférences accordées par fraude à certaines personnes, que si la liquidation avait été ordonnée directement par la Cour. Un arrêt pareil conférera, par conséquent, à la Cour le pouvoir de faire des appels de fonds et de faire mettre à exécution les appels faits par les liquidateurs, en un mot, d'exercer tous les pouvoirs qu'elle aurait dans le cas d'une liquidation forcée.

5. En Écosse, lorsque la liquidation forcée d'une compagnie aura été ordonnée ou la liquidation volontaire continuée par ordre de la Cour, en vertu de l'art. 19 précité, la Cour, pendant sa session, ou le lord ordinaire siégeant pendant la vacation, pourra, sur la production, par les liquidateurs, d'une liste des associés contribuants et sur laquelle la dette de chacun aura été spécifiée avec la date y relative, rendre un arrêt de paiement par les associés respectifs des sommes y énoncées, avec l'intérêt de cinq pour cent par an et dans le délai de six jours. Un arrêt pareil pourra être levé immédiatement, sans admettre d'ajournement, sauf le cas où un cautionnement ou une consignation aurait été déposé, à moins d'une autorisation spéciale de la Cour ou du lord ordinaire.

6. Aussitôt que l'ordre de liquidation forcée de la compagnie ou de continuation de la liquidation volontaire, en vertu de l'art. 19 précité, aura été rendu par la Cour, aucune ac-

tion en justice, aucune poursuite, ne pourront être intentées ni continuées contre la compagnie, contre son agent officiel ou contre un de ses membres, pour cause d'une dette due à la compagnie, que sur une autorisation de la Cour et dans les conditions qu'elle aura imposées.

7. Dans le cas d'une liquidation forcée ou volontaire, comme ci-dessus, la Cour pourra régler le mode de communication des livres et papiers de la compagnie et de leur inspection par les parties intéressées.

8. Lorsque l'ordre de continuation de la liquidation volontaire, en vertu de l'art. 19, aura été remplacé, dans la suite, par un ordre de liquidation forcée, la Cour pourra nommer les liquidateurs volontaires, ou quelques-uns d'entre eux, liquidateurs officiels, en leur adjoignant quelques autres personnes ou sans faire cette adjonction.

9. La Cour, en donnant l'ordre de liquidation forcée, peut conférer aux liquidateurs des pouvoirs spéciaux qu'ils auront à exercer sans intervention de la Cour.

10. Dans une liquidation forcée ou dans la continuation de liquidation volontaire, comme ci-dessus, les liquidateurs pourront soumettre à la Cour un plan général de liquidation, qui consisterait à payer intégralement certains créanciers et à entrer en arrangement avec certains autres. Un plan général ou partiel de cette nature, ayant obtenu la sanction de la Cour, deviendra obligatoire pour tous les créanciers et pour tous les associés de la compagnie.

11. Les pratiques observées dans la procédure, suivies jusqu'à présent à la Cour de la chancellerie, en *Angleterre*, pour la liquidation des compagnies, en vertu des « actes de liquidation des compagnies par actions de 1848 et 1849, et les pouvoirs et la juridiction attribués par lesdits actes, à la Cour de la chancellerie et non conférés par les actes des compagnies par actions, » seront applicables aux liquidations qui, sous l'empire dudit « acte des compagnies par actions, » seraient faites par la Cour de la chancellerie et par les Cours des faillites en Angleterre, et cela aussi longtemps que les règlements, pour organiser la marche de pareilles liquidations, ne seront pas établis en vertu des pouvoirs con-

férés à cet effet par lesdits « actes des compagnies par actions. »

Les Cours de chancellerie et celles des faillites en *Angleterre* pourront ainsi adopter les mêmes pratiques, assumer les mêmes pouvoirs et la même juridiction que si la liquidation avait lieu en vertu des « actes de liquidation des compagnies par actions de 1848 et de 1849. » S'il s'agit des compagnies *minières*, soumises à la juridiction des « mines d'étain » (*stannaries*), et enregistrées en vertu des « actes des compagnies par actions, de 1856, 1857, » les mêmes pratiques pourront être adoptées, les mêmes pouvoirs et la même juridiction exercés, en suivant les règles qui seront tracées d'après l'art. 98 de l'acte des compagnies par actions de 1856, par la Cour du vice-gardien des mines d'étain, en tant qu'elles peuvent être appliquées à ladite Cour.

12. Tout ordre émanant d'une Cour de justice en Angleterre, en matière de liquidation d'une compagnie sous l'empire des actes y relatifs, sont exécutoires en Écosse et en Irlande par les soins et sous la juridiction d'une Cour compétente ayant les mêmes attributions dans lesdits pays que celle-là dans le sien, et réciproquement.

13. Lorsqu'un ordre ou arrêt d'une Cour doit être mis à exécution par une autre Cour, une copie officielle dudit ordre doit être remise au fonctionnaire compétent de la Cour chargée de l'exécution. Celle-ci fera enregistrer cet ordre et prendre les mêmes mesures pour donner suite à sa mise en exécution, que si c'était la Cour elle-même qui l'aurait rendue.

14. Lorsque la compagnie est en liquidation complétement volontaire, les liquidateurs peuvent s'adresser à la Cour ou au lord ordinaire en Écosse pendant la vacation, pour décider toutes les questions qui surgiraient dans le courant de la liquidation ou pour mettre à exécution toute mesure qu'il jugerait nécessaire, et la Cour ou le lord ordinaire, après avoir examiné la demande, peuvent y faire droit, en tout ou en partie, et sous les conditions qu'ils considéreront comme justes.

15. Une compagnie en liquidation volontaire, ou en liquidation instituée d'après l'art. 19 de l'acte de 1857, pourra,

en assemblée générale, remplir toutes les vacances occasionnées par la mort ou la démission des liquidateurs nommés par elle.

16. Dans le cas de liquidation forcée, les liquidateurs pourront employer l'argent qu'ils ont entre les mains ou qui est déposé à leur crédit à la banque d'Angleterre, en placement dans les fonds publics, autres que les bons du Trésor.

17. Pour fixer la somme due par un associé contribuant, en exécution des « actes des compagnies par actions, » cet associé devra être débité de toutes les dettes qui lui incombent envers la compagnie, y compris le montant de la quote-part sociale exigible, et il sera crédité de toutes les sommes qui lui sont dues par la compagnie, en vertu de quelque contrat indépendant ou des affaires faites avec la compagnie, et le solde seul constituera la dette dudit associé contribuant.

18. Les quotes-parts exigibles d'un associé ou actionnaire, en vertu d'un des « actes des compagnies par actions, » devront, dans le cas où celui-ci aurait failli ou serait devenu insolvable, être répétées sur la masse de la faillite.

19. L'art. 16 de l'acte des compagnies par actions de 1857 est supprimé et remplacé par les dispositions suivantes : « Les liquidateurs auront le pouvoir d'entrer en compromis au sujet de toutes les créances, dettes et obligations avec l'associé contribuant, de prendre des garanties à cet effet, et de donner décharge complète à cet égard. Avec cette réserve, toutefois, que lorsqu'il s'agit d'une liquidation forcée ou de la continuation d'une liquidation volontaire faite en vertu de l'art. 19 de l'acte de 1857, le compromis ne pourra avoir lieu que d'après les instructions données, dans un ordre général ou spécial pour un cas particulier, par la Cour, et après notification faite aux créanciers ou à une partie de ceux-ci, selon les instructions de la Cour. Dans une liquidation tout à fait volontaire, le compromis ne pourra avoir lieu qu'en vertu d'une résolution spéciale de la compagnie.

20. Lorsque, dans le courant d'une liquidation forcée ou dans la continuation d'une liquidation volontaire, on vient à découvrir qu'un directeur, un administrateur, un gérant,

employé ou membre de la compagnie s'est rendu coupable d'un fait entraînant une responsabilité criminelle, la Cour pourra, sur la demande d'une partie intéressée ou de son propre mouvement, autoriser ou ordonner aux liquidateurs de commencer les poursuites aux frais de l'actif de la compagnie.

21. Il sera procédé de même à l'égard d'un directeur ou employé délinquant, lorsque la liquidation de la compagnie est toute volontaire.

22. Le présent acte est applicable aux liquidations déjà commencées, quelles qu'elles soient, forcées ou continuations de liquidations volontaires ou liquidations tout à fait volontaires.

23. Toute compagnie ou société en participation, composée de sept personnes au moins, ayant, pour sa constitution, un capital fixé et divisé en actions d'un montant fixe, pourvu qu'elle ait fait des affaires de banque avant « l'acte des compagnies de banque de 1857, » est en droit de se faire enregistrer ou de demeurer enregistrée sous l'empire de « l'acte des compagnies par actions de 1857, » pour tout ce qui concerne la liquidation, et si elle faisait des affaires autres que celles de banque, excepté les affaires d'assurance, avant « l'acte des compagnies par actions de 1856, » elle est en droit de se faire, en ce qui concerne sa liquidation, enregistrer sous l'empire des « actes des compagnies par actions de 1856 et de 1857. »

24. Le présent acte est applicable aux dispositions des « actes des compagnies par actions de 1856, 1857, » introduites dans l'acte des compagnies de banque par actions de 1857.

V

VINGT ET UNIÈME ET VINGT-DEUXIÈME ANNÉE
DE
LA REINE VICTORIA.

CHAPITRE XCI.

ACTE autorisant les compagnies de banque par actions (Joint stock banking Companies) *à se constituer d'après le principe de responsabilité limitée.*

---

2 août 1858.

1. Sont abrogées les dispositions qui, dans l'acte de 1857, prohibent l'enregistrement des compagnies de banque par actions, formées d'après le principe de responsabilité limitée. Ce principe, néanmoins, ne sera pas étendu aux banques qui émettent des billets.

La responsabilité des actionnaires de celles-ci s'étend, vis-à-vis des créanciers, à tout le montant des billets émis.

2. Une compagnie de banque enregistrée en vertu de l'acte de 1857 ou en vertu d'un autre acte pourra se faire enregistrer de nouveau, comme compagnie à responsabilité limitée.

3. Toute compagnie qui se fait enregistrer de nouveau ou pour la première fois, comme compagnie à responsabilité limitée, devra en donner avis, trente jours à l'avance, à tous les clients, c'est-à-dire à toute personne et à toute maison de commerce ayant un compte avec elle, par une lettre remise ou jetée à la poste, sous peine de conserver la responsabilité illimitée à l'égard des parties intéressées non averties.

4. Toute compagnie de banque à responsabilité limitée, avant de commencer ses opérations et toute compagnie se faisant enregistrer de nouveau, avant de profiter des dispositions du présent acte, devra dresser un état de son actif et de son passif selon la formule annexée, et l'afficher dans son bureau principal et ses succursales. Cet état devra être renouvelé le 1er février et le 1er août de chaque année de la durée de ses opérations, sous peine d'une amende de 5 livres sterling au plus pour chaque jour de retard, à recouvrer du directeur par procédé sommaire.

5. La liquidation des compagnies de banque à responsabilité limitée sera faite de la même manière et sous la même juridiction que celle des compagnies autres que les compagnies limitées, en vertu de l'acte de 1857.

ANNEXE.

MODÈLE de l'état à publier par une compagnie de banque par actions, limitée.

La responsabilité des actionnaires est limitée.

Le capital de la compagnie est de un million divisé en dix mille actions de cent livres chacune.

Le nombre des actions émises est de dix mille.

Un appel de fonds jusqu'à concurrence de vingt livres par action a été fait, et par suite, une somme de cent vingt mille livres a été reçue.

Le passif de la compagnie au 1er janvier (ou juillet) a été :

	liv.	sh.	drs
Billets émis			
Sommes déposées ne portant pas intérêt. . .			
Sommes déposées portant intérêt.			
Billets à sept jours et autres.			
TOTAL.			

L'actif de la compagnie le même jour a été :

	liv.	sh.	drs
Fonds publics			
Lettres de change.			
Prêts sur hypothèques.			
Autres prêts.			
Immeubles de la banque.			
Autres valeurs, non compris les parts de capital, converties sur les actions. . . .			
TOTAL.			

TABLE RAISONNÉE DES MATIÈRES.

9. Opinion favorable de M. Troplong. — Jurisprudence administrative, dans le même sens.

10. Cette solution est applicable à la société à responsabilité limitée.

11. Le passage du rapport qui déclare que la loi ne s'applique qu'aux sociétés commerciales ne peut vouloir interdire de constituer sous la forme nouvelle des sociétés civiles.

12. Exception à cette règle. — Les banques, les tontines et autres établissements du même genre; les assurances mutuelles.—Décrets de 1809 et circulaire du ministre de l'intérieur du 9 avril 1819.

13. Quelle est la qualification à donner au contrat, lorsqu'une société civile se constitue sous la forme commerciale? — Discussion. — Opinions de MM. Troplong et Duvergier, qui veulent que la société reste civile.

14. Opinion contraire de MM. Vincens et Delangle.

15. Jurisprudence favorable à cette dernière opinion.

16. Résumé. — Il faut décider que la société est devenue commerciale.

17. Le dissentiment est plus apparent que réel. La théorie de M. Troplong aboutit au même résultat, mais par une voie différente, qui a des inconvénients.

18. Dans le doute entre deux théories également probables, il faut préférer celle qui est claire et d'une application facile.

19. La commission du Corps législatif avait voulu remplacer le titre de sociétés à *responsabilité limitée* par celui de sociétés *anonymes libres*. — Elle n'a pu l'obtenir, c'est regrettable.

20. Le paragraphe 3 vise les articles du Code de commerce auxquels la société nouvelle sera soumise.

21. Suite.

22. Nécessité de l'acte authentique, maintenue malgré les efforts de la commission pour faire admettre l'acte sous seing privé.

23. Le quatrième et dernier paragraphe organise l'administration. — Différence entre ce texte et l'art. 31, Cod. comm.

24. Autre nuance entre ces deux articles. — Il pourra n'y avoir qu'un administrateur.

68. Le capital social dont il est question ici s'entend du capital social tout entier, y compris les apports et autres objets soumis à estimation.

69. Exemple.

70. Les actions déposées sont inaliénables pendant la gestion.

71. Mais l'administrateur ne pourrait reprendre ses actions qu'après décharge et quitus donnés par l'assemblée générale.

ART. 8. 75

72. L'art. 8 organise, à côté du système de publicité, un système de dépôt qui est une heureuse innovation.

73. Les pièces déposées sont à la disposition du public.

74. Le dépôt doit être fait dans la quinzaine de la constitution de la société, à la différence de la loi de 1856, qui fait courir le délai à partir de la date de l'acte.

ART. 9 ET 10. 77 et 78

75. L'art. 9 prescrit, outre le dépôt, un mode de publicité approprié à la nouvelle forme.

76. Ce que l'extrait doit contenir.

77. L'extrait doit être signé par les administrateurs. — Pourquoi?

78. L'art. 10 est la reproduction de l'art. 46, Cod. comm., avec addition du dépôt au greffe.

79. Sanction de ces formalités. — Renvoi à l'art. 24.

ART. 11. 80

80. Obligation de révéler le titre de la société dans tous les actes, et leurs manifestations extérieures, — sous une sanction édictée, art. 28.

96. Les prescriptions des art. 12, 13 et 14 sont d'ordre public. — On ne peut y déroger que dans un sens plus restrictif.

97. Lorsqu'il s'agit de l'assemblée délibérant sur l'apport, la loi répète que le capital social représenté doit se composer seulement des apports non soumis à vérification.

ART. 15 ET 16. 90 et 91

98. Institution des commissaires. — C'est à tort qu'elle a été critiquée.

99. Elle existe dans un grand nombre de sociétés sous le nom de *censeurs*, — et dans la loi anglaise sous le nom d'*inspecteurs*.

100. Ils sont nommés pour un an.

101. Leurs droits et leurs devoirs.

102. Ils ne peuvent pas provoquer la dissolution de la société, comme le pourraient les membres du conseil de surveillance.

103. La délibération qui approuverait les comptes et le bilan, sans un rapport préalable des commissaires, serait radicalement nulle.

104. Si les commissaires n'avaient pas été nommés en assemblée générale, et aussi en cas de refus ou d'empêchement de l'un d'eux, la loi délègue la nomination ou le remplacement au tribunal de commerce du siége social, à la requête de tout intéressé.

ART. 17 ET 18. 91

105. Renvoi à l'art. 26 pour l'étendue et les effets de la responsabilité attachée à l'inexécution de leur mandat.

106. Utiles prescriptions des art. 17 et 18. — Dépôt au greffe. — État trimestriel. — Inventaire.

107. Droit des tiers de prendre communication des pièces, au greffe du tribunal, reconnu par la commission et par les commissaires du Gouvernement.

120. Cette question est sans précédents comme sans analogies, elle est tirée d'un texte anglais et soulèvera de grandes difficultés.

Art. 22. 102

121. Faculté pour les actionnaires de plaider par mandataires, — le principe en a été vivement critiqué dans la discussion.

122. Ces critiques ne sont pas fondées.

123. Questions soulevées par le rapprochement de l'art. 22 avec l'art. 14 de la loi de 1856.

124. La représentation par mandataires est-elle interdite lorsque les actionnaires sont défendeurs? Non.

125. Pourra-t-on plaider par mandataire contre les commissaires? Non.

126. Pourra-t-on faire nommer les mandataires par le tribunal de commerce, comme au cas de l'art. 14 de la loi de 1856. — Question douteuse. — Nous inclinons pour l'affirmative.

127. Mais il faudra le consentement exprès d'actionnaires représentant le vingtième du capital social, et la majorité ne pourrait lier la minorité.

128. La loi exige une nomination et un pouvoir pour chaque *action* à intenter, ce qui exclut les mandats généraux donnés d'avance.

129. Il est à regretter que la rédaction de l'art. 22 ne soit pas plus exactement calquée sur l'art. 14 de la loi de 1856. On aurait évité bien des difficultés que la combinaison des deux articles soulèvera dans l'application.

130. Étendue des pouvoirs des mandataires.

131. Ils poursuivent et soutiennent l'instance en leur nom, — jusqu'à décision souveraine.

132. Ils peuvent acquiescer aux jugements rendus, — mais non se désister de la demande.

133. Ils ne peuvent pas transiger et encore moins compromettre.

134. Ces pouvoirs peuvent être modifiés et étendus par le mandat.

135. Pourrait-on valablement stipuler qu'ils auront besoin de nou-

149. Des art. 5, 6, 7, 8 et 9.

150. La violation de l'art. 10 n'entraîne pas la nullité de la société mais seulement celle des actes énumérés audit article.

151. La loi considère toutes les prescriptions de ces articles comme substantielles, et il n'est pas permis de distinguer, ni de rechercher leur degré d'importance ou d'utilité.

152. Pour l'appréciation de la nullité en ce qui touche les tiers, renvoi au commentaire de l'art. 6 de la loi de 1856.

Art. 25. 116

153. Les conséquences de l'annulation pèsent sur ceux à qui elle est reprochable. — Administrateurs ou fondateurs.

154. Pour les administrateurs, la responsabilité découle des devoirs mêmes que leur qualité leur impose.

155. Disposition analogue à celle de l'art. 7 de la loi de 1856, à l'égard des conseils de surveillance.

156. La responsabilité est solidaire.

157. La solidarité a lieu également contre les associés dont l'apport et les avantages n'ont pas été vérifiés.

158. Différence de rédaction entre les deux paragraphes de l'art. 25.

159. Faut-il conclure de cette différence que la responsabilité n'est que facultative au second cas ? Non.

160. Arrêt de la Cour de Lyon du 29 mars 1860, — conforme à cette opinion.

161. Cet arrêt juge aussi que pour l'application de la responsabilité, il n'est pas nécessaire que l'annulation de la société ait été préalablement prononcée en justice.

162. Quelle est la mesure de cette responsabilité ? Sera-t-elle, envers les tiers, de la totalité des dettes sociales ?

163. Solution.

164. Réserve des droits des actionnaires.

dispositions qui touchent à l'ordre public, ou qui intéressent les tiers.

FIN DE LA TABLE.

www.ingramcontent.com/pod-product-compliance
Ingram Content Group UK Ltd.
Pitfield, Milton Keynes, MK11 3LW, UK
UKHW020059200726
13856UKWH00002B/287